U0649803

《21世纪交通文化建设研究与实践》系列丛书

公路执法文化

丁 纯 主 编

陈孝来　余昌平　曾升元　副主编

人民交通出版社
China Communications Press

图书在版编目（CIP）数据

公路执法文化／丁纯主编. —北京：人民交通出版社，
2008.9
ISBN 978-7-114-07371-7

I. 公… II. 丁… III. 公路养护 – 行政执法 – 研究 – 中
国　IV. D922.296

中国版本图书馆 CIP 数据核字（2008）第 137875 号

书　　名：公路执法文化
著 作 者：丁　纯
责任编辑：张征宇　乔文平
出版发行：人民交通出版社
地　　址：（100011）北京市朝阳区安定门外外馆斜街 3 号
网　　址：http://www.ccpress.com.cn
销售电话：（010）59757969，59757973
总 经 销：北京中交盛世书刊有限公司
经　　销：各地新华书店
印　　刷：北京市密东印刷有限公司
开　　本：787×980　1/16
印　　张：14.5
字　　数：237 千
版　　次：2008 年 10 月第 1 版
印　　次：2008 年 10 月第 1 次印刷
书　　号：ISBN 978-7-114-07371-7
印　　数：0001—4000 册
定　　价：47.00 元
（如有印刷、装订质量问题的图书由本社负责调换）

交通文化建设研究工作指导委员会

主　　任	黄先耀			
副 主 任	何建中	孙国庆		
成　　员	柯林春	陈永久	张　润	任明英	杨根林
	张月斌	余昌平	王新华	李云鹏	马宝亮
	王　镭	贺建华	钟　华	梁晓安	王永明
	黄　强	徐俊池	李伟红	陈汉发	孙立成
	周　伟	李作敏	丘建华	徐世强	李宗琦
	刘文杰				

交通文化建设研究工作联络组

组　　长	柯林春			
副 组 长	黄克清	洪晓枫		
组　　员	王先进	王海峰	齐树平	杨俊威	胡　斌
	严志明	覃万兵	何发举	王之安	辛加和
	王淑敏	宋　颖	侯海强	马平原	邱　铭
	羊　磊	胡利民	葛树增	章　婧	胡建华
	向良凯	李　春	徐　丽	李和仁	梅　君

《公路执法文化》编写委员会名单

领 导 小 组

组　　　长　　丁　纯

副 组 长　　彭建康　陈孝来　余昌平　滕宏伟

成　　　员　　曾升元　谭　卫　乔　墩　何发举

　　　　　　　陈冬梅　李关寿　陈伯奎　王小宇

　　　　　　　李望斌　朱顺芳　唐雪松

编写委员会

主　　　审　　王先进

主　　　编　　丁　纯

副 主 编　　陈孝来　余昌平　曾升元

编 写 人 员　陈伯奎　邹东升　晏胜波　苏小军

　　　　　　　肖　刚　王晓凯　陆　琦　陈东升

　　　　　　　唐热情　胡术鄂　冯清华　耿俊峰

　　　　　　　牟小利　王　黎　高雪峰

总　序

　　国民之魂，文以化之；国家之神，文以铸之。"加强文化建设，明显提高全民族文明素质"，是党的十七大提出的实现全面建设小康社会奋斗目标的新要求。胡锦涛总书记在党的十七大报告中明确指出："当今时代，文化越来越成为民族凝聚力和创造力的重要源泉、越来越成为综合国力竞争的重要因素，丰富精神文化生活越来越成为我国人民的热切愿望。要坚持社会主义先进文化前进方向，兴起社会主义文化建设新高潮，激发全民族文化创造活力，提高国家文化软实力，使人民基本文化权益得到更好保障，使社会文化生活更加丰富多彩，使人民精神风貌更加昂扬向上。"这不仅深刻阐明了兴起社会主义文化建设新高潮的重大现实意义和深远历史意义，更为新时期加强文化建设指明了方向和路径。

　　交通文化是社会主义先进文化的重要组成部分，是交通行业的灵魂，是实现交通又好又快发展的重要精神支柱。交通运输是支撑经济良性发展、促进社会全面进步的基础性、先导性产业和服务性行业，服务是其本质属性。基于这一认识，我们提出了"交通发展要服务国民经济和社会发展全局、服务社会主义新农村建设、服务人民群众安全便捷出行"，提出了"发展现代交通业，建设一个更安全、更通畅、更便捷、更经济、更可靠、更和谐的现代公路水路交通系统"。从文化的角度看，这也正是我们基于交通运输的本质属性和交通行业的神圣使命所作出的价值选择，是交通文化的核心内涵，是引导交通事业科学发展的价值导向，也是贯彻落实党的十七大关于加强社会主义文化建设的具体体现。

　　交通部党组高度重视文化建设工作。2006 年全国交通工作会议明确提出："努力建设具有鲜明行业特点和时代特征的交通文化，用文化和精神的力量凝聚全行业，使交通行业更加充满活力，不断开创交通事业发展的新局面。"2006 年 6 月 26 日召开的全国交通行业精神文明建设工作会议更加明确地提出："加强交通文化建设，努力增强行业软实力"，力争文化建设在今后五年内取得明显进展。随后，部印发了《交通文化建设实施纲要》，对交通文化建设的指导思想、目标任务、工作原则和工作措施作出了具体安排和部署。这是交通部颁布的第一个有关交通文化建设的重要文件，它强调新时期交通文化建设要深入贯彻科学发展观和构建社会主义和谐社会的要求，建设具有鲜明时代特点和交通行业特色的精神文化、制度文化和物质文化；要以实践社会主义荣辱观为主线，以弘扬爱国主义为核心的民族精神和以改革创新为核心的时代精神为重点，大力加强精神文化建设；要在实践中加强探索和研究，系统总结交通文化建设的丰硕成果，确立符合先进文化前进方向和交通事业发展要求的交通行业的核心价值体系；要实施"五个一工程"，即形成一批交通文化研究成果，提炼一种交通精神，征集确定一个交通行业徽标，创作一批交通文艺作品，完善一批交通博物馆，将全行业文化建设提高到一个新水平，全面增强交通文化的吸引力和感召力，不断增强交通行业的凝聚力，提升交通行业的影响力，提高交通发展的软实力，为交通事业又好又快发展营造良好的文化环境。

为全面深入推进交通文化建设工作，2006年11月部务会议研究决定成立了交通文化建设研究工作指导委员会，按照行业文化、系统文化、专业文化、组织文化四个层次，分别成立了交通行业文化建设研究总课题组和公路文化、道路运输文化、交通规费征稽文化、港口文化、海事文化、救捞文化、船检文化、航海文化、廉政文化、公路执法文化、长江航运文化、交通公安文化、路文化、桥文化、车文化、站文化、船文化、航标文化、航道文化、交通行政机关文化、交通企业文化和交通事业单位文化等22个子课题组，由行业内有一定研究基础、有积极性、有较好的支撑条件、具有代表性的部门或单位牵头，并邀请文化学、管理学、社会学等方面的专家学者共同参与，按照力求出精品的要求，系统地开展了交通文化研究工作。经过广大研究人员一年多的辛勤劳动和艰苦努力，研究工作进展顺利，取得了一批可喜的研究成果。出版这套多卷本的《21世纪交通文化建设研究与实践》系列丛书，是交通文化建设研究成果的重要组成部分。丛书从多个层面、多个领域系统地总结了交通文化源远流长的发展历史、积淀丰厚的特色文化、形式多样的实践活动、绚丽多彩的建设成果。"系统文化"侧重于交通行业不同系统的特色文化研究，重点提炼和阐述了各系统具有系统特色的价值理念；"专业文化"侧重于不同专业领域的特色文化研究，重点收集、挖掘和整理了交通行业物质文化成果；"组织文化"侧重于交通行业不同组织的特色文化研究，重点梳理、凝炼和展示了各类交通组织的特色价值理念、行为规范和形象标识。整个研究工作坚持以社会主义核心价值体系为指导，将"铺路石"、"航标灯"等交通行业传统精神与包起帆、许振超、陈刚毅等先进典型所展现的时代精神有机结合，在建设交通行业核心价值理念体系方面做了积极探索。

交通文化建设是一项长期性、系统性、复杂性的工作，既要整体部署，又要稳步推进。近年来，尤其是实施《交通文化建设实施纲要》以来，全行业日益重视交通文化建设，注重丰富交通发展的文化内涵，取得了一些有行业特点和时代特征的文化成果，涌现了青岛港、天津港等一批优秀企业文化建设单位和青岛交运集团"情满旅途"、南京长途汽车站"爱心始发站"等一批知名服务品牌，形成了南京交通局"交通文化通论"等一批理论研究成果。《21 世纪交通文化建设研究与实践》系列丛书的出版发行，对于全国交通行业深入贯彻落实党的十七大精神，兴起交通文化建设新高潮，进一步提高交通行业凝聚力和战斗力，推动交通事业又好又快发展，切实做好"三个服务"，必将起到重要的推动作用。

交通部部长　李盛霖

二〇〇七年十二月十三日

导　论

　　交通为人员流动和物资流通提供基础条件，为人和物的空间位移提供运输服务，是支撑经济良性发展、促进社会全面进步的基础性产业和服务性行业。交通是一个古老而年轻的行业，自农业社会到工业社会以至信息社会，交通就一直伴随着人类文明的发展而演进，并构成人类文明的重要组成部分。中国是一个具有悠久历史的文明古国，在延绵数千年的文明进程中，曾造就了其他文明古国概莫能及的相对发达的交通体系；新中国成立后，中国交通事业进入一个崭新的发展阶段，经过近60年的建设尤其改革开放近30年的建设，交通发展在数量规模、质量水平和结构层次等方面都发生了翻天覆地的变化，取得了举世瞩目的成就，已跻身世界交通大国之列，正朝着世界交通强国迈进。中国交通发展的历史伟绩和现代成就为中华文明和世界文明做出了重大贡献，与此同时，在这个历经风雨的漫长岁月中，勤劳智慧的中华民族创造了与历史俱进、与时代同步的丰富多样、绚丽多彩的交通文化，为中华文化和世界文化的不断发展增添了更加丰富的内涵和更为亮丽的色彩。

一、交通文化的概念

　　理解交通文化的概念需先考查文化的概念。关于"文化"一词，长期以来，国内外一直没有形成统一的定义。但是，人们对文化内涵的解释还是存在共识，一般认为：文化是人类在社会历史发展过程中不断创造的各种精神财富、制度体系和物质财富的总和，其核心内容是人类创造各种精神财富、制度体系和物质财富所秉持的或反映出的价值理念。这是人们对社会主文化内涵所作的解释。基于这一认识，人们于是对隶属于社会主文化的各种亚文化的概念也做出了界定，如组织文化、系统文化和行业文化等。

　　交通文化也是隶属于社会主文化的一种亚文化，交通文化建设的理论渊源是文化人类学。对于交通文化的概念，可以根据社会主文化概念的核心内容和基本要素作出界定：交通文化是交通行业在长期的交通建设、运输和管理实践中逐步形成并不断发展的为广大交通员工所普遍认同并付诸实践的具有鲜明行业特点和时代特征的价值理念，是交通行业各种精神文化、制度文化和物质文化的总和，是交通发展的重要成果，是交通文明的重要结晶。其中，精神文化是交通行业的核心文化，是交通行业纲领性的核心思想，是指导交通发展的核心价值；制度文化是交通行业的浅层文化，是交通行业制定并执行办事规程、道德规范和行为准则所秉承的价值理念；物质文化是交通行业的表层文化，是交通行业生产物质实体、展现外在形象所秉承的价值理念。对于这一概念，可从以下角度进一步理解其内涵：

交通文化的核心内容是价值理念。价值理念属于意识形态或思想认识范畴，体现为交通行业对交通发展所秉持的态度、所采取的方式和所表现的行为，为交通发展所倡导的精神、所制定的规范和所树立的形象，这些态度、方式和行为都自觉或不自觉地反映了交通行业所秉承的价值理念，从而形成了交通文化。

交通文化的本质要求是强调实践。交通文化是交通行业普遍认同并付诸实践的价值理念，其突出强调价值理念的实践性，强调所倡导的价值理念要得到普遍认同和真正落实，要使之内化于心、固化于制、外化于形，从而在交通建设、运输和管理实践中发挥出实际的作用，为交通发展提供精神动力、制度保障和物质基础。

交通文化的层次定位是行业文化。从价值理念的从属主体来看，有国家的、民族的、组织的和个人的价值理念等，交通文化则属于整个交通行业的价值理念。因此，交通文化是对整个交通行业各部门、各单位价值理念的提炼与整合，代表了交通行业从业人员的主流思想，代表了整个行业广泛认同和普遍接受的价值理念。

交通文化的鲜明个性是交通特色。交通文化是交通行业的特色文化。各个行业的特色文化在其形成和发展过程中，虽然受到整个国家、民族的价值理念的影响，但各个行业生产特征、服务要求和管理模式存在很大差异，其价值取向也必然存在较大差异。交通作为经济社会发展的基础性产业和服务性行业，其所秉承的价值理念自然也有别于其他行业，从而有其自身鲜明的个性特色。

二、交通文化的特点

不同行业有其各自的结构形态和嬗变沿革，以及不同的静态表征和动态特征，因而体现出与之相对应的文化体系特点。从这方面考察，交通文化具有多样性、层次性、传承性、时代性等突出特点。

交通文化的多样性。交通行业由多个系统、多种专业、多种组织构成。从职能范围看，交通行业主要有公路建设与管理、道路运输、规费征稽、港口、航运、海事、救捞、船检、公安等系统；从专业性质看，交通行业主要有公路、桥梁、车辆、站场、船舶、航标、航道等专业领域；从组织性质看，交通行业主要有行政机关、执法单位、交通企业和事业单位等组织。不同的系统、专业、组织都有其自身的生产特征、服务要求和管理模式，因而具有不尽相同的价值理念，从而形成了文化的多样性。交通文化的多样性，要求交通文化建设要充分考虑不同文化价值理念的个性与共性，整个行业的文化建设在价值理念的提炼和价值体系的整合上要兼收并蓄、博采众长，从而形成能为整个行业广泛认同并普遍接受的价值理念。

交通文化的层次性。按照交通行业的职能、专业和组织等分类，可将交通文化细分为交通系统文化、交通专业文化和交通组织文化，各组成部分按照某种秩序有机结合，呈现出一定的层次性。其中，行业文化是一个面，系统文化是一条线，组织文化是一个点，专业文化则可看作对系统文化的细分，因为公路、桥梁、车辆、站场、船舶、航标和航道等是隶属于各交通系统的物质实体。整个交通文化体系因此呈现出一种"点—线—面"式的层次特征。各层次文化所秉承的价值理念具有内在的联系，一般来说，上层文化价值理念是对下层文化价值理念的归纳，上层文化更为抽象，下层文化更为具体。交通文化的层次性，要求提炼、整合交通行业的价值理念要自下而上、由点到面，逐层归纳，从而形成具有深厚基础的价值理念。

交通文化的传承性。交通文化形成于交通发展的实践，并随着交通的发展而发展。交通发展过程就是交通文化形成的过程，交通发展的历史沿革就是交通文化的传承沿革。交通发展在不同时期面临着不同的发展任务和发展条件，因而有着不同的价值理念和文化内涵。传承是发展的基础。交通文化的传承性，要求用历史唯物主义和辩证唯物主义的观点和方法去认识交通文化，从源远流长、积淀丰厚的发展历史中发掘、提炼交通文化的价值理念元素，充分吸收传统文化的合理成分，进而将交通行业优良的传统文化发扬光大。

交通文化的时代性。中国乃至世界交通发展都已进入新的阶段，快速推进中的中国交通现代化要求坚持科学的价值理念，发展先进的交通文化，以此促进交通事业又好又快发展。因此，建设交通文化，必须坚持先进文化前进方向，在传承交通传统文化的基础上，充分融入现代意识，不断丰富和发展其科学内涵，确立具有时代特征的价值理念，发展具有现代意识的物质文化、制度文化和精神文化体系。

三、交通文化的功能

交通文化的作用集中体现在"内聚人心、外塑形象"两个方面，具有凝聚、导向、激励、约束、外塑和辐射等基本功能。认识这些基本功能，是认识交通文化的建设目的与建设意义的基础。

交通文化的凝聚功能。交通文化所倡导的价值理念一旦为整体行业认同并接受，就成了千百万从业人员共同的理想与追求，进而以其强大的粘合力，从各个方面将整个行业及其成员聚合起来，形成巨大的向心力和凝聚力，形成强烈的集体意识与团队精神，为实现共同的理想与追求而齐心协力、共同奋斗。

交通文化的导向功能。交通文化所倡导的价值理念是整个行业的共同理想和共同追求的集中反映，代表了千百万交通人的主流思想和主流意识。这种共同的理想和追求，通过教育和灌输，会引导行业的个体与群体在思想、观念上做出调整，使其与整个行业所确立的价值取向保持一致，从而起到一种导向作用。

交通文化的激励功能。交通文化建设的核心要旨是以人为本、以文化人，强调确立共同的理想、营造和谐的氛围。这些都有利于增强各部门、各单位干部职工的使命感和责任感，激发干部职工的积极性和创造性，使广大干部职工乐于参与交通建设，乐于发挥聪明才智，为实现共同理想、实现自身价值而做出努力。

交通文化的约束功能。交通文化一旦形成，就建立了自身系统的价值理念，就为行业整体及其成员明确了价值取向，同时也确立了道德规范和行为准则，从而对行业整体及其成员起到一种约束作用。但是，这种约束具有自觉性，是一种软约束，这种软约束产生于整个行业的文化氛围，使各个成员产生共鸣，继而达到自我控制。

交通文化的外塑功能。交通行业特色文化所倡导并实践的价值理念是交通行业的旗帜，旗帜就是形象，这种形象包括理念形象、行为形象和视觉形象。这些形象是社会公众了解和评价交通行业的标志和表征。因此，交通文化具有外塑形象的重要功能。

交通文化的辐射功能。交通文化的辐射功能主要体现在所倡导并实践的价值理念通过外化而为广大社会公众所了解、所感受，会影响整个社会价值理念的形成与发展，从而使交通文化成为社会主文化的生长点和贡献源，为社会主义文化大发展、大繁荣做出贡献。

四、交通文化的载体

凡文化均有其价值理念的承载体或附着体。人类通过劳动创造文化。人类的劳动作用于自然形成物质文化，作用于社会形成制度文化，作用于人类自身形成精神文化。交通文化的载体主要包括主体载体、组织载体、制度载体和物质载体等。从根本上说，建设交通文化就是建设和优化这些载体。

主体载体。交通行业从业人员是交通行业的主体，自然也是交通文化的主体。交通行业从业人员既是交通行业价值理念的倡导者和实践者，也是交通行业价值理念的承载者和传播者。交通文化说到底是交通人的文化，是交通人的思想意识和价值取向。建设交通文化，要注重人的决定性因素，突出人的主体性地位，一是注重发掘广大从业人员的价值理念元素，确立具有深厚群众基础的价值理念体系；二是注重依靠广大从业人员建设交通文化，践行价值理念；三是注重通过文化建设来提升广大从业人员的综合素养，运用文化的力量来增强从业人员的凝聚力和向心力，激发交通从业人员的积极性和创造性。

组织载体。交通行业的行政机关、事业单位和交通企业等各种组织，既是交通行业的基本单元，也是交通文化建设的基本单元。这些组织作为交通文化的载体，与文化的内在联系主要体现在以下几个方面：一是组织内涵反映组织文化的性质。组织内部共同的目标追求、一致的价值取向、和谐的分工合作都是文化使然，其既是文化作用的结果，也是文化自身的表征。二是组织结构体现组织文化的个性。组织结构决定了组织内部的职责关系，其选择和形成受到组织文化的影响，并反作用于组织文化，从而使得不同的组织结构体现出不同的文化个性。三是组织功能体现组织文化的要求。组织的功能主要体现在整合人力资源、规范人的行为、满足人的需要，从而履行组织使命，实现组织目标，这些功能和作用与组织文化的功能和作用是一致的，正好体现了组织文化建设的目的和要求。建设交通文化，要求将组织建设作为重点内容，着力提升组织管理理念，改进组织管理方式，按照科学管理、规范管理的要求，优化组织的内部结构与协作关系。

制度载体。制度是要求组织成员共同遵守的办事规程、道德规范和行为准则。组织制度和组织文化之间关系十分密切。一方面，组织文化是组织制度制定与执行的重要决定因素，影响着组织制度的形成及其功效的发挥。组织制度是组织文化的产物，组织制度所具有的规范约束和激励作用等本身就体现了组织文化建设的直接目的和内在要求。这样，组织制度就成为了组织文化的重要载体，组织制定并执行各种办事规程、道德规范和行为准则都反映了组织文化所倡导的价值理念。另一方面，组织制度对组织文化的形成和发展也具有重要影响，有什么样的组织制度也必然会使组织成员表现出相应的处事态度和行为方式，从而营造相应的组织氛围、孕育相应的组织文化。建设交通文化，要求将制度建设作为重点内容，按照以人为本、科学管理的要求，以实现员工价值、规范员工行为为价值取向，着力健全组织内部的管理制度，推进制度创新与制度变革。

物质载体。物质载体是反映交通文化特色内容的重要载体和交通文化先进程度的重要标志。交通文化的物质载体主要包括以下几类：一是交通行业的生产资料，包括基础设施、运输装备及其支持保障系统，如公路、桥梁、车站、港口、航道、航标、车辆和船舶，办公场所、生产车间和服务场所等，这是交通生产力的物质基础，其外形特征、结构特点、技术价值、美学价值、历史价值、民族特色、地域特征、人文内涵及其社会经济意义等，是交通文明的重要标志，也是交通文化的重要特色所在。二是交通行业的形象标识，如各系统、部门和组织的徽标、着装和歌曲等，这也是交通文化的可感知性象征物，充分体现了交通文化的个性和风格。三是交通行业各种组织保障员工基本权益、提升员工综合素养的各种实体手段，如保健、卫生和安全等设施，技术培训、职业教育和文化教育等文化设施，这些也都充分体现了交通文化的个性和风格。建设交通文化，要求将物质载体建设作为重点内容，既要着力保证物质实体的经济社会意义，也要着意丰富物质实体的技术价值、美学价值、历史价值、民族特色、地域特征和人文内涵，着力提升交通行业的外在形象。

五、交通行业的价值体系

交通文化建设坚持社会主义先进文化前进方向，用马克思主义中国化最新成果武装和教育广大干部职工，用中国特色社会主义共同理想凝聚力量，用以爱国主义为核心的民族精神和以改革创新为核心的时代精神鼓舞斗志，用社会主义荣辱观引领风尚。经过长期的探索与实践，交通行业逐步形成了具有鲜明行业特色和时代特征的交通精神文化、制度文化和物质文化，形成了实践证明对于引导交通事业快速发展、科学发展、和谐发展具有重要指导作用的价值体系。

（一）行业使命：发展现代交通，做好"三个服务"

发展现代交通，促进民富国强，是国家和人民赋予交通行业的神圣使命。交通是支撑经济良性发展、促进社会全面进步的基础性产业和服务性行业，是促进经济增长、优化产业布局、改善人民生活、保障国家安全、维护社会稳定的基础条件和重要依托。交通发展的主要任务是发展现代交通业、实现交通现代化，根本目的是促进人民富裕、实现国家强盛。在目前及今后相当长时期内，交通行业围绕履行这一使命，必须把握世界交通发展的总体趋势和我国交通发展的阶段特征，着力调整交通结构、转变发展方式、推进自主创新、完善行业管理，加快推进交通由传统产业向现代服务业转型，努力提高做好"三个服务"（服务国民经济和社会发展全局，服务社会主义新农村建设，服务人民群众安全便捷出行）的能力和水平。

（二）共同愿景：建设一个更安全、更通畅、更便捷、更经济、更可靠、更和谐的现代化公路水路交通运输系统，实现人便于行、货畅其流，让人们享受高品质的运输服务，让经济社会发展更加充满活力，让交通与自然、交通与社会更加和谐。

交通行业致力于建设一个更安全、更通畅、更便捷、更经济、更可靠、更和谐的现代化公路水路交通运输系统，体现了交通行业基于自身使命而对未来交通发展愿望与发展前景的美好憧憬，对未来交通发展目标与发展效果的理想追求，是交通行业重要的价值取向。为实现这一愿景，一代代交通人前赴后继，作出了艰苦卓绝的不懈努力，取得了举世瞩目的巨大成就，交通事业各个方面不断地实现了历史性突破和跨越式发展。目前，公路主骨架、水运主通道、港站主枢纽和支持保障系统建设全面推进，高速公路、特大桥梁、长大隧道和专业码头建设快速发展，万车竞发、百舸争流的繁荣景象已经初步形成，货畅其流、人便于行的良好效果已经日益显现，现代化公路水路交通运输系统已经初具规模，更加宏伟的发展目标正在又好又快地大力推进之中，交通发展的美好愿景必将成为现实。

（三）交通精神：艰苦奋斗、勇于创新，不畏风险、默默奉献

交通精神是民族精神和时代精神在交通实践中的生动体现，是对交通行业先进典型精神内核的高度概括，是交通行业广大从业人员共同创造的精神财富，是交通行业履行自身使命、实现共同愿景的强大动力，代表了交通行业广大从业人员的思想意志和精神风貌。交通精神的核心要素是"艰苦奋斗、勇于创新，不畏风险、默默奉献"。

艰苦奋斗是交通行业的优良传统。立足我国建设任务繁重、经济基础薄弱的基本国情，交通行业各条战线广大员工，本着高度的使命感和责任感，始终保持勤俭节约、艰苦朴素、拼搏进取、努力奋斗的优良传统，大力推进我国的现代化交通建设，确保交通发展的质量、效益和效率，创造了无数可圈可点的光辉业绩，涌现了以"一代人要有一代人的作为、一代人要有一代人的贡献、一代人要有一代人的牺牲"的"青岛港精神"，"胸怀祖国、热爱边疆的爱国精神，刻苦钻研、勤奋好学的进取精神，不懈探索、敢于突破的创新精神，恪尽职守、忘我工作的敬业精神，淡泊名利、清正廉洁的自律精神，生命不息、奋斗不止的拼搏精神"这一"刚毅精神"，以及"勇闯新路、改革进取的精神，干字当头、艰苦奋斗的精神，遵纪守法、诚实劳动的精神，领导干部以身作则、吃苦在前、享受在后的精神"这一"华铜海精神"等为代表的彰显艰苦奋斗精神的先进典型。

勇于创新是交通行业的时代追求。锐意进取、勇于创新，是交通行业在长期的改革与发展实践中不断适应新的形势变化和发展要求，有效解决突出矛盾和问题，不断取得重大进展与突破的成功经验。长期以来，交通行业抓住机遇、与时俱进，

注重理念创新、科技创新、体制机制创新和政策创新，为实现交通事业又好又快发展提供不竭动力，涌现了以"报效祖国，服务人民的主人翁精神，立足本职、追求卓越的敬业精神，求真务实、勇攀高峰的科学精神，锲而不舍、勇于拼搏的进取精神，团结协作、淡泊名利的团队精神"这一"起帆精神"，"爱岗敬业、无私奉献的主人翁精神，艰苦奋斗、努力开拓的拼搏精神，与时俱进、争创一流的创新精神，团结协作、互相关爱的团队精神"这一"振超精神"，"恪尽职守、忘我工作的敬业精神，立足岗位、刻苦自励的拼搏精神，敢为人先、勇攀高峰的创新精神，凝心聚力、团结协作的团队精神"这一"孔祥瑞精神"，以及"凝心聚力的和谐意识，拼搏奉献的创业精神，敢为人先的创新精神，追求卓越的创优精神"这一"润扬大桥精神"等为代表的凸显勇于创新精神的先进典型。

不畏风险是交通行业的突出意志。交通建设逢山开路、遇水架桥，车辆行驶于陡峭险峻的群山之间，船舶航行于风急浪高的水面之上，无不存在一定风险，正所谓"行船走马三分险"。长期以来，中国航海者面对风浪惊涛的海洋环境和突如其来的各种困难，总是勇往直前、镇静应对、精诚协作，圆满完成国家和人民交付的各项运输任务，彰显了"乘风破浪、不畏艰险、同舟共济"的"航海精神"。尤其，在发生海上安全事故的情形下，我国海上搜救队伍更是凭藉精湛的技能和过人的胆略，不顾个人安危，及时赶赴现场，全力施行搜救，确保人民生命与财产安全，凸显了"把生的希望送给别人、把死的危险留给自己"的"救捞精神"，是交通行业坚强意志力和大无畏精神的突出体现。

默默奉献是交通行业的真情付出。我国公路水路交通建设、运输和管理大多是在气候恶劣、地形复杂、人烟稀少的特殊条件下展开的，广大交通建设、运输和管理人员，无数的铺路工、养路工和航标工，寒来暑往、经年累月，不顾风吹雨打、不计名利得失，在平凡的岗位上、在艰苦的条件下，恪尽职守、真诚奉献，用宝贵的青春和人生，铺就了无数大道、送去了万家温暖、确保了万家平安，留下了无数可歌可泣的感人事迹，涌现了以"为人民服务到白头"的"小扁担精神"，"爱岗敬业、默默奉献"的"铺路石精神"，"燃烧自己、照亮别人、奉献社会"的"航标灯精神"，"尚法弘德，为民负责，执法为民，服务社会"的"海事精神"，以及"尽职在岗、奉献在船"的"孙彪精神"等为代表的凸显默默奉献精神的先进典型。

（四）职业道德：爱岗敬业、诚实守信、服务群众、奉献社会

交通行业开展职业道德建设，坚持用社会主义荣辱观引领风尚，按照《公民道德建设实施纲要》的要求，大力倡导并努力践行以"爱岗敬业、诚实守信、服务群

众、奉献社会"为主要内容的职业道德，为交通事业又好又快发展提供有力的制度保障。

爱岗敬业是职业道德的基础。爱岗敬业要求从业人员干一行、爱一行、精一行。交通行业为全社会提供交通基础设施和客货运输服务，交通工程建设关乎百年发展大计，客货运输服务涉及广大公众利益，从业人员首先要热爱本职工作、履行岗位职责，要结合岗位需要、立足岗位工作，加强业务学习、注重实践锻炼，不断提高个人综合素质，在工作中恪尽职守、精益求精，为保证工程建设和运输服务质量作出自己应有的贡献。

诚实守信是职业道德的精髓。诚实守信要求从业人员做到诚实、诚恳，讲信义、守信用。交通行业倡导并实践诚实守信的职业道德，要着眼于切实解决交通、运输和管理中群众反映强烈、社会危害严重的突出问题，健全诚信机制，开展诚信教育，强化诚信意识，进一步推进"共铸诚信交通"实践活动，做负责任的行业、负责任的部门、负责任的岗位，努力提高整个行业的公信力和信誉度。

服务群众是职业道德的更高要求。交通行业本身是服务性行业，服务是交通的本质属性，做好服务是交通发展的突出主题。交通行业各部门、各单位广大员工要着力增强服务意识，努力提高做好服务的能力和水平。要继续开展文明行业、文明单位、示范窗口建设活动，大力推行热情服务、周到服务、规范服务，为人民群众提供更加安全、便捷、高效的优质服务。

奉献社会是职业道德的最高境界。交通作为经济社会发展的基础性产业和服务性行业，与社会生产和社会生活的各个方面息息相关，广大从业人员要将奉献社会作为职业道德建设的出发点和归宿，立足各自的本职工作，以宽广的胸襟和坦荡的胸怀，以自己的才华和汗水真情地反哺于人民、回馈于社会，在奉献中实现自我、发展自我。

六、交通文化建设的现实意义

大力推进交通文化建设，是交通行业深入贯彻落实科学发展观，促进交通事业全面发展的重要方面。党的十七大报告指出：深入贯彻落实科学发展观，要按照中国特色社会主义事业总体布局，全面推进经济建设、政治建设、文化建设、社会建设，促进现代化建设各个环节、各个方面相协调；推动社会主义文化大发展大繁荣，要坚持社会主义先进文化前进方向，兴起社会主义文化建设新高潮，提高国家文化软实力。大力推进交通文化建设，就是要确立符合先进文化前进方向和交通事业发展要求，具有鲜明行业特点和时代特征的价值体系，并付诸交通发展实践，提升交通文化软实力，为实现交通又好又快发展提供精神动力、制度保障和物质基础。

建设交通文化有利于确立共同理想，树立共同目标，进一步增强发展现代交通的使命感和责任感。理想就是信念，理想就是旗帜。交通文化建设大力倡导并努力践行建设一个更安全、更通畅、更便捷、更经济、更可靠、更和谐的现代化公路水路交通运输系统，致力促进人民富裕、实现国家强盛，这些核心价值一旦为交通行业各部门、各单位干部职工所接受，就成了广大交通员工共同的理想和信念，成了统一干部职工思想认识的旗帜和标杆，进而增强广大交通员工的使命感和责任感，引领广大交通员工为发展现代交通、促进民富国强而自强不息、奋斗不止。

建设交通文化有利于继承优良传统，弘扬时代精神，进一步提高做好"三个服务"的能力和水平。交通精神是交通行业的灵魂。交通文化建设大力倡导并努力践行以"艰苦奋斗、默默奉献、不畏风险、勇于创新"为核心要素的交通精神，是交通行业继承优良传统、体现时代要求，努力做好"三个服务"的精神追求和强大动力。建设交通文化，弘扬交通精神，就是要宣传先进典型，弘扬浩然正气，以此激发广大交通员工的积极性和创造性，使之成为不断提高做好"三个服务"的能力和水平的强大动力。

建设交通文化有利于凝聚行业力量，提升行业形象，进一步增强构建和谐交通的凝聚力和影响力。交通文化建设按照以人为本的核心要旨，在精神文化、制度文化和物质文化等各个层面，大力倡导并努力践行交通发展的事业追求和社会责任，努力实现好、维护好、发展好用户利益、公众利益、员工利益。这些价值取向，既是一种宣示，更是一种承诺，其所体现的人本主义和人文关怀，有利于改善交通行业的内在氛围、提升交通行业的外在形象，改善行业内外的关系，提高交通行业的凝聚力和影响力，从而提升交通发展的软实力，促进交通事业又好又快发展。

（执笔人：王先进　李　春　樊东方　邱曼丽　刘　利　张榕榕）

前　言

　　文化是一个国家的灯塔。如今的中国宛如全速航行的巨轮，需要一个指引、一个方向，一种给予信心的力量。无论一个民族还是一个行业，当文化的追求与建设成为共同的愿望，就有了支柱和灵魂，有了动力和魅力。进入21世纪，中国交通人沿着社会主义先进文化的前进方向，按照现代交通运输业发展的总体要求，着力构建中国交通文化体系，致力于中国交通文化的建设。这是中国交通事业的希望和福音。一旦中国交通行业文化建设初见成效，必然会引导和激发广大交通员工的活力和精神状态，从而推动中国交通事业的全面协调可持续发展。具体到公路执法文化，作为交通文化的子文化，它必将在公路执法领域日益完善和健全，逐步成为广大公路执法者切实的愿望和内心的追求，最终使公路执法工作走上文明和完善的轨道，成为中国交通事业更加优秀的组成部分。

　　近年来，随着《中华人民共和国行政诉讼法》、《中华人民共和国行政许可法》、《中华人民共和国公路法》等法律的颁布实施，特别是党中央提出"依法治国"基本方略和国务院颁布《全面推进依法行政实施纲要》以来，全国交通系统紧紧围绕交通改革、发展、稳定的大局，在大力推进交通改革开放和现代化建设的同时，加强交通法制建设，交通执法队伍建设目标不断完善，交通行政执法队伍的思想道德建设逐步加强，地方部门积极开展公路执法文化建设，先进集体和先进个人不断涌现，公路执法人员素质不断提高，公路执法法律法规日趋规范完善，公路执法责任制度不断健全。

　　伴随着公路执法的发展，各地公路执法系统逐渐形成了具有较强时代特征和行业特色的公路执法文化，在促进公路执法工作良性发展方面发挥着重要作用。但我们也清醒地认识到，目前的公路执法文化建设尚缺乏系统性，行业特色不够鲜明，执法文化建设的理论也相对滞后。同时，随着经济、社会、文化交流的迅猛发展，公路执法文化与公路执法系统的发展已息息相关，科学规划、系统开展公路执法文化建设，以文化提升执法能力和执法水平，提高公路执法系统的管理水平，是公路执法系统的变革和创新，从根本上决定着公路执法系统战略变革和持续发展的空间。在此背景下，开展公路执法文化建设研究显得十分必要和紧迫。

为此，交通部适时提出开展公路执法文化建设，组织开展公路执法文化建设研究，以期达到丰富公路执法文化建设理论，总结公路执法文化建设经验的目的，同时也希望对各地开展公路执法文化建设实践起到一定的指导作用。

我们的事业是不平凡的事业。交通行业文化建设，公路执法文化建设，都是新世纪的开创性工作，需要全新的思想方法与饱满的精神状态。文化是灵魂，而灵魂及于每一个细胞。如此说来，交通文化是每一位交通员工的所思所想。公路执法文化，也应该由每一位公路执法工作者来体会和感悟。只有感悟，才会升华。我们相信，随着公路执法文化建设的日益深入，广大公路执法者会越来越富有感情，既善于严格执法，又体现人文关怀。随之，公路执法文化也会越来越完善和健全。让我们热切地期待，并为之不懈地努力！

编　者
二〇〇八年三月

目 录

第一章 公路执法文化解析

　　党的十七大报告明确指出,"要坚持社会主义先进文化前进方向"。具体到公路执法系统,则应把社会主义先进文化,落实到公路执法工作中来。这种实践和落实,即是公路执法文化建设。

　　那么,公路执法文化既然是整个社会文化的一部分和交通文化的子文化之一,它究竟是指什么?如何界定公路执法文化的结构和构成?怎样把握公路执法文化的功能与特征?如何明确公路执法文化的研究范围,以及公路执法文化建设的目的与意义究竟是什么?

　　本章中,我们就从最基础的概念入手,给公路执法文化一个科学而准确的定义。这对于今后更细微、更具体的建设实施工作,是十分必要的。

一、清晰的概念与波动的范围

(一)公路执法

1. 公路执法含义

　　公路执法是行政执法在公路上的应用。要说明什么是公路执法,首先要明确行政执法的含义。

　　行政执法是法的适用的一种形式,是立法和守法的桥梁和纽带。行政执法的概念有广义和狭义之分。从广义上讲,行政执法是国家行政机关执行宪法和法律的总体,包括行政决策行为、行政立法行为、行政执行行为等。从狭义上讲,行政执法是指行政机关依照法定的职权和程序,执行国家规范性文件,对特定的人或事采取的,直接产生法律效果的具体行政行为。我们平常所说的行政执法,一般是指狭义概念的行政执法。

　　公路执法从狭义上是指国家的交通行政机关,由国家法律、法规授权的社会组织,由国家的行政机关依据法律、法规或规章委托的社会组织,依据法律、法规、规章管理公路交通事务的活动,是交通行政机关(构)依照法定程序适用和执行法律、法规及规章,对公路交通行政管理相对人采取的直接影响其权利义务的具体行政行为。

2. 公路执法内容

　　公路执法是具体的行政行为,有别于公路交通行政机关针对普遍的、不特定的人或事而实施的——制定规范性文件和法规运用解释等抽象行政行为,是指国家交通行政机关和行政机关工作人员，法律、法规授权的社会组织，行政机关委托的社会组织在行政管理活动中行使行政职权，针对特定的公民、法人或者其他组织，就特定的具体事项，作出的有关该公民、法人或者其他组织权利、义务的单方行为，主要包括行政许可、行政处罚、行政强制、行政征收和行政监督检查等公路行政执法行为。

1）行政许可

公路执法行政许可主要包括运政许可与路政许可两部分。

公路运政许可指对道路运输及道路运输相关业务经营业户的开、停、歇业审批及年度审验、资质等级评定，负责实施营运性客、货运输车辆的投放、调整管理等行政许可行为。

公路路政许可指对占用、挖掘公路，修建、跨越、穿越公路，或者架设、埋设管线等设施的，以及在公路用地范围内架设、埋设管线、电缆等设施，在规定范围内修筑堤坝，压缩或者拓宽河床，铁轮车、履带车行驶公路，超限运输车辆行驶公路，设置非公路交通标志，增设公路平面交叉道口，在建筑控制区内埋设管线、电缆等设施等行为依法进行许可。

2）行政处罚

对违反公路交通法律法规的行为人，依据法律法规的相关规定，施以警告、罚款、没收违法所得、没收非法财物、责令停产停业、暂扣或者吊销许可证、暂扣或者吊销执照等处罚行为。行政处罚是公路执法的强制手段之一。

3）行政强制

对违反公路交通法律法规的行为人依法责令限期改正，逾期未以改正的，依法实施强行措施。例如，违反《中华人民共和国公路法》第五十六条规定，在公路建筑控制区内修建建筑物、地面构筑物或者擅自埋设管(杆)线、电缆等设施，依法责令限期拆除，而建筑者、构筑者逾期不拆除的，依照《中华人民共和国公路法》第八十一条的规定强行拆除。当事人拒不履行公路行政处罚决定或依法强行拆除受到阻挠的，可依法申请人民法院强制执行。

4）行政征收

公路执法中的行政征收主要包括车辆使用税的税收征收、公路赔(补)偿费征收，以及未按规定时间交纳规费的滞纳金征收。

5）行政监督检查

行政监督检查工作的主要内容是：监督、检查公路行政执法人员依法履行职责、行使职权和遵守纪律的情况，纠正违纪违规行为；监督、检查公路行政执法人员着装、佩戴执法标识及使用执法车辆情况。

3. 公路执法体系

公路执法的执法体系就是影响公路执法过程和结果的一系列要素的总和以及这些要素之间的整合方式，主要由公路执法依据、主体、客体、对象和环境组成。

1）公路执法依据

公路执法依据是指依法制定、由国

家强制力保证实施，公路执法机关及其执法人员据以作出行政行为的规范。全国性的公路行政规范性法律文件主要有《中华人民共和国行政许可法》、《中华人民共和国行政处罚法》、《中华人民共和国行政复议法》、《中华人民共和国行政诉讼法》、《中华人民共和国道路运输条例》、《中华人民共和国公路法》、《中华人民共和国公路管理条例》、《全面推进依法行政实施纲要》等。针对特殊类型的公路行政事务或地方行政区内的实际需要，地方人大和交通管理部门还可制定一系列规范性文件。

2）公路执法主体

公路执法主体是指享有国家公路行政执法权力，能够以自己的名义实施公路行政执法行为，并独立承担法律责任的组织。公路执法主体包括：法定公路执法机关，法律、法规授权的组织和公路执法机关依法委托的组织。

3）公路执法客体

公路执法客体是公路执法行为所指向的公路行政事务，在我国，路政、运政和征稽是公路执法最基本的客体内容。

（1）公路路政

公路路政执法可分为：保护路产、维护路权、维持公路畅通秩序和保护公路权益四个方面。

①保护路产

保护路产完好、保障公路畅通是路政管理的主要内容，具体包括：a.禁止直接危害公路、公路用地和公路附属设施的行为，如在公路和公路用地范围内设置棚房、摊点、维修及其他临时设施，堆放垃圾、建筑材料及其他类似堆积物，以及从事烧荒、刷坡、爆破、取土、伐木等类似作业。b.限制可能对公路、公路用地和公路附属设施造成损害的行为，如超限运输，即车辆在公路上行驶所载物品超高、超宽、超长后超重；铁轮车、履带车和其他可能损害公路路面的机具行驶公路；在公路两侧修建永久性建筑物或设施等。

②维护路权

维护路权是指保证公路路权不受侵犯，主要包括：控制公路两侧建筑红线及土地使用权，并登记造册；审理跨越、穿越公路修建跨线桥梁、渡槽或者架设、埋设各种管线和电缆等设施；确定废弃公路的产权归属，如公路改建、扩建时，旧路产路权变更的审定等。

③维持秩序

维护公路正常的运行秩序，保障公路畅通和车辆的安全通行，是路政管理执法内容的基本任务之一。主要体现在维护公路渡口和公路建设、养护等工程施工现场的正常秩序，清理公路沿线的马路市场、摆摊设点、各种非公路标志标牌等影响公路秩序的行为，以及公路外部行政管理的正常秩序等公路行政职权。

④保护公路权益

保护公路权益是指保护公路管理机构、路政管理机构、公路经营公司、养护作业单位的合法权益；保护公路养护施工作业人员、公路管理人员从事生产、执行公务时的合法权益;保护公民、法人和社会组织依法享有的使用公路的权益,以及因此而产生的行政行为,如参加有关路政案件的诉讼行为,治理有关部门和个人违法在公路上乱设卡、乱罚款、乱收费的公路"三乱"行为等。

(2)公路运政

公路运政执法可分为:对营运班车违章停靠进行查处和对无证经营、非法营运车辆进行查处等 5 项内容。

①对营运班车违章停靠进行查处。客运班车不按照规定在固定地点停靠,随意停靠拉客,扰乱了运输秩序,运政执法人员应依法对其进行查处。

②对无证经营、非法营运车辆进行查处。对未依法取得行政许可的非法营运行为,依照《道路交通管理条例》进行严格查处并取缔,是公路运政执法的主要内容。

③对货运车辆的检查。对擅自将原车型改成其他用途的车辆、擅自更换发动机、擅自更换车身或者车架、擅自对机动车外形加长、加宽、加高等行为进行查处。

④对危险品车辆的检查。按照国务院第 344 号令《危险化学品安全管理条例》的规定,有针对性的加强对危险品车辆的查处。

⑤对驾校和教练车辆教练员资格的检查。它是运政执法必不可少的一部分,稽查人员可以不定期的对驾校教练车辆和人员进行必要的日常检查。

(3)公路征稽

在我国,公路运输中车辆逃、漏、欠缴规费,违章经营的现象屡见不鲜,为了制止这类行为,征稽部门在负责核查公路养路费、客运附加费和货运附加费等规费的征缴工作外,还要上路稽查,对未依法上缴规费的主体进行行政处置。

4. 公路执法对象

公路执法对象是指由于公路执法主体的执法行为而在公路行政法律关系中与公路执法主体相对应、在公路交通事务处理过程中享有权利和承担义务的公民、法人或其他组织。通常的公路执法对象是公路使用者,具体包括车辆所有人、驾驶员、运输企业、生产经营者,以及机动车维修、驾驶培训、客货运站场等各类道路运输相关业务的从业人员,但损坏公路路产路权、危害公路交通秩序和安全的其他影响公路使用组织和个人也属于公路执法对象的范畴。

5. 公路执法环境

公路执法活动是在一定的执法环境中进行的,公路执法环境作为一个完整的系统,它包含了社会环境、经济环境、法治环境、行业环境、人文环境等子系统。这些子系统,既相互交融,又相对独立,它们共同影响着公路管理的决策、执行和监督过程。其中公路执法的行业环境和法制环境影响最大。

(二)公路执法发展历程

公路执法随着公路的出现而产生,伴随着公路运输事业发展而不断发展完善。新中国成立以来,我国的公路执法发展大致可分为三个阶段。

1. 第一阶段:"两家共管"(1949~1986年)

1986年国务院改革道路交通管理体制之前,由于当时公路里程较少,沿线公路及公路附属设施被破坏现象不多,路产保护的任务也不十分迫切。同时,由于当时汽车数量少,公路运输市场不十分繁荣,公路运输管理也相对简单。所以,当时没有明确公路执法具体内容由哪个部门负责,这样担负公路建设项目的交通部门,以及负责社会安全和秩序管理的公安部门对公路执法实施了共同管理。

2. 第二阶段:"两家分管"(1987~1992年)

1987年道路交通管理体制改革以后,国务院明确了保护路产维护路权、管理运输市场,维护运输秩序的工作由交通管理机构行使;维护道路交通秩序管理,宣传道路交通安全法律、法规,处理各类交通事故和机动车、驾驶员的管理则由公安部门行使,整个公路执法进入由交通与公安两个部门分别管理时期。

3. 第三阶段:"多元管理模式并存"(1993年至今)

1993年至今,公路事业发展迅速,公路执法也面临着机遇与挑战,为此,全国各地都在积极探索公路执法新模式。

在改革实践中综合管理模式因其创新性与先进性逐渐得到大家的认同。以重庆为代表的综合公路执法管理模式,将原分属公路局、运管局和征稽局的执法职能并入一个综合执法机构——重庆市交通行政执法总队,除负责三个部门原有公路行政执法职能外,还负责全市高速公路运政、路政、征稽的行政执法和交通安全管理工作(限制人身自由的行政处罚权除外)。

综合管理模式不仅实现了公路执法管理由交通和公安两个部门管理到由交通一个部门管理的转变,而且实现了交通系统内部的运政、路政和征稽三者的统一管理,并将许可、执行与监督职能相对分开,体现了交通管理机构职能改革与创新。

虽然综合执法表现出了良好的发展势头和示范作用,但综合执法改革还未在全国范围内完全展开,"两家分管"的管理模式,以及交通系统内部的运政、路政和征稽分别管理的管理模式仍然占多数。

(三)公路执法文化

前面对公路执法的含义、内容和发展历程进行了介绍,这里从文化的角度为公路执法文化下个定义。

1. 文化

"文化"一词在中国有着悠久的历史,最早是指"以文教化"和"以文化成",从字面意思上理解,文化是一个动词,体现了一个行为过程。在西方,Culture含有"耕种、居住、练习、注意、敬神"等意思。古希腊罗马时期,文化被理解为培养公民参加社会政治活动的能力。而在启蒙运动时期,法国启蒙思想家和德国古典哲学家将文化同人类理性的发展联系起来,以区别于原始民族的"不开化"和"野蛮"。

文化的定义是随着社会学、人类学的发展而不断清晰的。"文化"这一术语源于社会人类学,《新韦氏学院字典》的定义是:"包括思想、言论、行动以及现象在内的人类行为的综合模式,并有赖于人的学习知识和把知识传递给后代的能力"。英国"人类学之父"爱德华·泰勒1871年出版的《原始文化》一书中,将文化作为一个中心概念提出,并把它定义为:"文化是一个复杂的总体,包括知识、信仰、艺术、法律、道德、风俗,以及人类所获得的才能和习惯。"这也是最为流行的经典定义,在人类学以及随后的文化研究中有着重要影响。

2. 公路执法文化

公路执法从本质上来讲是一种管理活动,因此公路执法文化应定位为管理文化,同时公路执法是行政执法,所以公路执法文化应是管理文化的亚文化,是行政管理文化的子文化,其所处地位如图1-1所示。

公路执法文化是行政管理文化的子文化,具有行政管理文化的一般特点。行政管理文化是在社会文化基础上,通过行政机关及其行政工作人员的各种行政管理活动所形成的一种精神文化形态,属于政治文化的一种特殊形态,是社会文化在行政管理活动中表现出来的一种文化形式。它是行政机关及其行政工作人员应共同具备和遵守的理想信念、价值观念、道德标准、行为模式、生活方式及人际关系等各种生活准则与行为规范的总称;它是关于一切公共行政活动的行政意识观、行政价值观、行政道德观和行政心理倾向等的总和。任何一个行政组织的结构、运转程序、决策过程,以及行政人员的行为、作风、态度、价值观等都直接或间接地受到行政管理文化的制约和影响。

公路执法文化是行政管理文化在公路上的体现,所以其又具有行业特点。行业文化是在一定的社会历史条件下,行业生产经营和管理活动所创造的具有本行业特色的价值观念、思维方式、行为方式、行业规范、行业生存氛围的总和。它既是一种客观存在,又是对客观存在的反映。作为行业实践的结果,又影响未来的实践。行业文化形成于行业的内部环境和外部环境,所以随着行业内部与外部环境的变化,行业文化也会发生变化。行业文化在内部具有共性化,在外部具有个性化。作为一个行业中形成的某种文化观念和历史传统,共同的价值准则、道德规范和生活信息,行业文化能将各种内部力量统一于共同指导思想

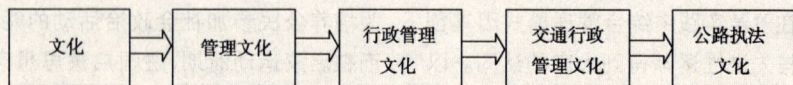

文化 → 管理文化 → 行政管理文化 → 交通行政管理文化 → 公路执法文化

图1-1 公路执法文化的地位

和发展哲学之下,汇聚到一个公共的方向。行业文化的核心是行业成员的价值观念,它决定着行业成员的思维方式和行业方式。可以形象地说,行业文化是让行业组织中的每一个成员感觉很好的一种氛围、一套规范、一些习惯、一系列观念和一切行为。

公路执法文化就是所有公路执法的思想、行为规范、言论、行动、物质等内容的总和,包括公路执法者的信仰、执法艺术、执法规则、执法风格、执法行为表现等内容,以及公路执法组织对各种变化的适应能力和保持这种能力延续发展的能力。

(四)公路执法文化研究范围

由于公路执法内容分为行政许可、行政处罚、行政强制等内容,则公路执法文化也相应地体现出不同特点。本书主要针对除行政许可之外的行政处罚、行政征收、行政强制、行政监督检查等展开研究。

二、由表及里的公路执法文化结构

(一)公路执法文化结构

公路执法文化作为一种文化现象,包括物质层、制度层、精神层等结构层次(图1-2)。物质层即公路执法文化的物质文化,是一种以物质形态为主要研究对象的表层文化;制度层即公路执法文化的制度文化,是公路执法的中层文化,

包括公路执法的体制、组织机构、运行机制和管理制度等方面,其中管理制度包括正式制度和非正式制度;精神层即公路执法的精神文化,相对于物质文化和制度文化而言,精神文化是一种更深层次的文化现象,处于公路执法文化的核心地位。

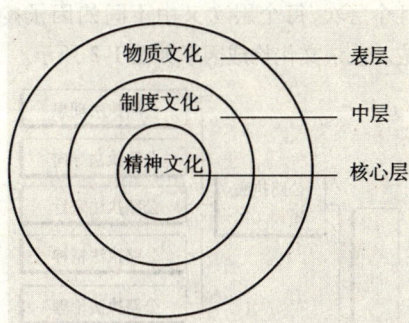

图1-2 公路执法文化的结构层次图

公路执法文化的精神文化主要包括公路执法的基本思想,服务理念、价值体系和在公路执法过程中的文化交流和时代发展观念,是公路执法文化的核心要素。

公路执法制度文化即交通管理制度、交通管理手段和交通法律法规及其所体现的价值理念,主要包括各种交通管理制度和管理模式所体现的价值理念和所形成的文化现象;各种交通管理手段在其历史变化中所体现的文化内涵和价值理念;各种公路执法服务形式与服务标准所形成的文化现象及其体现的价值理念,以及交通法律法规所形成的文化现象及其所体现的价值理念。

公路执法物质文化即存在于具体公

路执法活动中的物质产品文化,它是公路执法文化的基础和保障,是公路执法文化的主要组成部分。

(二)公路执法文化的内容

从结构层次来看,公路执法文化主要包括精神文化、制度文化、物质文化等几个层次,每个层次又由不同的因子构成。执法文化构成因子如图1-3所示。

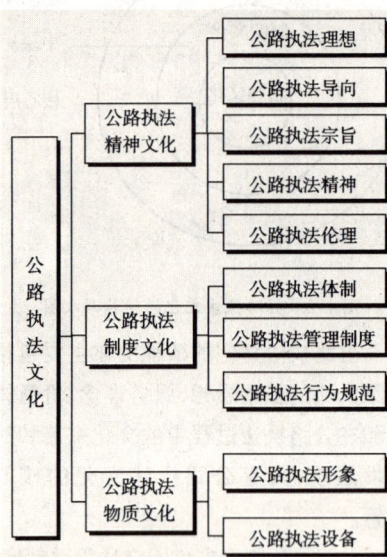

图1-3 公路执法文化的构成因子

1. 精神文化的内容

1)公路执法理想

公路执法理想是公路执法文化的高度浓缩,是公路执法文化的灵魂。公路执法精神的内涵应该丰富而深刻,意义重大而深远。公路执法理想具有强大的凝聚力、感召力和约束力,是执法人对执法工作的信任感、自豪感和荣誉感的集中体现,是公路执法行业在执法过程中占统治地位的思想观念、立场观点和精神支柱。在构建和谐社会、全面推进小康社会的政治诉求中,在市场经济逐步呈现为法制经济和信用经济的条件下,在信息时代已经到来的情况下,公路执法部门必须明确执法理想。

2)公路执法导向

良好的公路交通秩序是公路执法的导向,获得良好的秩序是每一个人都偏好的共同利益,但如果每一个人都只追求自我利益的最大化,则将导致一种大家都不愿接受的非理性集体结果,秩序将被无尽的混乱所替代。因此,每个人都有人身和财产的安全与保障,安定有序的社会才可能是和谐的社会,交通才是和谐的交通。所以,公路执法必须树立一个安定有序,和谐自然的交通秩序愿景,在这样一个愿景下,为整个公路执法事业提供目标和导向。

3)公路执法宗旨

执法宗旨是公路执法文化价值体系的核心内容。宗旨是行为的先导,同时也是正确行为的思想基础。没有正确的、合理的、先进的宗旨作为指导,执法工作便会像无源之水,很难真正的进行下去。"民主法治、公平正义、诚信友爱、充满活力、安定有序、人与自然和谐相处"是社会主义和谐社会的基本特征。因此,在公路执法中,应始终贯穿和谐价值宗旨这一主线,坚持在安全和秩序的底线价值宗旨之上,用效率和效益作为手段,通过诚信和公开的保障和公正、公开的支撑,从而最终实现以人为本的服务型公路执法文化的终极目标。

4）公路执法精神

执法精神是执法文化的精髓和灵魂，是执法队伍的内心态度、意志状态和思想境界，是对执法组织中现有积极因素的总结、提炼和倡导。执法精神是执法组织内部最积极的也是全体成员共有的一种状态，它应该体现执法者的实践品格、世界眼光和时代特点。

5）公路执法伦理

公路执法伦理是公路执法精神文化的重要组成部分，公路执法人员的职业伦理建设直接关系着公路执法行为的规范性和交通行业的外部形象。交通部于1997年就颁发了《交通行政执法职业道德基本规范》，将"甘当公仆、热爱交通、忠于职守、依法行政、团结协作、风纪严整、接受监督、廉洁奉公"内容作为交通行政执法人员应当遵循的职业道德准则；2004年的《公民道德建设实施纲要》也将职业道德建设作为其主要内容之一；2006年，《全国交通行业十一五时期精神文明建设工作指导意见》和《交通文化建设实施纲要》提出了全面贯彻落实科学发展观，学习实践社会主义荣辱观，推进创新型行业与和谐行业建设，实现交通事业又快又好发展的要求。

2. 制度文化的内容

1）公路执法体制

公路执法体制是制度文化建设的关键所在，是构建制度文化的基石。理顺公路交通行政执法体制，明确公路执法部门职能分工，是做好公路执法工作的前提，是公路交通行政管理部门根据依法行政的要求。将公路执法职能进行统一，具有事半功倍的效果，将大大减少执法成本，提高公路执法效率。

2）公路执法管理制度

理顺公路执法体制后，完善公路执法内部管理制度也至关重要，以公路执法行为合法、适当、规范、高效为基本要求，以岗位责任制、公示制度、评议制度和责任追究制度为保障的行政执法工作制度，是完成公路执法工作的保证。

3）公路执法行为规范

公路执法体制和管理制度要落到实处，有赖于执法者良好的行为习惯。同时，作为社会组织之一的公路执法队伍承担着对社会的责任、对执法对象的责任，以及对执法者的责任。承担这些责任就必须有一定的行为规范加以保证。公路执法行为规范用以规范执法者的行为、语言及对外交往，以展示执法者的良好风貌。

3. 物质文化的内容

1）公路执法形象

公路执法形象是公路执法物质文化建设的重要核心，是客观体现公路执法工作的严肃性、法律的威严性和执法队伍整体素质的关键所在；是增强执法主客体之间的最直接、最感观的认识，是提升执法工作人员职业自豪感的物质基础。统一规范的着装、标识鲜明统一的执法工具和执法装备,将从另一方面维护公路执法工作的严肃性和法律的威严性。通过外部形象的树立和社会的认可,将不自觉地约束执法队员的行为,提升执法队员的职业自豪感和使命感,使其自觉维护自身的外部形象,规范执法行为。

2)公路执法设备

公路执法设备是物质文化建设的重要支撑,是公路执法的载体与工具。宽敞明亮的办公场所、自动化的现代办公设备、先进的公路执法工具、信息化的执法手段有助于提高公路执法效率,维护公路交通系统正常运行,同时公路执法物质文明是向社会展示公路执法形象的平台和窗口。

三、功能新,特征多

(一)公路执法文化的功能

公路执法文化的功能是公路执法的具体实践活动中的体现,是公路执法文化浸润于执法活动中的现实表现。

1. 为实现组织战略营造氛围

只有制订出明确的战略,组织才会朝着正确的方向,沿着正确的道路前进。战略就是要明确"我是谁,我要到哪里去,我将怎么去,我在征途上将会有何种困难,我将采用何种策略克服"等问题。若想顺利实现战略目标,一个组织需要强大的战斗力,而战斗力的基础是强大的凝聚力。强大的凝聚力要靠组织文化来培养,组织文化就是培养凝聚力的

土壤。

公路执法文化建设的总体目标为建立起符合社会主义先进文化前进方向,具有鲜明时代特征和行业特色的公路执法文化体系。通过公路执法文化建设,提炼出公路执法系统核心价值观,明确执法理念,规范执法行为,创公路执法服务品牌。通过公路执法文化建设,树立公路执法系统的良好社会形象,营造团结和谐、充满活力的良好氛围,增强执法系统凝聚力和影响力。进行公路执法文化建设的根本目的是为实现公路执法战略营造氛围。

2. 有助于统一公路执法组织的价值观

公路执法文化建设的核心内容就是提炼、梳理大家都认同的价值观体系,这种价值观不仅是指导组织建设的灵魂,也是指导组织成员树立正确人生观、价值观的指针,引导组织成员沿着正确的人生轨道不断向前的航标。执法组织或个人在和社会发生各种来往时,均要应用组织的价值观念与行为规范。每位公路执法人员凡事皆要自问:我的言行是否违背了公路执法所倡导的价值观,是否违背了作为公路执法人员应该遵守的行为规条。所以说,成熟的公路执法文化也是校正公路执法者行为是否发生偏差的标尺。

3. 有助于提炼和弘扬公路执法组织的精神

精神是组织的群体意识,每个组织都有各具特色的组织精神,例如军队有

军队精神,企业有企业精神。精神往往以简洁而富有哲理的语言形式加以概括,通常通过歌曲、训条、规定、徽标等形式的载体形象地表达出来。一般来说,组织精神是组织成员彼此共鸣的内心态度、意志状况和思想境界。它可以激发组织成员的积极性,增强组织的活力。作为组织成员群体心理定式的主导意识,精神是组织管理宗旨、价值准则、管理信条的集中体现,它构成组织文化的基石。组织精神源于组织各项管理实践,随着这种实践的发展,组织逐渐提炼出带有经典意义的指导组织运作的哲学思想,成为调动组织成员积极性的基本指导思想。不同的组织,有不同的精神,不同组织精神表现也不尽相同。有的组织精神是激进型、征服型的,有的是谦和型、包容型等。

公路执法文化建设的重要内容之一就是提炼、梳理公路执法组织的精神。通过对公路执法历程的总结、梳理,逐步发现公路执法组织得到社会公众认可的根本因素,发现支配个人献身公路执法的根本动力,并把这些因素和动力进一步加以扩大和弘扬,使之成为激励整个公路执法组织不断向着高目标迈进的动力。

4. 有助于创立高认知度和美誉度的公路执法组织品牌

品牌已不再是产品的专属词语。和营销一样,品牌也不是企业的专用名词。品牌意识现在也已被社会各阶层、各领域所接受,并且"品牌"的意义和内涵也

得到了扩展和延伸。许多地方也都启动实施了品牌战略,靠品牌运营提升地方的影响力,以此促进地方经济发展。例如广东东莞早在 2001 年就提出了"千年莞邑,IT 新都"的地方品牌口号。四川成都也提出了"西部之心,休闲之都"的地方品牌口号。

组织品牌就是组织以服务为载体与公众缔结的特殊情结。这种情结主要体现在认知度、好感度、美誉度等几方面。公路执法组织的认知度目前仅局限在相关利益群体里,社会认知度还相对较低,好感度和美誉度还未完全确立。公路执法文化建设则是帮助公路执法组织提升品位,提升公众认知度的最佳方式。

(二)公路执法文化的特征

1. 服务性

公路执法文化的服务性,源于"公路"这一载体的公共产品属性或准公共产品属性,同时还源于马克思主义的"人民民主"理念。因此公路执法文化是以服务人民为宗旨,服务是它的根本理念。服务性首先表现为公路执法部门树立公众利益至上的意识。其次表现为正确履行职能,向社会提供优质的公共服务,比如提供公路基础设施,为经济社会建设服务,完善运管服务内容,制定服务标准,变被动事后处罚为主动上门宣传交通法规。服务性还表现为民本观念,完善人民群众对公路执法过程监督的机制。

2. 整体性

公路执法文化的整体性,来自于执法载体的特殊性。公路是一种特殊的公共产品,其具有不同于其他公共产品的特殊属性,其服务对象的多样性和自身的特殊属性,产生了其执法工作的特殊性。公路执法包括交通安全、运政、路政、征稽等多个不同的项目,受体制的制约,各执法工作分属不同的行政机构,各自为政,文化建设参差不齐。公路综合执法的逐步建立和形成,体现了公路作为一种公共产品应具有的整体性。公路执法文化是公路文化和法文化的有机结合,是以公路文化为基础,法文化为支撑的新型文化,公路的整体性和公路执法的一体性决定了公路执法文化的整体性是其基本特征。

3. 大众性

公路作为一种特殊的公共产品,是人们出行必须依赖的重要载体,它为不同的使用对象提供相同的通行服务。公路作为一种公共产品的特殊属性,决定了其不是属于某个特定部门和特殊群体的,其以服务全社会为目的,是全社会共有的公共产品,人们的各种出行需求都离不开公路的支撑,与它之间有着十分密切的联系。公路执法文化是以公路为载体产生的新型文化,公路执法文化涉及到所有使用公路的对象,是公路和其使用者之间相互碰撞所产生的文化意识。其产生的背景,决定了公路执法文化的大众性,将影响到每个公路的使用者,使其更加完善和不断

发展。

4. 人道性

人道就是对生命和人格的尊重、关爱。公路执法文化的人道性,植根于公路执法的人道性,反映了公路执法工作以保障和维护人们的基本权利和权益为目的的基本属性,尊重人权、以人为本是公路执法的基础,是和谐社会的起点。公路执法的根本目的,是维持公路交通的正常秩序,保障人的安全,这就是最大的人道,它应该体现一种让人情不自禁的钦佩、一种温暖人心的慈祥、一种鼓舞人心的精神、一份久违的感动。

从另一方面来看,公路执法部门既要尊重法律的权威,又要体现人性的关怀,以保障人们法律、权利上的公平,自觉做到严格执法与热情服务的有机结合。执法服务人道性作为构建和谐社会的一个新的平台,是构建新型的和谐的群众关系的关键。

5. 和谐性

公路执法文化的和谐性,源自构建和谐社会的要求。公路执法是国家为了维护公路交通的基本秩序,维护公民的出行利益所用的强制性手段,以纠正极少数人的违规违纪行为来维护大多数人的切身利益,这样执法的强制性将不可避免地产生一定的社会矛盾,引发一些不和谐的因素。随着社会的不断发展和进步,公路执法将逐步走向规范化、秩序化和人性化,将逐渐体现公路执法以维护大多数人利益为目的的执法初衷。公路执法文化以公路执法为基础,以文化

21世纪交通文化建设研究与实践

为导向,将向社会展现公路执法的目的,规范执法行为,引导人们共同遵守相关的法律法规,保障人民的出行利益,构建和谐执法和和谐交通,进而支撑和谐社会的建立。

四、建设目的和长远意义

（一）公路执法文化建设的目的

1. 培养、造就让政府和公众放心的执法队伍

公路执法已走过几十年历程,其体制几经变革,职能也是几易部门。曾经由于体制混乱等原因,公路执法队伍管理机制也一直不顺。时至今天,全国公路执法体制尚未统一。重庆市借助成为直辖市的大好历史时机,在全国率先推出了高速公路"统一管理、综合执法"的体制,收到了良好的效果,"重庆模式"已作为公路执法的一个响当当的品牌在全国打响。开展执法文化建设,能够起到"聚人气,凝人心"作用,对加强队伍建设,增强团队力量大有裨益。所以,公路执法文化建设的目的就是要打造出一支让立法机构和政府放心的执法队伍。

2. 培养、造就让执法对象满意的执法队伍

要让执法对象满意,首先要有服务执法对象的思想,时刻用执法的正确要求衡量、校正个人的价值观。国人常说

思想支配行动,有什么样的思想就有什么样的行动。而国际上有一种说法则是每个人都有自己的"BVR"。这里的BVR是英文 Beliefs, Values, Rules 首字母的缩写。其中 B 代表的中文意思是信念,V 代表的中文意思是价值,R 代表的中文意思是规条。它是人们思考、决策、行动的基本决定因素。信念指的是"事物是什么,怎么样?";是人们对世界的认知,也即主观的法则;是是否行动的决策依据。价值是指事物的意义和给一个人带来的好处。价值会让人想到"什么是重要的? 能带给我什么? 可以为我做些什么?"它是一个人行动的重大诱因。规条也就是做法,即为实现信念或取得价值所采取的行动法则和行为表现。公路执法文化建设,就是要引导每个公路执法人员建立个人正确的"BVR",要让个人的"BVR"符合执法对象的合法意愿。只有这样,公路执法队伍才会得到民众的爱戴。

3. 培养、造就让其他执法组织学习的执法队伍

"大盖帽满街跑,红袖章到处飘"曾经是中国许多地方执法情况的真实写照。在"谷哥"里搜索相关内容,看到仅南方某省就有 4000 多支执法队伍。在浩浩荡荡的执法大军里,每支队伍之间都多少不同地存在"跑马圈地,依法争权"的现象,也存在"依法打架,各自为政"的现象。出现这种局面的原因有多种,但随着法制化建设进程的加快,和谐社会的逐步成形,多头管理、重复执法的

现象必然要被遏止。公路执法队伍若想长坐执法交椅，就必须与时俱进，及时变革，推出切合人本、迎合法制、符合执法对象正确意愿的执法理念和执法行为。并通过导向作用强，实操系数大的运作机制，让公路执法队伍在诸多执法队伍中脱颖而出，成为其他执法队伍学习和效仿的标杆。

（二）公路执法文化建设的意义

公路执法文化建设不仅关系到公路执法自身，对构建社会主义和谐社会、建设社会主义先进文化、践行社会主义荣辱观、发展社会主义市场经济、建设现代交通业和构建和谐交通，都具有特别重要的现实意义。

1. 有利于构建社会主义和谐社会

社会要和谐，首先要发展，社会和谐在很大程度上取决于社会生产力的发展水平，而先进文化是先进生产力的代表，拥有了先进文化的指导，会实现生产力的快速发展。公路执法文化建设对促进公路执法事业发展有重要指导意义，先进的、积极的、富有活力和生命力的公路执法文化，可以保证公路执法事业及整个公路交通事业又好又快的发展，进而促进整个社会更加和谐。

构建社会主义和谐社会要实现人与人之间的和谐共处，社会经济发展的协调一致。对公路执法行业的要求是，要协调公路交通参与者关系，维护公路运输的正常秩序，保护公民的合法权益

等。要实现这些要求，只靠公路执法自身是不够的，还需要公路执法文化对其进行指引。所以说公路执法文化建设对构建社会主义和谐社会具有重要意义。

2. 有利于建设社会主义先进文化

公路执法文化建设是建设社会主义和谐文化的重要组成部分，对弘扬民族优秀文化传统，促进社会主义文化进步有积极意义。公路执法文化建设积极借鉴人类的文明成果，吸收有益的外域文化，并紧扣时代脉搏。公路执法文化要求体现以人为本、执政为民的人本精神和依法行政、科学行政的科学精神，这些精神都是社会主义先进文化的重要体现。要通过公路执法文化建设，展现公路执法文化中的精华，增加公路执法文化的知名度和美誉度。同时，我们更需要一种价值确认，鼓励那些最具才华的人去点亮人们心中精神灯塔上的火光。

3. 有利于践行社会主义荣辱观

荣辱观是世界观、人生观、价值观的重要内容，是一个民族思想道德的基点和一个国家精神文化的基石。树立正确的荣辱观是形成良好社会风气的重要基础。以"八荣八耻"为主要内容的社会主义荣辱观作为社会主义核心价值体系的重要组成部分，体现了社会主义的价值导向，是引领社会风尚的一面旗帜。

公路执法文化建设是公路执法部门弘扬社会主义荣辱观的具体行动。社会

主义核心价值体系不是抽象的,而是体现在社会成员的具体行为中,体现在现实生活里,蕴藏在公路执法的过程和公路执法文化的建设中。确立和实践社会主义核心价值体系,必须以全体社会成员的道德修养和素质为基础。只有分清荣辱,明辨善恶,一个人才能形成正确的价值判断,一个社会才能形成良好的道德风尚。公路执法文化建设就是要让公路执法人员和公路交通参与者在践行社会主义荣辱观中明荣辱、知善恶,成为一个合格的交通参与者。

4. 有利于发展社会主义市场经济

在当代世界的激烈竞争中,文化建设已经成为决定综合国力强弱的重要因素。文化建设对社会主义经济、政治的发展和社会的全面进步具有极大的促进作用。对社会主义市场经济的促进作用表现在,通过文化建设提高全民族的思想道德素质和科学文化素质,为经济发展和社会全面进步提供强大的精神动力和智力支持,培育适应社会主义现代化要求的、有理想、有道德、有文化、有纪律的公民。

交通作为国民经济的基础性产业和服务性行业,对社会主义市场经济建设具有支撑和先导作用。公路执法文化作为交通文化的组成部分,指引着公路发展的方向,为社会主义市场经济发展保驾护航。公路执法文化建设首先从交通行业出发,优化交通行业内部结构,提高交通发展水平,实现交通事业自身健康发展;在交通事业自身协调发展的同时,

保障国民经济其他行业发展,实现交通对国民经济的基础支撑和先导带动作用。开展公路执法文化建设,践行科学发展观,统筹经济发展,对经济协调发展具有长远意义。因为,文化不是经济的花瓶,而是国家精神之根。

5. 有利于建设现代交通行业

回顾交通发展的历程,解放思想、实事求是、与时俱进、勇于创新是交通发展的成功经验。正是基于不断提升发展理念,不断推进科技进步,不断完善适应社会主义市场经济发展要求的体制机制,不断提出符合国家战略的发展政策,公路交通才实现了跨越式发展,因此公路执法文化发展进程将是不断改革创新之路。

文化创新与理念创新、科技创新、体制机制创新和政策创新同是交通创新的战略重点,公路执法文化建设以其富有生命力和活力的特点,在建设过程中体现不断创新的特点,对积极推进现代交通事业发展具有指导性作用。

6. 有利于构建和谐交通

开展公路执法文化建设,是适应新时期公路执法工作新形势、新局面的需要,对构建和谐交通,实现交通事业可持续发展具有以下重要战略意义:

(1)为交通事业发展提供精神保障。公路执法文化建设用科学、先进、正确的理念作指导,为交通事业发展指引前进的方向,提供精神动力。

(2)为交通事业发展提供智力支持。通过公路执法文化建设,提高执法人员

素质,提高执法工作水平,有力地推动公路执法工作的全面进步和发展。

(3)为交通事业发展创造良好的外部环境。通过公路执法文化建设,使全社会对公路执法保障交通安全、经济发展和社会和谐的重要作用有更加全面的认识,增强全社会交通安全意识,为公路执法创造良好的社会环境,降低执法成本,提高执法效率,维持交通系统安全、有序、高效运行。

21世纪交通建设研究与实践

第二章 现状综述：有喜悦，有隐忧

一、文化构建已然启动

公路执法文化是交通文化的组成部分，是公路执法人在交通文明领域建设中的重要体现。近年来，随着《中华人民共和国行政诉讼法》、《中华人民共和国国家赔偿法》、《中华人民共和国行政处罚法》、《中华人民共和国行政复议法》、《中华人民共和国行政许可法》、《中华人民共和国公路法》等法律的公布实施，特别是党中央提出依法治国基本方略和国务院要求全面推进依法行政实施纲要以来，全国交通系统紧密围绕交通改革、发展、稳定的大局，在大力推进交通改革开放和现代化建设的同时，不断加强公路执法文化建设，在公路执法精神文化建设、公路执法制度文化建设和公路执法物质文化建设上都取得了令人鼓舞的成就。

（一）公路执法精神文化建设

公路执法精神文化主要由公路执法精神、执法理念、执法价值观和执法伦理等构成，是公路执法文化的核心价值理念，是公路执法的核心文化，它体现了公路执法文化的方向和实质，决定和影响了公路执法制度文化的建设。公路执法精神文化对于规范和制约公路执法、队伍群体意识和个性价值观念具有强大的作用和指导意义。

1. 交通部高度重视公路执法文化建设

近几年来，交通部对交通执法文化研究高度重视，不断加强交通执法文化建设研究，以推动公路执法创新，建设具有行业特色和时代特征的公路执法文化体系，实现以人为本、以文化人，提高行业的凝聚力和软实力为目标，先后出台了一系列交通执法文化建设指导意见。

1999年，交通部下发《交通部关于加强交通行政执法队伍建设的意见》，提出了加强交通行政执法队伍建设的工作目标：根据交通行政执法队伍不同门类特点，针对当前队伍建设中存在的有法不依、执法不严、违法不究的突出问题，加强教育，深化改革，严格管理，完善监督，深入开展"学包起帆、学华铜海轮、学青岛港，创建文明行业"的"三学一创"活动，努力建设一支具有促进交通改革和发展的理想信念；具有服务人民、奉献社会的思想道德；具有依法行政、文明管理的业务技能；具有廉洁、勤政、务实、高效的纪律作风的"四有"交通行政执法队伍。交通行政执法队伍文明程度明显提高、行业风气明显改善。

21世纪交通文化建设研究与实践

2000年,交通部黄镇东部长在全国交通行政执法队伍建设工作会议上做了的讲话,提出了加强交通行政执法队伍建设的工作目标和任务:"建设一支具有促进交通改革和发展的理想信念,具有服务人民、奉献社会的思想道德,具有依法行政、文明管理的业务技能,具有廉洁、勤政、务实、高效的纪律作风的交通行政执法队伍。面对新形势、新情况、新目标,交通行政执法队伍建设必须在内容、形式、方法、手段、机制等方面,采取切实有效的措施,大胆进行创新和改进,特别是要在增强时代感,加强针对性、时效性、主动性上下工夫"。

2006年,交通部体改法规司下发了《全国交通行业十一五时期精神文明建设工作指导意见》,提出了全国交通行业"十一五"时期精神文明建设的主要目标:围绕认真学习实践社会主义荣辱观,通过开展"学先进、树新风、创一流"活动,在新的历史起点上,实现交通职工思想道德素质明显提高,交通行业凝聚力明显增强,交通社会形象明显改善,并推出一批有影响的先进典型,创建一批有影响的文明单位,打造一批有影响的服务品牌,创作一批有影响的文化产品。

2. 公路执法队伍素质继续提高

交通部先后于1996年、1997年印发实施了《交通行政执法人员三年岗位培训工作规划》及《交通行政执法人员岗位培训实施办法》,制定了《交通行政执法职业道德基本规范》和《交通行政执法岗位规范》,认定了9个交通行政执法领导干部培训基

地、320个基层执法人员培训基地,对全国交通系统交通行政执法人员任职资格性全面展开岗位培训,公路执法队伍素质得到了一定程度的提升。

江苏省交通厅自2000年起在全省交通系统全面实施了执法人员文化素质达标工程。2005年底,江苏省交通执法人员大专以上学历的比例已经由1999年底的20%上升到了86%。江苏省交通厅将在全省交通执法人员中开展新一轮文化素质达标活动,要求最迟到2009年底,35周岁以下的执法人员,必须全部达到国民系列教育的规范大专以上学历;35岁以上45岁以下的执法人员全部达到国家和省认可的大专以上的学历。

2006年底,重庆市高速公路支队执法人员全部具有大专以上文化,研究生15人,比例为3%,本科学历295人、比例为59%,党员206人,比例为41%,团员142人。平均年龄31.8岁。

湖北省随州市交通局鼓励干部职工参加多层次学历教育,2006年底,全市交通系统45岁的以下行政执法人员大专、本科学历占总人数的90%。其中,市直单位大专以上学历人员达到100%。

3. 公路执法先进典型不断涌现

树立先进典型,发挥示范导向作用,是加强交通行政执法队伍建设的有效方法。近年来,交通部认真贯彻党的十六大和十六届三中、四中、五中全会精神,全面落实科学发展观,紧紧围绕交通发展这个中心,开展了"交通行政执法素质

形象工程"活动，干部职工素质和文明程度不断提高，涌现出了一大批成绩突出的先进集体和先进个人。

定州路政执法大队是河北执法文化建设的先进典型。队伍建设方面，为了增强队伍行政执法能力，全面塑造"高素质，高效率，高标准"的执法队伍，定州路政大队集中力量对执法队员进行了军事化管理（图2-1）。为民服务方面，为了更好地为广大驾驶员提供服务、奉献爱心，定州路政以"行风建设"和"争创青年文明号"活动为契机，强调服务意识，改进服务方式，提高服务质量，从点滴的小事做起，倾听群众的呼声、关心群众的疾苦，主动为群众排忧解难。一是全面推行"三二一"工程和"五个一"活动，车辆上路执行任务时配备"三箱"（工具箱、医药箱、征求意见箱），"两卡"即执法人员向车主发放承诺卡、便民卡，"一桶"即随车携带保温桶。同时开展了"五个一"活动即"一杯热水、一声问候、一个微笑、一片爱心、一份关怀"，用实际行动追求文明、创造文明、享受文明、传播文明。

图2-1 河北省定州路政执法大队的军事化管理

在执法过程中，每个路政队员还以每天做一件好事为目标。2006年1月12日晚17时左右，京石路政支队定州大队执法人员在巡逻至北京方向K163+400米时，发现前方一辆大货车的右侧冒着滚滚浓烟。中队长吕凤普同志凭借多年的路政工作经验，意识到前方车辆可能是起火，立即把巡逻车停在大货车的前方。当时火势情况十分紧急，打119显然已经来不及，吕凤普三人迅速取出灭火器以及备用水，直奔大货车，经过近十分钟的扑救，防火器材已用尽，在此紧急时刻，中队长果断地决定，由他负责拦住后方的车辆求助灭火器材，刘峰、聂麟用路边的沙土控制火势。由于发现及时和多方面的扑救，火被彻底扑灭了，价值数十万元的货物保住了。

同样的，作为全国公路执法一块响当当品牌的重庆公路执法系统，也涌现出许多先进典型。2005年4月3日，重庆市高速公路执法支队队员张宇在处理一起货车超载引发的事故中，被另一辆超载货车冲入事故封闭现场撞击牺牲，市交委发出了向张宇学习的号召。2005年重庆市高速公路行政执法总队的李望斌同志被评为交通部"十佳"执法标兵、全国交通系统青年岗位能手，重庆市第九届"五四"青年奖章获得者。

4．公路执法文化作品创作日益丰富

为充分调动广大干部职工的积极性和创造性，以新时期公路执法精神、核心价值观和公路执法理念为指导，各地相继创作了一批健康向上、凝聚人心、鼓舞士气，具有浓郁的公路执法特色、时代精神和较高知名度的优秀文化作品。

山东省的视觉识别系统（VIS）相对规范，专门印刷了《山东省交通稽查总队VI手册》、《10年磨一剑》等宣传画册和刊物（图2-2、图2-3）。除自办媒体外，山东还编排了行业特色鲜明的文艺节目，定期或不定期地举办文艺汇演。

图 2-2　山东省交通稽查系统的《10 年磨一剑》宣传画册

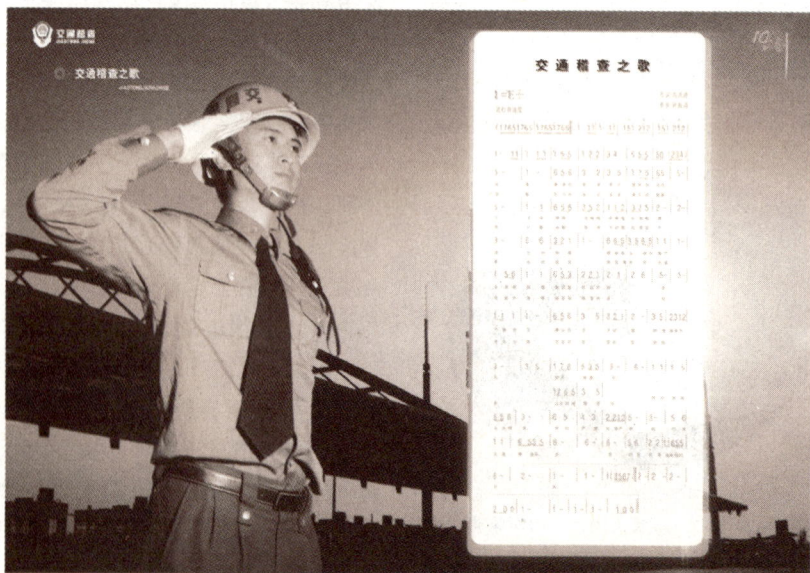

图 2-3　山东省交通稽查系统的《交通稽查之歌》

河北省的公路执法精神文化比较有特色，创作有"路政之歌"。歌词是："路政之歌穿过起伏的原野山岭，燕赵公路上有我们的身影，车轮转动着悦耳的奏鸣，啊道路延伸着啊光荣的使命。车辆载来了人民的富裕，带动着经济奔腾，我们的宗旨，我们的责任，就是保障畅通。走进每一个春夏秋冬，南北西东都是我们的行程，路边成长着我们的青春，路上铺展着我们的忠诚。敬业塑造了我们的形象，构筑着道路文明，热情的服务公正的执法，我们是护路先锋。敬业塑造了我们的形象，构筑着道路文明，热情的服务公正的执法，我们是护路先锋"。

贵州省关兴高等级公路管理处为鼓舞队伍积极进取、健康向上，谱写了《关兴路政之歌》，并拍成了MTV（图2-4）："心海中漂过几多春雨，记忆中掠过几多秋风，旅途上伴随几多夏日，日历上送走几多寒冬。生命中咽下孤独的酸心，和甜蜜总是短暂相逢，山雨把痛苦化作忘却，给世界一个潇洒的笑容。难免有拂不去的悲凉，也难免有离别的惆

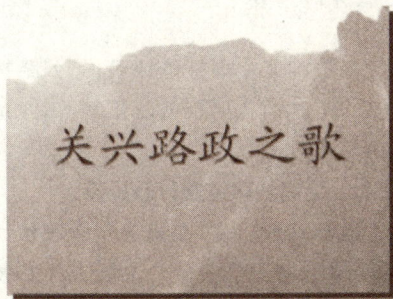

图2-4 被拍成MTV的《关兴路政之歌》

怅，面对着人生还是一颗滚烫的心灵。山河不会忘记你，哦……大地不会忘记你，因为你曾在这里撒下一片深情。山河不会忘记你，哦……大地不会忘记你，因为你曾在这里撒下一片深情。……"。

重庆市公路执法系统逐渐形成了日益巩固的文化宣传阵地，目前，总队、高速公路支队、征费局都创办了内刊或简报。这些简报有半月刊、月刊及不定期刊，甚至还有日刊，直属支队水上执法大队建有大队博客。除此之外，高速公路支队、征费局还充分挖掘本单位的辉煌历程和灿烂文化，编辑出版了《重庆模式》、《长路当歌》等书籍和大型画册。征费局还和重庆电视台联合拍摄制作了"走进征稽"专题节目。某大队业余时间编排的大型舞蹈《忠诚》，在重庆交委举办的大型文艺晚会上一举夺魁，以后又多次应邀到其他单位演出，受到社会各界的广泛好评。

5. 逐步形成趋于统一的价值理念

经过长时间的公路执法文化研究，各地执法机构经过摸索实践，逐步形成了趋于一致的公路执法文化核心价值体系，对愿景、目标、使命的认识也趋向统一。

精神来自经历，细节来自头脑。重庆高速支队形成了以"忠诚 执著 坚韧 纯洁"八字为核心的队魂，它代表着重庆高速支队严格自律、带头守法、依法执法、真诚服务、政治建队、科技强队、创新

兴队、执法为路、执法为民、以我青春智慧谱写亮丽人生的执法文化理念。

山东省交通稽查系统以"依法行政,执政为民"作为工作核心,将其固化为制度,外化为形象,内化为素质,通过加强"三观"(人生观、价值观、世界观)、"三德"(社会公德、职业道德、家庭美德)教育等手段,使"依法行政,执政为民"深深烙印在每个执法队员心中。同时,山东交通稽查总队还明确提出了"政治坚强,业务精通,作风严谨,纪律严明"的十六字建队方针(图2-5)。

图2-5　山东省交通稽查总队的建队方针

(二)公路执法制度文化建设

公路执法制度文化是体现交通行业价值理念,规范交通行业行为的重要手段,表现为以文本、书面文字等形式呈现出来的公路执法法律法规、组织形态、执法制度和管理体制,是由虚体文化向实体文化转化的中介,也是公路执法物质文化与精神文化联结的纽带,是公路执法文化中其他各要素得以正常、高效运行的润滑剂。

1. 交通法律法规日趋规范

改革开放以来,交通法制建设步伐明显加快,取得了突破性进展。自1990年10月《行政诉讼法》实施以来,交通部先后5次大规模清理交通法规,其中,

21世纪交通文化建设研究与实践

1994 年以部令废止了 900 件交通规章，2000 年建议国务院废止行政法规 9 件，修改行政法规 28 件，交通部废止交通规章 1 件，修改 3 件。为适应我国交通领域加入 WTO 的需要，发布实施了《交通行政处罚程序规定》，统一了交通执法各个门类运用的处罚程序和处罚文件，改变了过去那种口头处罚、白条处罚、随意处罚的习惯做法。

1997 年交通部下发了《交通行政执法职业道德基本规范》，该规范分为"甘当公仆，热爱交通，忠于职守，依法行政，团结协作，风纪严整，接受监督，廉洁奉公" 8 节内容，包含了对交通行政执法人员的政治素质、法律素质、思想作风、外部形象和廉洁奉公的基本要求和行为规范。

为了规范交通行政执法人员的执法资格，促进交通行政执法队伍建设，1998 年，交通部发布了《交通行政执法证件管理规定》，对交通系统各门类行政执法人员的执法证件实行全国统一制式、统一管理的制度，明确交通行政执法人员必须持证上岗，并明确要求持证人员必须是从事具体交通行政执法工作，必须经交通行政执法岗位培训并取得合格证书，必须符合《交通行政执法岗位规范》规定的资质条件。还规定了发证机关、发证程序及证件的使用范围和年度审验制度，建立了"交通行政执法证件管理数据库"。交通行政执法证件的规范管理，严格了交通行政执法人员的"进人关"，有效促进了交通行政执法队伍的建设。

2. 公路执法责任制的各项工作制度不断健全

2007 年，交通部为贯彻落实《全面推进依法行政实施纲要》和《国务院办公厅关于推行行政执法责任制的若干意见》，推动建立权责明确、行为规范、监督有效、保障有力的交通行政执法体制，全面推进依法治交，制定了《关于推行交通行政执法责任制的实施意见》。

1）交通行政执法公示制

各级交通行政执法机构利用办公场所、执法场所、大众媒体、政府网站等载体，采取开辟专栏，竖立公示牌、多媒体触摸屏、电子显示屏等多种形式将执法主体、执法依据、执法职权、执法程序、执法结果、执法监督、执法责任和当事人权利等主要内容向社会公开，接受社会公众的监督。

南京市交通局 2001 年开通了"南京市交通行政执法公示网（图 2-6）"。该网站围绕执法主体、执法依据、执法程序、执法受理、执法结果、执法保障、执法救济和执法监督八公开制度构建了相应的框架体系，开辟了网上受理投诉和办理行政复议，进行了网上与行政相对人进行网上互动的探索。在网上设置了政务公告专栏，将新出台的交通规范性文件及最新的政策及时进行公示。2003 年开辟了网上行政审批系统，作为执法公示网的重要组成部分，将所有行政许可的内容进行了公示，并进行网上受理和公示办理结果,使执法公示网的作用大大向前迈进了一步,由原来的纯粹的公示、告知功能转变为公示与管理互动相结合的电子办公系统。

21世纪交通文化建设研究与实践

图 2-6　南京市交通行政执法公示网首页

2)交通行政执法人员资格制

各级交通主管部门和交通行政执法机构严格执行《交通行政执法证件管理规定》,坚持交通行政执法人员资格制度,坚持进行交通行政执法人员岗前培训和岗位培训。未经考试、考核或考试、考核不合格的,不得持有交通行政执法证件;未取得交通行政执法证的,不得实施交通行政执法。进一步加强了交通行政执法队伍建设,严格教育、严格管理,严格监督,努力建设一支素质优良、行为规范、纪律严明、作风过硬的交通行政执法队伍。

湖北省咸宁市交通系统根据《湖北省交通行政执法证件管理办法》,进一步明确交通行政执法人员的资格条件和执法证件的核发程序。开展执法队伍清理整顿,对不符合条件、未经培训或培训考试不合格、执法违法以及临时工、合同工和非在编的聘用人员,坚决清理出执法队伍。实施执法人员资格考试制度,以省厅编写的《WTO与交通法制基本知识365题》为主要教材,辅之以市"四五"普法统编教材,定期组织交通行政执法人员进行任职资格考试,参加市政府法制办组织的培训考试,对考试、培训不合格的,待岗学习,补考不合格的,取消执法资格。

3)交通行政执法评议考核制

各级交通主管部门和交通行政执法机构通过公路执法评议考核制,改变执法者的观念,去发动公众参与到对公路执法过程的评估中来,变被动监督为主动监督,既提高了监督的参与度,又深化了用权受监督的权责观念。

江苏省交通厅把依法行政作为各级交通主管部门和各执法机构年度考核的重要内容,同时将学习和掌握法律知识,依法办事情况作为对公务员和交通行政执法人员年度考核的重点,并作为录用、任职、晋升的基本条件之一。

湖北省咸宁市公路执法评议考核的内容包括以下10个方面:行政执法组织领导情况、行政执法队伍建设情况、贯彻行政执法责任制情况、行政执法规范化管理情况、法制宣传教育情况、文明执法创建情况、行政执法监督检查情况、行政复议应诉情况、对执法违法行为责任追究情况和社会评价情况。评议考核的方法采取"听"、"查"、"访"、"问"、"谈"5种形式。评议考核结果分为先进、合格、不合格3种,95分以上为先进,80分以上为合格,80分以下为不合格,评议考核结果为先进单位的,由评议考核单位通报表彰,并适当给予物质奖励;评议考核结果为不合格的单位,给予通报批评、责令整改,并取消当年工作责任目标管理评奖资格。

4)交通行政执法责任追究制

各级交通主管部门和交通行政执法机构根据《国务院办公厅关于推行行政执法责任制的若干意见》,结合各自实际,逐步制定和完善了交通行政执法责任追究的具体实施办法,确保了责任追究落到实处。

湖北省咸宁市交通系统重点对督察执法主体是否合法、执法人员是否风纪严整文明执法、执法程序是否合法、执法文书是否规范、执法中认定的事实是否准确、执法活动的依据是否正确合法和法定职责是否履行等进行了追究。对违

法行为追错的方式有:

(1)撤销、部分撤销、变更原执法行为。

(2)责令重新作出执法行为。

(3)责令停止违法行为。

(4)责令履行职责。

(5)责令赔偿损失,或返还财产、恢复原状。

(6)责令消除影响、恢复名誉、赔礼道歉。

对责任人的追错方式有:

(1)责令检讨。

(2)通报批评。

(3)给予行政处分。

(4)暂扣或吊销执法证件,或者调离执法岗位,或停止执行职务,并可由所在单位给予经济处分。

(5)责令承担全部或部分赔偿费用。

(6)移交司法机关追究刑事责任。各种追究方式可以单独使用,也可合并使用。

5)执法岗位责任制

2002年,根据国家法律法规和《重庆市行政执法责任制条例》的规定,重庆市公路路政管理总队就制定下发了《重庆市公路路政管理行政执法责任制实施办法》,明确了路政总队、总队领导、总队干部,区县路政大队、大队领导、大队办公室主任、业务主办、法制人员、内勤主办的执法责任。

2005年重庆交通行政执法总队成立后,重庆市交委以文件具体明确了总队依法行使交通行政处罚、行政检查、

行政强制、行政征收及部分日常管理职责,各行业管理局依法行使行政许可和行业管理职责,科学合理地分解了交通行政管理权。为此,执法总队与三个行业管理局很快在工作上形成协作机制,避免了因职责分解不清或衔接协调不好而出现工作脱节或相互扯皮的问题,从而有力地强化了交通领域行政执法工作。

3. 公路执法管理制度不断创新

近年来,各地在高速公路执法方面作了大量探索,其中以重庆的综合执法为最大的亮点。重庆高速公路综合执法不仅在体制上有重大突破,在具体的制度上也有如下大量创新。

1)为人称道的重庆市高速公路执法支队24小时不间断巡逻制度

该制度规定了各自的巡逻点和时间安排,几乎每30~40km公路都有安排单独的巡逻车,只要是行车人及时报警,能保证10分钟之内到达现场,切实保护行车人的安全。

2)严厉的重庆市高速公路执法支队对内管理制度

重庆高速公路执法支队制订了全国最为严厉的责任倒查制度、勤务稽查制度、窗口的问答制度,以及各类总队支队文件下的制度。执法人员在1年内出现一个错案,将取消评先评优资格并扣年终奖;巡逻车走出高速公路被监控发现的扣钱并写检讨;窗口人员不和蔼回答相对人提问被投诉的扣钱并通报批评。

3)雷厉风行的抄告制度和"黑名单"制度

"黑名单"制度是以月为统计周期,将运输单位所属车辆超限超载等违法行为统计排名后上报支队,高速公路执法支队以《黑名单通报》形式发至各大队,列为严管重点。抄告制度是将有2次以上超限超载违法记录的驾驶员各单统计后发给其所在单位,要求单位予以纪律处理的制度。自2003年开始,高速公路支队即开始对所属车辆多次存在交通安全违法行为和发生重大事故的驾驶员和运输企业实行"黑名单"管理。该支队每月都会对运输企业的违法行为、重大安全责任事故等进行排名,每月通报一次,排在前10位的即进入"黑名单"。企业如果想要从名单中消失,须连续6个月不能排进前10位。

4)敢于迎难而上的片区及源头管理制度

源头管理制度就是根据《道路货物运输及站场管理规定》第七十一条和《中华人民共和国道路交通安全法》第九十二条规定,加强对货运站场以及运输单位主管人员的管理。该制度能在源头上有效地加强交通安全管理,但在现实中由于执行难度相当之大,片区及源头管理制度在全国相关单位都慎用。重庆市高速公路执法支队为了更好地服务于民,敢于面对困难,承担巨大责任,把源头管理片区化,把地方货运站场落实到大队进行管理,制订了五不出站制度,设立了出站口检查岗(图2-7)。

图 2-7　重庆市公路执法队伍的源头管理

4. 公路执法体制改革取得新进展

公路执法机构改革是行政管理体制改革的重要内容。按照中央的改革精神，部分省市正在以提升公路执法服务水平为目标，对照全面履行政府职能的要求，进一步调整机构设置，理顺职能分工，强化政府社会管理和公共服务职能，使公路执法体制改革不断深入。

2005 年，重庆市人民政府按照国务院《全面推进依法行政实施纲要》关于深化行政执法体制改革的精神，根据《国务院办公厅转发中央编办关于清理整顿行政执法队伍实行综合行政执法试点工作意见的通知》（国办发（2002）56 号）等有关规定，按照政策制定职能与监督处罚职能相对分开、权责一致和精简、统一、效能的原则，将原属重庆市公路局、重庆市道路运输管理局、重庆市港航管理局、重庆市交通征费稽查局履行的行政监督处罚职能和重庆市高速公路行政执法总队承担的综合执法职能进行重新整合、配置，组建了重庆市交通行政执法总队（图 2-8），统一行使交通监督处罚职能。

图 2-8　重庆市交通行政执法总队成立

广东省交通厅根据国务院办公厅《转发中央编办关于清理整顿行政执法队伍实行综合执法试点工作的意见》、广东省政府办公厅《广东省综合行政执法改革试点方案》和广东省编委《广东省交通综合行政执法方案》的有关精神组建了广东省交通厅综合执法局，将省厅公运处承担的道路运政执法职能、厅港航局承担的水路运政和港口行政执法职能、省公路局承担的公路路政及省交通征费管理中心承担的交通规费稽查职能、省航道局承担的航道行政执法交由省交通厅综合执法局承担。

（三）公路执法物质文化建设

公路执法物质文化是公路执法文化的基础和载体，就是从"公路执法物质"上反映出来的文化内涵的总和。表现为一种展现交通行业外在形象的直观性文化，如执法环境、形象标识和执法装备等,是公路执法文化发展程度的一个外在标志,对公路执法队伍和用路者具有潜移默化的教育功能。

1. 公路执法设施设备不断改良

2001年,南京市统一了全市交通执法的车辆的车型和标志(图2-9),同时增加了必要的车辆、车载通讯设备。在公路重点路段和车站、收费站等公路交通窗口,增加了电子监控设施,实施全天候监督管理,以减少不必要的路检。建立无线通信执法调度指挥网络、信息即时传递和处理系统、执法信息数据库和计算机联网系统,不断提高交通行政执法工作的科技含量,提高执法人员的快速反应和处理紧急突发事件的能力,提高交通行政执法工作的质量、水平和

效率,提高全社会和人民群众对交通行政执法的满意程度。

通过交通稽查物质文化建设,山东省交通稽查系统的办公条件得到改善,办公场地更加宽敞明亮,办公场所各种标识鲜明,方便群众办事。随着交通稽查办公设备自动化、现代化水平提高,办事效率也得到相应提高。为了使广大人民群众更加容易辨认出交通稽查执法人员,塑造交通稽查执法人员的统一形象,对执法人员进行统一着装。

山东省交通稽查系统还通过更新执法车辆(图2-10),配备先进执法装备(图2-11),应用先进执法技术等方式,改善提高了交通稽查执法的物质技术基础。

图2-9 整齐划一的南京公路执法车

执法车辆
ZHIFA CHELIANG

山东省交通稽查总队

图 2-10 山东省公路执法车

执法设备
ZHIFA SHEBEI

山东省交通稽查总队

图 2-11 精良的山东省公路执法设备

2. 公路执法技术与方法不断创新

重庆高速公路执法支队在高速公路事故多发地段，首次使用编外人员塑像，提醒驾驶员注意安全。经过的超速车辆，看到这个塑像后，都会放慢车速，从而减少了交通安全事故的发生。塑像上岗近一个月来，事故率比去年同期下降了四成。2007 年"五一"黄金周，重庆市高速公路执法支队还启用了 10 台固定式路面监控系统，能实时监控车辆的车速、车牌号码、车辆所在车道。

南京市交通系统创新执法手段和方法，探索建立无线通信执法调度指挥网络、信息即时传递和处理系统、执法信息数据库和计算机联网系统，不断提高交通行政执法工作的科技含量，提高执法人员的快速反应和处理紧急突发事件的能力，提高全社会和人民群众对交通行政执法的满意程度，从而全面提高交通行政执法工作的质量、水平和效率。2001 年，在全国交通行业中率先开通了南京交通行政执法公示网，目前，执法公示网访问人数已达 277 万人次，取得了良好的社会效益，成为南京交通的重要窗口。

山东省济南市充分利用信息技术等现代化手段，进一步提高执法和管理效率，提升服务水平，方便了人民群众和广大业户。在全市运管机构实现市、县二级联网的基础上，历城、商河两个县区率先实现了市、县、乡三级运管机构联网；利用运政网络升级改造，全市运政窗口"两个一站式服务"全面启动，方便了广大运输业户；交通稽查执法一线推广应用了车辆违章自动识别系统和交通稽查信息管理系统，提高了交通稽查的针对性和执法效率，减少了扰民行为；启用了停车场管理信息系统，安装了监控设备，规范了被查扣车辆的进场、出场、收费等环节，为杜绝乱收费创造了有利条件；在全市机动车综合性能检测站使用了"上线检测影像抓拍系统"，实现了对检测站的全方位监管和规范化管理；利用 PDA（Personal Digital Assistant）手持电脑便携移动的特性，深入车辆集中停放场所，随时随地查询车辆养路费缴费情况，告知车主及时缴纳养路费，有效地促进了养路费的依法征收。

3. 公路执法形象识别系统建设

全国各地交通部门以既要体现民族性、时代性，又要体现行业特色，既要通俗易懂、简单明了，又要形象准确、内涵丰富，同时还要有针对性、可学性和可操作性为原则，以"看得懂、记得住、叫得响、推得开、搬不走"为目标，相继展开了公路执法形象识别系统建设的探索工作。

2007 年，四川省交通厅为规范交通执法队伍，把成都市确定为全省交通行政执法改革工作试点单位，对全市 1000 多名交通行政执法人员对服装和执法车辆进行了统一。成都市新款交通行政执法制服（图 2-12）是在国务院批准执行的交通海事行政执法服装的基础上，整合了交通运政、路政、稽征执法服装的标志，全新设计的。服装上设有帽徽、领花、肩章、胸章等配饰。其中帽徽由国徽、盾牌、路桥、松枝组成，领花是橄榄枝簇拥的综合交通标志图案，肩章由肩花和肩杠组成，而且每套衣服胸前均配有号牌。

图2-12 形象鲜明的成都市公路执法队伍

成都市交通行政执法总队执法车辆为了与执法服装颜色对应，车身标志颜色全采用藏青色和金黄色，发动机盖上有一个较大的"V"字。

1. 公路执法社会形象日益提升

根据交通部2001年印发的《交通部关于加强交通行政执法队伍建设的意见》，各地省市针对本地执法队伍的特点，不断完善执法队伍创建活动的文明标准体系、贯彻执行体系和工作保证体系，开展思想、作风、组织、纪律整顿工作，引导执法人员强化法制意识，端正执法宗旨，规范执法行为；推行了执法服务承诺制；开展了文明执法示范窗口、文明执法单位等群众性的文明创建活动，把文明执法创建活动作为提高执法队伍素质的重要载体；开展了"内强素质、外树形象"的教育活动，使公路执法的社会形象不断提升。

重庆市高速公路行政执法队伍以其纪律严明、作风严谨，树立了交通执法队伍的良好形象，受到社会普遍的高度赞誉。重庆市行政执法总队党委用科学理论武装执法人员思想，按照《重庆市公路路政文明执法标准》和《重庆市高速公路文明执法标准》的要求，以积极开展评选"十佳文明路政执法队员"和"高速公路十佳执法队员"为载体，坚持以"政治建队、科技强队、创新兴队"为建队理念，倡导文明执法、公正执法，以提高执法服务能力为目的，有力提升了执法队伍形象。

2006年，山东省招远市交通稽查大队在交通行政执法工作中，牢固树立"搞好管理就是优质服务"的理念，把"落实好交通法规政策就是对车主业户的最大支持"的思路贯彻行政执法工作全过程，明确提出了"哪怕我们麻烦千遍，不让群众一时为难"和"到稽查大队办事不准听到'不'字"的要求，进一步强化路政、运政管理措施，逐步完善交通管理长效机制，把路检路查、抓好规费征收、运政管理和治理公路"三乱"工作作为维护道路畅通的重要工作，全面落实交通管理的各项工作措施，使道路交通管理水平、部门形象得到提高和改善。

山东省交通稽查系统在进行交通执法文化建设中，还注意品牌文化建设，发挥品牌文化的示范带动作用，引导全行业文化良性发展。在品牌文化建设中，济南市历城区交通稽查站"树诚信稽查品牌,建和谐平安交通"的交通稽查品牌文化建设取得了显著成绩,开创了交通稽查文化的新局面,树立了交通稽查文化在整个社会文化中的优势地位与良好形象。1998年济南市历城区交通稽查站开展了创建文明行业工作;2001年开展了岗位教育读书育人活动;2003年开展了"全员学习提升素质工作创新形象年"活动;2005年开展了交通稽查文明示范窗口创建活动。通过一系列的创建活动,济南市历城区交通稽查站已形成了自身的品牌文化,在文化发展中体现出了竞争优势,发挥了带头作用。

二、文化建设仍存隐忧

"十五"以来,全国各级交通部门以贯彻国务院全面推进依法行政实施纲要为抓手,大力实施依法治交通战略,交通行政执法水平明显提高,受到了社会的肯定。但是,在公路执法取得成绩的同时,公路执法文化建设却明显滞后,导致片面执法,乱处滥罚,利益驱动,执法不到位、不规范、不文明和与民争利、失信于民等现象时有发生,在一定程度上使公路行政执法形象受到了损害,有的甚至还产生了恶劣影响。

(一)公路执法文化建设机制不健全

公路执法文化建设在组织保障、规划研究、宣传指导和交流互动等方面还没有

建立起长效运行机制,这是公路执法文化建设难以深入、持久推进的一个重要原因。全国各地交通执法部门未设置专职执法文化建设和管理的工作部门或机构,执法文化工作大多由各自的宣传处、政治处、行政办公室或工团组织承担,当前全国尚没有统一导入CIS系统。公路执法文化CIS系统是指公路执法系统的理念识别系统、行为识别系统和视觉识别系统。

然而从各地来看,虽然各单位大多进行了本地的交通执法视觉识别系统(VIS)建设,对执法组织的标志、标准名称、标准字体、标准色等内容进行了研究建设,但仍存在如下问题:

(1)标志不统一。除了少数单位的统一外(表示公路的"转向盘"图案),绝大多数单位的标志不统一,有的是沿用"转向盘"图案,有的标志是在"锚杆上加转向盘",有的是在"转向盘"图案上作了局部修改。

(2)名称不统一。一是执法组织的标准名称不统一。有的是"×××交通行政执法总队",有的是"×××交通行政执法局";二是交通执法的简称不统一。从执法车上的标志看,有的是"中国交通",有的是"中国公路",还有部分省市的执法车上则是按照职能不同,分别印有"运政"、"路政"、"稽查"字样。

(二)公路执法理念缺乏挖掘、提炼、升华

公路执法价值理念主要包括执法使

命、执法愿景、执法宗旨、执法精神等内容。本书课题组先后在重庆市交通委员会、广东省交通厅、河北省定州市路政执法大队、山东省看到了"热情服务、依法行政"，"团结拼搏、务实创新"，和"文明执法、依法行政"等宣传口号。这些宣传口号承载的执法理念基本涵盖了"严格、文明、务实、为民、热情、耐心、专业、团结、创新"等内容。

从以上宣传口号可以看出四省市交通行业的执法理念与党十七大的"科学发展观、打造和谐社会、以人为本"等新时期物质和精神文明建设方针是一致的。同时，在构建和谐社会的新时期背景下，四省市也都不同程度的把执法哲学和时代人文思想结合在一起，对执法目的和执法方式如何体现"人本"思想等问题进行了积极的探索。

但各地对交通执法组织的使命、愿景、宗旨、精神等精神文化建设尚需进行系统地挖掘提炼升华。执法理念在语言载体上的表达过于口语化、大众化，缺乏新意，缺乏个性特色，有关执法理念的内容停留在"口号/标语"的层面，容易让执法人员和公众产生听觉和视觉疲劳。同时，和其他执法组织相比，差异化不足，不便于执法对象和社会公众的认知。此外，只有充分的调查研究，占有大量材料，尤其是那些第一手的、反映普通大众行为规范的材料，才能深入了解普通民众的行为和心理，并借此观察制度的真实运作情形，改变以往许多成见，从而真正知道制度是否科学。

（三）公路执法文化建设主体综合素质偏低

公路执法战线的管理人员及一线执法人员是文化建设首当其冲的主体，但从现状来看，公路执法队伍无论是在思想道德素质，还是文化业务素质、廉政法纪素质等方面，都还存在一些问题。从思想道德素质看，有的交通行政执法人员世界观、人生观错位，价值观扭曲，理想信念动摇，为人民服务的观念淡薄，特权思想严重。从文化业务素质看，交通行政执法队伍结构不合理，专业对口人员过少，第一学历大多为初高中，文化程度较低，在执法过程中，少数执法人员重收费轻服务，执法简单、粗暴，导致矛盾激化，发生冲突；部分执法人员法规政策掌握得不深不透，执法程序、处罚依据不够规范等。从廉政法纪素质看，有的受市场经济的消极影响，以权谋私，权钱交易，徇私舞弊，贪赃枉法，执法犯法。

1. 思想道德素质

思想方面，在公路执法队伍中存在理想信念不坚定，法制观念淡薄，精神不振，学习不刻苦；依法行政的意识不强，自觉性不够，不按法律法规、规章制度办事；因循守旧，不思进取，求稳怕乱，小进则满和"只要完成征费任务就一好百好"等思想问题。

道德方面，有的执法人员理想信念动摇，世界观、价值观、人生观发生扭曲，服务群众观念淡薄，特权思想比较严重，总认为自己是执法单位，代表政府行为，你必须听我的。极个别人在执法中，骄横跋扈，盛气凌人，对群众缺乏感情，群众对此反映强烈。

2. 法律素质

执法队伍中某些执法人员由于素质不高，在执法过程违法执法、不当执法等事件时有发生，虽说这些事件数量不多和所占比例不大，但所造成的社会危害和负面影响却十分巨大。

1）违法执法

实践中出现了大量的违法行政情形，究其原因，主要是法治观念淡漠，缺乏"法律至上"的观念。违法执法的"法"包含着实体和程序两方面。由于"重实体、轻程序"观念的影响，公路执法中先处罚、后取证，随意处罚等等恣意执法的情形屡屡发生。因此在公路执法中必须强调程序性规定，在公路执法过程中树立程序正义的观念，用程序来约束实体法的行使，防止行政专断。

违法行政在实践中多表现为公路执法工作中的不作为。不作为，就是指具有执法活动的能力，具有法定的行政职能的行政机关，当为而不为。例如，应当听证而不告知当事人听证权；交通行政指导、交通行政咨询等服务性职能，由于缺少利益驱动，常常成为公路执法中的真空。公路执法中的不作为反映了"懒政"及传统的官本位作祟，没有深刻理解建设服务型行业"执政为民"的宗旨。

2）不当执法

在公路执法中存在着不当执法，究

其根源，主要是交通立法中对自由裁量权设置的事项多、幅度大。公路执法的复杂性也导致执法活动中自由裁量权的扩大。不当执法主要表现为执法活动的随意性：对同一事项的处理条件，标准，程序没有做到相同。特别是少数执法人员服务思想淡薄，特权思想严重，执法方式简单生硬，态度粗暴，摆架子，耍威风。还有个别执法人员处理违法违章行为重罚款轻教育，滥用自由裁量权。因此必须在公路执法活动中树立法律至上的意识，用法律面前人人平等的原则指导公路执法行为，在公路执法活动中考虑相关因素，不考虑无关因素，提高执法水平，做到便民高效。

3. 文化素质

我国公路执法队伍整体起点较低，整体文化素质不高，水平参差不齐，执法能力、执法方法与依法行政、依法治交的要求差距还比较大。由于受编制、经费的限制，我国大部分路政人员基础学历都是大专以下文化，即使个别后进修的大中专文化，功底也比较薄弱，他们进入执法队伍后，虽然有过多种多样法律岗位培训机会，但由于缺乏严格的考试把关，培训质量不高。更由于他们对路政管理的法律、法规知识掌握的不深不透，造成在办案过程中取证粗枝大叶，笔录不规范，语句不通顺，阐述问题缺乏逻辑性，法律文书混乱等问题。

公路执法队伍欠缺"人性执法"理念。在公路执法中，执法人员应该怀着感情去执法，这种感情不是日常所指

"人情"，而是对人民群众的理解和关怀！现在的公路执法人员要深入到人民群众当中去，变"压迫式执法"为"引导式执法"。

4. 外部形象方面

全国各地高等级公路越来越多，通车里程节节攀高，公路行业的总体形象也越来越好。但在公路执法形象方面，还存在不少需要改进的地方。如一些公路执法人员着装不整，举止失度，态度粗暴，以致引发一些不必要的纠纷。加之公路的社会影响面广，信息传播速度快，对公路行业形象的影响极其不利。

廉洁高效的公路执法行业形象，有利于营造一个宽松的执法环境，有利于公路行政执法顺利推进。公路执法人员应该是目光敏锐、积极干预、保持廉洁、礼貌诚恳、充满活力。但当前公路执法队伍中部分人员存在形式主义、官僚主义，服务意识不强，群众观念淡漠，作风简单粗暴，对待车主态度冷漠，对车主反映的问题推诿扯皮，甚至故意刁难，门难进、脸难看、话难听、事难办；工作作风疲沓，精神萎靡不振，不注重仪容仪表；工作平庸，不思进取，不能正确履行职责、工作效率低、质量差等问题。

（四）公路执法文化建设行业特色不突出，创新性不够

公路及公路执法的特点，决定了开展公路执法文化建设应紧密结合行业特色进行，但各地执法部门在开展文化建设活动时，对行业特色缺乏足够的挖掘，主要停留在照抄照搬其他行业的做法上，导致各地的文化建设千篇一律，缺乏新意。

近几年来，一些地方、系统和单位对公路执法文化建设活动进行了十分有益的探索。但是总体来看，由于对公路执法文化建设的认识存有偏差，还存在一些带有一定普遍性和倾向性的问题，比如存在一定的形式主义的倾向。不少单位还停留在提几句口号，征集执法对联、举办执法书画展、印发执法笔记本等层面上，缺乏更高层次的深入。公路执法文化是公路执法与公路文化的有机结合体，离不开诸多形式。然而，过多的"走形式"势必劳民伤财，一旦成为一种作秀，就会对公路执法文化建设本身造成伤害，失去其应有的吸引力、感召力和生命力。

开展前期研究、进行理论创新、夯实理论基础是开展文化建设的重要条件。只有深刻认识和全面把握公路执法文化的内涵、要素、体系、特点、功能和作用，把握导入 CIS 系统的基本内容、主要任务、实施步骤、重点工作，才能真正建设具有鲜明的行业特点和时代特征的公路执法文化。但目前的公路执法文化研究在物质文化、制度文化和精神文化以及行业文化、系统文化、专业文化和组织文化等方面没有进行系统研究，更谈不上创新；也没有全面把握文化建设各种要

素之间及其与公路执法发展之间的内在关系,有些文化研究在舆论引导方面甚至起到了负面的影响。

(五)公路执法文化建设宣传不够开放

公路执法工作是一项系统工程,不仅要注意交通内部本身的因素,还要考虑到社会舆论、相关部门、地方政府、经济发展形势等等各方面的制约因素。我们有些同志认为交通管理是交通部门自己的事情,关起门来搞公路执法,不注意与相关部门的协调,许多同志埋怨公安部门不配合公路执法工作,实际上我们交通部门也是有一定责任的,平时不注意沟通,不能建立起一个信息交流和协作的平台,遇到事情时当然不会得到全力的配合。

公路执法与新闻媒体沟通较少,忽视了行业报刊的独具资源和平台优势,没有创造条件办好交通报等行业报刊和运用好新闻媒体,没有及时提炼交通文化精粹,打造交通文化品牌。公路执法部门没有及时向新闻媒体提供新闻线索,定期向社会公布交通执法工作情况,让公众及时了解事实和执法状况,没有充分运用社会舆论的力量协助交通执法工作。

(六)队伍素质不适应新时期公路执法文化建设的需要

在公路交通基础设施建设取得丰硕成果的同时,公路执法面临着新的环境和问题,随着车流、人流和物流的增加,公路执法对象不再仅仅是当事人,也涉及有关的利害关系人,执法对象较之以前更加复杂,执法内容更加多样化,执法任务也明显加重,执法主体分工难以明确,对执法人员素质提出更高要求。

由于实行分类别管理的执法模式,每一个行业管理部门都是执法部门,都有自己的稽查执法机构,造成执法机构多。加之,目前社会就业压力增大,公路执法单位是"铁饭碗",很多人通过各种途径千方百计挤进公路执法机构工作,导致多数执法机构人员严重超编,执法机构膨胀,行政执法成本大增。

虽然公路执法人员大多按要求达到了大专以上学历要求,持有执法证,但专业对口率仍然偏低,执法人员素质参差不齐。在执法过程中,少数执法人员重收费轻服务,执法简单、粗暴,导致矛盾激化,发生冲突;部分执法人员法规政策掌握得不深不透,执法程序不够规范、处罚依据不够完备等。

在公路执法文化建设中存在的以上这些问题,是对我国公路执法部门执法能力的严峻考验,同时,随着新时期公路执法文化建设的推进,也必将凸显我国公路执法部门长期存在的一些弊端。

第三章　时势造文化

一、小环境、大环境

当今时代,文化越来越成为民族凝聚力和创造力的重要源泉、越来越成为综合国力竞争的重要因素,丰富精神文化生活越来越成为我国人民的热切愿望。在新时期,公路执法文化建设面临着许多因素的影响:构建社会主义和谐社会和大力发展市场经济对公路执法文化建设提出了更高的要求;依法行政、执法为民等执法理念对公路执法文化建设提出了新的挑战;中国经济建设的全面提速,交通行业的快速发展,对公路执法文化建设提供了强大的动力;"以人为本"、"以科学发展观为导向"等新时期时代发展理念的提出为执法文化建设明确了方向。

在上述诸多因素的影响下,传统的执法理念、执法手段、执法方式已经很难与这种新环境、新趋势相适应,要保持公路执法文化与时俱进的特征,体现文化的先进性和导向性,就必须建设具有新时代特征和具有公路执法行业特色的公路执法文化。而且,民众对传统文化的热情所体现出的人们精神上的迫切需求,根源在于旧意识形态在人们心灵的隐退所造成的巨大空虚,这种空间要求得到弥补,特别是民族精神与伦理道德的重建,成为社会公众的强烈要求。在这样一个呼唤"文化自觉"的时代,我们期待着将公路执法文化这样的问题,放进古老文明现代发展的纵深视野,置于全球化的现实处境,以理论思考和实践关怀相结合的态度,把对这一问题的思考推进到一个更深入的层次。

(一)构建社会主义和谐社会需要加强公路执法文化建设

和谐是公路交通的价值核心,构建先进的公路执法文化,就必然要求构建与时俱进的和谐交通。2006年10月11日中国共产党第十六届中央委员会第六次全体会议通过《构建社会主义和谐社会若干重大问题的决定》,构建社会主义和谐社会成为中国共产党根据新世纪、新阶段我国经济社会发展的新要求和我国社会出现的新趋势、新特点提出的一项重大战略任务。和谐交通的建立是构建和谐社会的基础,也是建设先进公路执法文化的内在要求。"有序、安全、畅通"既是道路交通管理的目标,也是衡量交通和谐的价值标准。公路执法部门必须用科学发展观统领公路执法工作,运用辩证的眼光、科学发展的视角,在管理和服务中引领和谐交通的建设,努力在发展中促进交通的和谐,促进社会的和谐,在和谐中加快公路执法工作的开展和社会的进步。

(二)经济社会的快速发展需要完善公路执法文化建设

随着时代的发展,市场经济逐渐呈现出利益性、效益性、信用性和法治性的特征。利益性和效益性是市场经济的本质特征,信用性和法治性则是其核心和灵魂特征。公路作为物流、人流、资金流、知识流和信息流的枢纽,对我国市场经济的发展壮大起着至关重要的作用,对我国的社会主义建设也有着重大的影响。如何协调各种利益关系规范公路执法行为,树立公路执法诚信,提高公路执法效率成为重中之重。这就要求在经济社会快速发展中,公路执法文化建设中需要积极建设符合市场经济需求的公路法律法规体系,建立起与市场经济秩序相适应的公路执法信用体系、价值评价体系和道德准则,并以其规范公路执法行为。

(三)依法治国的时代要求需要提高公路执法文化建设水平

依法治路是依法治国方略和依法行政在公路执法领域的具体体现,是公路执法工作的灵魂与核心,是公路交通现代化的重要途径和标志,对促进公路交通事业的发展至关重要。坚持依法治

路,就是根据建立社会主义市场经济体制的客观要求,实现公路交通行业管理工作的法制化和规范化。国务院发布的《全面推进依法行政实施纲要》中提出了依法行政的基本要求:"合法行政、合理行政、程序正当、高效便民、诚实守信、权责统一",这也是公路执法文化建设的内在要求:其一,合法行政。公路执法部门在实施执法工作时,应当依照法律、法规、规章的规定进行;没有法律、法规、规章的规定,公路执法部门不得擅自做出裁决。其二,合理行政。公路执法部门在实施执法工作时,应当遵循公平、公正的原则,要平等对待执法相对人,不偏私、不歧视。行使自由裁量权应当符合法律目的,排除不相关因素的干扰;所采取的措施和手段应当是必要的、适当的;公路执法部门实施执法工作可以采用多种方式实现执法目的的,应当避免采用损害当事人权益的方式。其三,程序正当。公路执法部门实施执法工作时,除涉及国家秘密和依法受到保护的商业秘密、个人隐私外,应当公开,并注意听取公民、法人和其他组织的意见;要严格遵循法定程序,依法保障执法相对人、利害关系人的知情权、参与权和救济权。其四,高效便民。公路执法部门实施执法工作时,应当遵守法定时限,积极履行法定职责,提高办事效率,提供优质服务,方便公民、法人和其他组织。其五,诚实守信。公路执法部门公布的信息应当全面、准确、真实。非因法定事由并经法定程序,公路执法部门不得撤销、变更已经

21世纪交通文化建设研究与实践

生效的执法决定;因国家利益、公共利益或者其他法定事由确需撤回或者变更执法决定的,应当依照法定权限和程序进行,并对执法相对人因此而受到的财产损失依法予以补偿。其六,权责一致。公路执法部门违法或者不当行使职权,应当依法承担法律责任,实现权力和责任的统一。依法做到执法有保障、有权必有责、用权受监督、违法受追究、侵权须赔偿。

同时,行政执法活动的以下思路对公路执法文化建设也有很积极的意义:其一,行政公示制。为了规范公路执法行为,确保公平、公正执法,提高办事效率和执法水平,公路执法主体必须保证依法行政,职责范围、执法依据应向社会公开,对违法、违规行为进行检查和处罚时,必须向当事人解释进行检查和处罚的法律法规依据、做出行政处罚的具体事实依据,当事人享有陈述、申辩的权利。其二,程序和实体并重的执法理念。行政实体执法在授予行政主体自由裁量权后,其本身是无法有效控制其不被滥用的,而行政程序则可以限制恣意、约束权力;行政程序可以保障决定者充分接纳各种信息,做出正确的或最好的判断;行政程序可以保障充分、平等的发言机会,疏导矛盾冲突;行政程序可以导致人们对程序运行的结果有效服从,并有利于法律信仰的形成。其三,行政处罚中的罚缴分离制度。《行政处罚法》第四十六条第一款规定:"做出罚款决定的行政机关应当与收缴罚款的机构分离。"《罚款决定与罚款收缴分离实施办法》和《罚款代收代缴管理办法》及一些地方法规也都明确规定了"罚款与罚款收缴分离制度"。南京市交通局专门制定了《南京市交通局行政处罚罚没收入"罚缴分离"管理规定》,明确了交通行政处罚的罚没收入严格实行"罚缴分离",所有现场处罚执法人员将不得直接接触现金,而改由当事人到附近银行缴纳或者由专门的收款小组收取,既能防止滋生腐败,又方便了人民群众。其四,行政执法活动中的告知、异议、听证程序。公路执法部门在对执法相对人进行处罚或采取别的行政措施时,应当履行告知的义务,如果执法相对人有异议,可以向公路执法部门申请听证,来切实维护自己的合法利益。

(四)文化的全球化进程需要创新公路执法文化建设

文化全球化是一个历史进程,是世界各民族文化在文化全球化进程中实现新的组合和构建,形成新的文化全球化体系的过程。伴随着文化全球化的进程,公路执法文化的发展应该是在尊重和保持文化个性基础上对人类文化其个性的发扬和推广,是在保持差异性前提下的文化交流和融合,在文化多样性和统一性的双向互动中,积极发展中国特色社会主义的公路执法文化,进而创新公路执法文化范式,适应 WTO 的一些基本原则对我国公路执法活动也提出了更高的要求。非歧视贸易原则、透明度可预见性原则、自由贸易原则要求:公路执法活动必须一视同仁,不得有任何的偏袒;公路政策法规及其施行是透明、统一和高效的;公路执法活动在开放、公平、公正的基础上健康发展,以建立具有新时代特征的公路执法文化。

(五)公路交通又好又快发展需要公路执法文化建设引领

公路执法文化建设是促进经济、政治、思想和文化协调发展的系统工程,是涵盖物质文明、精神文明和政治文明的综合体系。如何以文化建设为引领,引导公路交通又好又快发展,这是交通事业工作面临的重要课题。

第一,加强行业管理、规范交通市场秩序,需要公路执法文化建设。公路交通目前正处于"黄金发展期"和"矛盾凸显期"的重要关口,一些体制性、机制性和社会性矛盾,如车辆超载超限、外挂、大吨小标,无证营运等等,严重阻碍了交通事业的健康发展,进一步加强行业管理、规范市场秩序势在必行。以公路执法文化建设保证公路交通生产和人民群众生活的健康有序,是文明创建工作的重要任务。

第二,打造交通品牌,塑造交通形象,需要公路执法文化建设。从促进交通人的全面发展看,公路执法文化建设是培育形成公路执法核心价值观的长效途径。将公路执法文化深深地熔铸于交通品牌,在行业形象中深深体现公路执法文化内涵,在全体公路执法人心灵中形成共同的价值取向和奋斗目标,并进而实现公路执法人文明程度的全面提升,这是公路交通又好又快发展的不竭动力。

二、日益凸显的发展趋势

文化是人类的精神活动及其产品的总称,它通过缜密的理念和适度的表达,成为一定社会的政治和经济的反映,又对经济和政治的发展有着巨大的反作用。中央有关重要文件强调,全面建设小康社会,必须大力发展社会主义文化,建设社会主义精神文明。同时要求全党深刻认识文化建设的战略意义,用"三个代表"重要思想统领社会主义文化建设,牢牢把握先进文化的前进方向,大力发展先进文化,推动社会主义文化的繁荣。在全国发展先进文化的这一大背景下,各行各业都在发展自身的文化,公路执法行业也必须不断进行自身的文化建设,不断发展创新公路执法文化,才能跟上时代的步伐,才能为广大民众提供更加优质的执法服务。

(一)公路执法文化建设须贯彻服务型行政文化发展理念

2004年初,中央明确提出了"努力建设服务型政府"的目标,构建与之相配套的服务型行政文化就显得极其重要。服务型行政文化对公路执法文化建设的影响主要体现在以下方面:第一,民本位。传统的统治型行政文化与管理型行政文化的中心是统治者与管理者,而服务型行政文化则是以民本位为核心价值,所有目标的实现都以民众利益为宗旨,公路执法的本质就是"执法为路,执法为民"。民本位要求在公路执法活动中,公路执法机构将自己定位为服务者的角色,以公众的利益和需要为行动导向,围绕公众展开服务、履行职能,努力营造"人便于行、车畅其运、货畅其流"的公路运输环境,切实转变以前的"便于管理"执法理念,积极强化"便于用路者"的服务意识,使公路交通公益性得到最大的体现,交通行业诚实守信,平等、友爱地对待每个用路者,每个用路者都能持续获得能够满足基本生活生产需求和发展的交通服务。而很多地方存在的"罚款月票"现象就是对"民本位"这一价值追求的赤裸裸的挑衅,直接导致了服务型执法文化的目标置换,因此,应当坚决杜绝类似现象的再次出现;第二,有限性。有限性是指公路执法机构的活动范围受到一定的限制,包括公路执法机构的职能和公路执法机构的权力限制。西方的"主权在民"理论和社会主义"一切权力属于人民"的思想都表明,政府的权力来自公民,但这并不等于政府可以拥有和行使任何权力。因此公路执法机构的权力应该只是为公众提供服务的手段,权力行使的范围只能由提供服务需要的内容来确定;第三,责任性。在服务型行政文化下,政府权力来源于人民,政府的职能是为人民服务。根据权力和责任对等的原则,公路执法机构及其具体执法人员应当承担相应的行政责任,行政责任也就成了公众对服务型政府进行控制的最重要的手段。离开了这一手段,服务型行政文化也就丧失了其服务性特征,而退变回管理型行政文化,甚至统治型行政文化。因为,如果政府部门不对公众负责,那么它便不会以其应有的方式发挥服务职能和回应公众的需要,"主权在民"也就成了一句空洞的口号;第四,高效性。作为管理型政府的革新和替代物,服务型政府克服了统治型政府、管理型政府所带来的行动迟缓、效率低下、回应性差等弊端,体现出其他行政文化所无法比拟的先进性与优越性。"服务"本身就含有高效的要求,因而服务型行政文化应该是高效的行政文化。同时,高效性也是与有限性与责任性特征相适应的必然要求;第五,参与性。参与性是指行政不仅是以行政主客体积极参与而非消极应付为特征,而且行政客体对行政主体的行为内容及方式也会积极施加自己的影响。服务型行政文化无疑是以公众利益和需要为指向标的,若将公众排除在公共行政系统之外,那么服务型行政文化就会失去其方向与目标,最终改变其性质,丧失继续发展的可能。只有将社会公众纳入其行动内容之中的公路执法文化,才能彰显其服务性的本质。并且,有效的行政管理依赖于公共服务精神和公共责任程序。

（二）责任型政府文化是公路执法文化建设的必由之路

建设"责任型政府"是我国政治文明发展的必然趋势，也是整个社会的共识和大众的强烈愿望，公路执法机构应当构建与"责任型政府"理念相一致的公路执法文化。作为公路行政权力的行使主体，公路执法机构必须按照权责一致的基本要求，在行使权力时承担相应的责任，做到有权必有责、用权受监督、侵权需赔偿，在征稽、路政和运管方面切实履行好组织、指导、协调、监督、检查、行政处罚等职能，而曾经出现过的"行政权力部门化，部门权力利益化，部门利益法制化"这类现象不能再重演了。

具体来说，要从以下几个方面着手：其一，转变公路行政执法理念、培养公民意识。"责任政府"的真正实现，需要民众公民意识的觉醒和行政主体责任意识的养成。公路执法主体责任意识的养成，需要转变理念，也就是使公路执法机构及其执法人员从传统政治中的官民观念转变为现代政治中的政府与公民的平等交换和平等制约观念。在行政理念方面，尽快实现由"政府本位"向"社会本位"、"公民本位"的转变。所有这些，都需要通过加强适应现代法治社会的行政文化建设来实现，尤其要大力培养公路执法人员的责任意识。其二，建立公开明晰的公路执法责任制。通过公路执法责任制的建立和运作实施，使得公路执法能够做到行为规范，用权受监督，出错受追究，最终实现权责一致。为此，一要理清执法依据及执法权限，明确执法主体，理顺执法关系，落实执法责任。二要明确和严格执法程序、时限。三要建立过错责任承担机制。各级公路执法机构要列出本部门适用的承担执法违法责任的法律、法规、规章，明确执法主体违法行为的种类，建立过错追究和过错责任承担机制，增强公路执法人员的工作责任心。四要建立有效的救济机制。如健全举报、申诉、控告、听证、复议、赔偿等制度，严格追究执法过错并向执法相对人说明纠错情况，重新实施执法或进行其他方式的补救。其三，不断提高公路执法人员与社会公众的责任素质。"责任政府"建设对公路执法人员素质提出了更高的要求，即要求公路执法人员有较高的思想道德素质，优化的知识结构和专业结构，较高的国际交往能力、跨文化沟通能力、组织管理能力、驾驭复杂局势解决问题的能力和按国际惯例办事的能力，以及良好的品德和作风等。因此，要注重公路执法人员培训，促进执法人员学习，提高执法人员素质，增强执法人员能力。只有不断深化公路执法人员制度改革，建立健全公路执法人员的选拔机制、考核机制、激励机制、竞争机制、交流机制和监督机制，才能保持公路执法队伍的朝气和活力，以塑造出崭新的现代责任政府形象。同时，建设"责任政府"离不开公众的广泛参与。如果公众对公路执法机构的行为采取漠然的态度,不积极表达自己的意愿,不对其不当或违法行为进行谴责、批评,公路执法机构对公众的意愿和社会的要求也会漠然视之。建设"责任政府"不仅是公路执法人员的职责,也是民主政治下每个公民的愿望和义务,每个公民都应该关心"责任政府"的建设。

(三)公路执法文化发展要遵循新公共管理行政文化发展方向

新公共管理理论、善治理论、企业的有关先进理念对公路执法文化建设具有重要的指导意义。

首先,新公共管理理念中的公民本位、市场导向、结果导向对现代公路执法活动有极大的借鉴作用。第一,公民本位:公路执法机构的一切管理活动都应该以公民为中心,要回应公民需求,倾听公民的呼声,给予公民选择权,公路执法服务的设计和提供过程中的公民参与,公路执法部门绩效评价以公民为主体。第二,市场导向:要求公路执法活动接受市场价值,引入竞争,打破垄断,给消费者(主要是指公路执法活动的相对人)更多的自由选择权。市场化是社会治理的基本战略的信念。用萨瓦斯的话说,市场化(民营化)"不仅是一个管理工具,更是一个社会治理的基本战略。它根植于这样一些最基本的哲学或社会信念,即政府自身和自由健康社会中政府相对于其他社会组织的适当角色"①。第三,结果导向:规则

过多过细束缚了公路执法者的手脚,从而导致低效、浪费、消极服从意识和目标置换,公路执法活动应该着眼于实际社会效果,由公众来评判其结果,并且建立相应的绩效评估机制。

其次,善治要求政府与公民对公共生活进行合作管理。具体到公路执法,善治的六个基本要素:合法性、透明性、回应性、有效性、责任性和法治性,对公路执法文化的建设有很大的影响作用:其一,合法性。合乎法律未必就是合法的,只有那些被社会普遍认同的公路执法权威,才是判断公路执法合法与否的标准。合法性要求公路执法机构和执法人员最大限度地协调各种公民之间以及公民与公路执法机构之间的利益矛盾,以便使公路执法活动取得公民最大限度的同意和认可。其二,透明性。公路行政执法信息及时通过各种传媒为公民所知,以便公民能够有效地参与决策过程,对公路执法过程实施有效的监督。其三,回应性。公路执法机构和人员必须对公民的要求作出及时的和负责的回应,在必要时还应当定期地、主动地向社会了解情况,解释公路执法政策,回答社会普遍关心的问题。其四,有效性。公路执法要讲究效率:一是公路执法机构设置合理,执法程序科学,措施灵活,二是尽可能降低公路执法成本。其五,责任性。公路执法机构和社会公众应该对自己的行为负责。要用法律和道德的双重手段来增强这种责任性。其六,法治性。法治是公路执法的最高准则,在法

律面前人人平等，因而法治既规范公民的行为，更制约公路执法机构的行为，是善治的基本要求。

最后，企业的先进管理理念——标杆管理、全面质量管理、精细化管理、ISO质量认证体系等方面对公路执法活动也有极大的借鉴作用。作为提供公共产品和公共服务的公路执法机关需要不断改进和提高自身的服务水平，将理解和满足公众的要求作为首要的工作任务，有选择地学习借鉴企业的先进管理理念能够促进公路执法部门管理创新，对于提高公路执法效率、降低执法成本、改善执法服务，无疑是有益的，也是可行的。

（四）公路执法文化建设须向学习型组织文化方向发展

在当前经济全球化的大背景下，构建学习型组织是时代的要求，并应将其文化成果转变为政府提供公共服务。公路执法部门在过去的执法活动中注重经验和意识，而如今，应该在不断的学习中提高其业务素质、树立牢固的创新意识、严格依法执法，把创建学习型组织和公路执法文化建设有机结合起来，不断增强公路执法能力，改善公路执法方式，提高公路执法水平。

公路执法部门自身的发展是一个持续学习的过程，是学习——认识——提高——创新——反思——再学习的一个无止境的过程，这个过程贯穿于公路执法部门生命的始终。即：不仅是个人的同化，而且是整体的融入。通过学习，使公路执法文化内化为公路执法部门成员的品性修养进而体现在实际行动上，形成创造性思维，用理论创新推动技术创新、制度创新、文化创新，刺激追求卓越的心理需求的产生，在提供高品质的公路执法服务中实现个人价值，适应环境和能动地改造利用环境，为公路执法部门的发展扫清障碍。因此公路执法人员应树立"学习是发展"的意识和主动学习、团体学习、全过程学习、终生学习、创新学习、学习是乐趣的观念，使学习成为基本的工作方式。

彼得·圣吉认为学习型组织应该包括五项要素，这五项要素对公路执法文化的建设也有极大的启示：

其一，建立共同愿景（Building Shared Vision）。愿景可以凝聚公路执法部门上下的意志力，透过共识，大家努力的方向一致，使个人也乐于奉献，为公路执法部门的目标奋斗。

其二，团队学习（Team Learning）。团队智慧应大于个人智慧的平均值，以做出正确的组织决策，透过集体思考和分析，找出个人弱点，强化团队向心力。

其三，改变心智模式（Improve Mental Models）。公路执法部门的障碍，多来自于个人的旧思维，例如固执己见、本位主义，唯有通过团队学习，以及标杆学习，才能改变心智模式，有所创新。

其四，自我超越（Personal Mastery）。个人有意愿投入工作，专精工作技巧的专业,个人与愿景之间有种"创造性的张力",正是自我超越的来源。

其五,系统思考(System Thinking)。通过资讯搜集,掌握事件的全貌,以避免见树不见林,培养综观全局的思考能力,看清楚问题的本质,有助于清楚了解因果关系。

要保证这五项要素的最终实现,就必须有一定的制度支持:一是形成激励机制。一方面,要鼓励建立个人意愿。有愿才有力,有了广大公路执法人员渴望实现的发展目标,才会有努力学习,追求卓越的内在动力。另一方面要给予适当的精神和物质奖励,对于坚持自学并学有成效者给予奖励;鼓励公路执法人员深入实践,深入调查研究,并撰写有实际价值的调研报告和分析文章。二是完善保障机制。首先是制度保障。要建立健全各项学习制度,并根据构建学习型政府的要求和实践中出现的新情况、新问题,不断完善。其次,要创造条件,给予必要的经费投入,进行培训阵地、文化设施、学习场所的硬件建设,为学习提供便利。然后,充分利用信息技术,大力发展网络教育,为构建良好的学习氛围提供有效的服务。三是建立内部学习交流平台。公路执法机构内部要形成一种信息共享、经验交流的良好氛围,公路执法人员能够经常交流经验,讨论执法业务,能够学习别人的长处,弥补自己的不足,不断提高执法水平。四是健全考评机制。将考评与机构职能、工作效率、服务水平与作风等结合起来,建立科学灵活的动态考核机制,形成分层次、立体式考核体系。通过考评,提高公路执法人员学习的自觉性,推进学习型政府构建工作的有序进行。

---

① (美)E. S. 萨瓦斯. 民营化与公私部门的伙伴关系[M]. 周志忍等译. 北京:中国人民大学出版社,2002:43.

第四章　精神的魅力与动力

价值理念是指在长期的社会生产过程中形成的,为行为主体普遍认同,并在实践中所奉行的价值选择与价值排序。公路执法的价值理念是指在一定的社会背景下,公路执法系统在长期的管理实践活动中形成的被全体执法人员普遍认同的价值取向。

公路执法的理念体系是一个系统,是公路执法文化的高度概括和提炼,囊括了公路执法的精神文化、制度文化和物质文化,由执法理想、执法导向、执法宗旨、执法精神、执法伦理、执法机制、执法形象等共同组成。其中执法理想主要阐释公路执法存在的理由和未来想达到的目标,是执法组织存在意义的高度概括,它使不同个性的执法者凝聚起来,共同朝着执法的终极目标迈进;执法导向则是实现终极目标的基本要求,是公路行政执法队伍在执法工作中的基础性执法方针;执法宗旨是公路执法队伍的总的行为准则,在秉承执法宗旨的前提下,才有可能实现真正意义上的执法理想;执法精神是执法文化的精髓和灵魂,是执法队伍的内心态度、意志状态和思想境界;执法伦理是执法的职业道德,是每一名执法人员都应恪守的具体的行为准则。执法精神指导执法伦理,执法伦理激发执法精神,即弘扬执法精神、恪守执法伦理。执法理想、执法导向、执法宗旨、执法精神和执法伦理是价值体系在公路执法精神文化中的体现,执法机制和执法形象则是价值体系分别从制度文化和物质文化的角度进行的诠释。七者的有机结合与和谐搭配,共同组成了公路行政执法文化建设的理念体系(图4-1)。

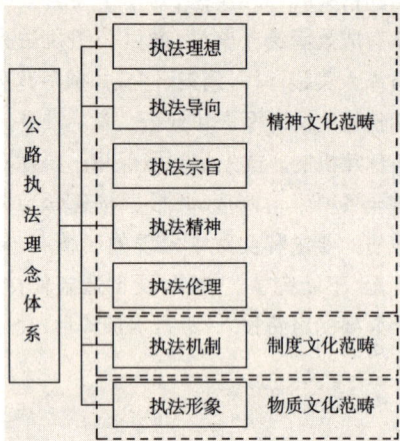

图4-1　公路执法价值理念体系示意图

一、"和合文化"之虹

(一)公路执法文化的精髓

"和合文化"是中国优秀传统文化的先进因子,是贯穿五千年中华文明发展史的"风骨",是中国传统文化的核心价值。所谓和,是指和谐、和平、祥和;合即合作、合好、融合。和合文化包括人与自然和谐、人与人和谐、人与社会和谐,以及人自我身心内外和谐。以和谐为核心内容的和合文化,贯通社会伦理道德、文化心理结构、价值观念、行为方式、思维方式、审美情感等各个方面。和合文化所提倡的主要价值观是构建社会主义和谐社会的思想渊源。"以和为贵"、"政通人和"、"团结稳定"是构建社会主义和谐社会的价值标准;"和而不同"、"求同存异"是社会主义社会人们处世行事应该遵循的基本准则;社会主义和谐社会的"民主法治、公平正义、诚信友爱、充满活力、安定有序、人与自然和谐相处"建设目标是和合文化经过现代科学精神的洗礼、进行现代诠释后而转生的结晶。

作为体现党和政府执政能力的公路执法工作,担负着保障人民生命安全,维护交通秩序,确保公路畅通的重任,其终极目标是追求"人、车、路"的和谐共存,是构建社会主义和谐社会的重要组成部分。因此,公路执法文化的精髓是"和合文化"。"和合文化"为公路执法提供精神动力、思想保证和道德基础,和谐的公路执法需要"和合文化"来维系、浸润、引导和推动。"以人为本"是"和合文化"的核心价值,在公路行政执法中,以"用路者"为本,倡导"为用路者服务"。公路执法队伍是服务的提供者,要提供让用路者满意的、适当的、优质的服务。

(二)公路执法文化的象征物
(图4-2)

公路要四通八达,畅通无阻,能带给

公众安全和秩序;执法要不畏权贵,不惧强暴,不贪金钱,不迷美色,要耐得住寂寞,经得起酸楚,这正是公路执法所必须体现的气贯长虹的正气。表现出公路行政执法群体一种特有的精神风范。"气贯长虹"形容正气磅礴,像是要贯通天空的长虹一样。气,是执法者决定对社会作贡献的精神支撑力和推动力;是执法者的"奉献为本色,执著是豪情",把使命看得比天大,把工作看得比家重,把形象看得比金贵的魂灵;是执法者面对诸多艰险和挑战,仍然要改革执法体制的创造脊梁;是执法者秉公用权,光明磊落,清正廉明的品格。

图4-2　公路执法文化的象征物

"虹"正体现了这样一种"气",更体现了一种"和"。"虹"是天空中的小水珠经日光照射发生折射和反射作用而形成的"弧"形彩带,由红、橙、黄、绿、靛、蓝、紫7种颜色构成。"弧"呈流线型,这已呈现"和谐"的意蕴,7种亮丽的颜色具有不同的波长与折射率,分层排列不但不会给人以杂乱的感觉,反倒形成了一种绚丽多彩的光现象,体现出矛盾不但能共生共存,更能通过相互冲撞、妥协与平衡形成更高层次的"和",恰好体现了公路执法中的"人、车、路"的和谐,执法者与执法对象的和谐以及执法权与公民权的和谐。此外，"虹"作为天空中的彩带天象，从其形来看，形如"拱桥"，象征着执法者与执法对象之间的"桥梁、纽带、沟通"；又形似"弓"，象征着公路执法依法为路、依法为民的执法威严；还形如一条延伸向远方的"七彩大道"，象征着公路执法保路护路的执法使命。《圣经》中，神晓谕挪亚对他的儿子说："我与你们并你们这里的各样活物所立的永约，是有记号的，我把虹放在云彩中，这就可作我与地立约的记号了。我使云彩盖地的时候，必有虹现在云彩中。"因此，"虹"又有"诚信"、"守诺"的含义。"虹"并非总在风雨后出现，只要空气中存在形成彩虹的条件，就算用喷雾器在空中喷雾也可形成彩虹，甚至一滴水珠迎着阳光也可出现彩虹。同样，在公路行政执法中，一个执法人员、一个细小的执法行为都代表着整个团队，体现着整个执法队伍的形象。然而，就如太阳也存在黑子、并非完美一样，一个污点也会毁了公众对执法公正的信心，因此，执法者应时刻严格要求自己，避免每一个"黑子"的出现，使和谐境况不会昙花一现，而是呈永恒发展之势。

横贯祖国的条条公路，犹如七彩缤纷的道道彩虹，为此，我们倡导用"虹"的形状来诠释执法队伍的威严、气势以及执法者与执法对象相互沟通的桥梁，用"虹"的气势来剖析执法者的执法精神与伦理，用"虹"的炫色来阐述公路执法中的矛盾冲突与协调，用"虹"作为象

征物来深化公路行政执法文化的价值体系，将"和合文化"与"虹"相互调合，各显特色，使公路行政执法文化建设尽善尽美。

希望之黄引导执法使命，和谐法治凸显执法使命；

生命之绿探寻执法追求，和平安全诠释执法导向；

平衡之橙呈现执法宗旨，和睦人本彰显执法宗旨；

热诚之红砥砺执法精神，和悦服务提升执法精神；

庄重之靛阐释执法伦理，和婉公正昭示执法伦理；

改革之紫践行执法机制，和畅高效构建执法机制；

博大之蓝展示执法形象，和善诚信塑造执法形象。

二、忠诚执著的执法者

执法理想是公路执法工作的龙头和总体目标，在中国加入 WTO 的大环境下，在构建和谐社会、全面建设小康社会的诉求中，在市场经济逐步呈现为法制经济和信用经济的条件下，在信息时代已经到来的情况下，公路执法部门必须明确执法理想，并以科学精神、科学思维、科学态度来实现这一理想。

（一）希望之黄引导执法理想

执法理想主要阐释公路执法存在的理由和未来想达到的目标，是执法组织

21世纪交通文化建设研究与实践

存在意义的高度概括,它使不同个性的执法者凝聚起来,共同朝着执法的终极目标迈进。执法者的执法目的是什么,执法本质是什么?执法者在公路执法过程中应塑造什么样的执法形象,营造怎样的交通环境?执法者应怎样看待执法对象?执法者是为了谁的利益而执法?这些问题便是公路行政执法的执法理想所在。执法理想是执法队伍的灵魂,能提升执法队伍的凝聚力,淡化执法者之间的个人利益冲突和执法者与执法机构之间的个人与集体利益冲突;产生强大的驱动力,激发执法者朝向执法目标而努力;能孕育无限的创造力,唤起执法者的希望,产生强大的创造性张力,激励执法队伍致力于形成新的执法机制、执法模式、执法艺术抑或执法态度,促进执法者素质和执法文化的提升,形成追求富有创造力和文化气息的执法环境。

执法理想是执法者的执法目标与追求,而"虹"的七彩炫色分别蕴含着不同的意义,能与之匹配且强烈反映使命感的便是希望之色——黄色。黄色在纯色中明度最高,它灿烂、辉煌,有着太阳般的光辉,象征着理想、希望、发展,是照亮黑暗的智慧之光。公路行政执法理想展现着执法者对实现和谐交通的渴望,凝聚着执法者对打造一流执法队伍、创造一流工作业绩、营造一流交通环境、塑造一流执法形象的追求,是执法者在构建和谐社会的时代大背景之下对公路交通行政执法工作提出的新

的发展期望。因此,黄色作为希望之色,代表着执法理想,更好的整合了执法者共同奋斗的力量,释放了其无穷的创造力,引导了其朝着执法理想奋发向上,追求卓越。

(二)和谐法治凸显执法理想

1. 和谐之态凸显执法理想

和谐,是一个古老而又现实的哲学范畴,指的是组成系统的各个要素之间的协调、统一、有序、适中。交通和谐、行政执法和谐是和谐在公路行政执法领域中的具体表现。和谐不仅是自然界的法则,也是社会的法则,当然也是交通的法则,公路执法的法则。和谐执法涉及各个方面,其中一个重要方面是要构建"和谐意识",把和谐的理念、和谐的价值取向内化为执法者和执法对象的思想方式和行为方式,形成和谐的执法心理和执法氛围。因此,和谐的执法理想要突出增强以下几种意识:差异意识、包容意识、共生意识、合作意识、法治意识、诚信意识、民主意识、发展意识、稳定意识、改革意识、学习意识和自省意识。和谐公路执法是公路执法依据、执法对象、执法主体、执法客体在执法环境中得以存在、相互作用、相互吸取、相互促进的执法过程和状态。在公路执法中,执法者的素质参差不齐,执法对象的法律知识范围和守法意识程度大相径庭,各省市的公路执法模式不同,甚至连公路执法三门类中的执法体系也各不相同。这些不同和差异是执法要素、执法资源多样性和

丰富性的体现,是构建和谐公路执法的基础。承认差异,对差异容忍和接纳,使差异能取长补短、相互协调、相互依存和相互依赖不但能使公路行政执法工作得到发展,更能使其和谐的发展,从而完成和谐的执法理想。

执法者的执法素质和执法艺术不同会导致不同程度的随意罚款、滥用处罚程序、人情执法、野蛮执法或暴力执法;执法对象的法律素养不同会产生诸如克隆出租车、假冒军车、超载超速等违法现象,甚至出现殴打执法人员等暴力抗法事件;有些省市采取了综合执法体制,如重庆高速公路综合执法模式集高速公路路政管理、运政管理、交通安全管理及交通稽查为一体,建立了专门负责高速公路行政执法机构,而部分省市仍然实行各门类分开管理,各地方交通主管部门的区域性"块"与各执法门类垂向的"条"相对独立,形成条块分割现象,导致管理效率降低,各部门互相推诿扯皮,执法体制老化。公路执法是充满矛盾的执法过程,和谐并不否定差异和对立的存在,和谐本身就包含着对立的方面,是各个对立方面的共存状态。执法者的素质良莠不齐可以通过定期集中学习和教授法律知识、执法艺术等进行补足;执法对象的守法意识偏差可以通过长期的法律宣传、教育与惩罚相结合的执法手段得以改变;执法体制的老化可通过借鉴先进模式的经验,从而因地制宜的创造具有地方特色的执法模式。和谐思想的哲学基础是和而不

同、和必中节、和合而兴。因此,人车路的和谐、执法者与执法对象的和谐以及执法权与公民权的和谐才能实现和谐的执法理想、和谐的公路执法以及和谐交通。

2. 法治之行实现执法理想

法治不仅是法律的统治,而且是"良法"的统治;法治旨在制约公共权力、保障公民自由和权利;法治建设不仅要健全符合一系列形式要件的法律制度,而且要使这套法律制度可以有效地制约权力和保障权利。法律的实质内容以及法治的道德目的是法治内涵的组成部分,是法治的应有之义。

1)法律是实现执法理想、构建和谐交通的制度准绳

法治的完备有利于交通执法秩序的规范和公众利益的维护。制度和谐是和谐交通之本,和谐交通与和谐公路执法需要健全完备的行政执法体系。但在依法行政实践中,交通法律制度体系的不完善直接影响着和谐交通的构建。首先,除了《中华人民共和国公路法》和国务院发布的有关法规外,公路行政执法工作更多地依赖于交通部的有关规章和地方性法规和规章。这些法规和规章的法律层级效力不高,或层级效力参差不齐,并且公路执法部门所拥有的执法手段比较软弱,对有些违法情况缺少必要的管理手段。其次,各部门出于自身的管理需要出台的管理规章互相矛盾,法律的一些具体规定也存在着不太完善的地方。再次,近年来公路行政执法中出

现了一些新情况,如农村客运等方面的管理,而现有的法律法规规章却是针对以前的交通情况而制定的,已经很难适应当前经济社会快速发展的需要,"旧法管理新市场"显然已经过时。最后,虽然我国有些省市已经改革原来的执法体制,形成了执法效率高、成本低的综合执法体制,但没有一个统一的制度规范来规定执法队伍的服装、装备、文书等,这从很大程度上影响了整个公路执法系统的形象。这些困扰和问题需要进一步加快立法的进程,切实做到有法可依,以完善的法律文本构筑和谐交通及和谐公路执法的基础。

2)法治是实现执法理想、构建和谐交通的精神依托

法治并不是法律的统治,不是用法律统治人民(rule by law),而是依法而治(rule of law),即人民群众依据宪法和法律参加管理国家事务、社会事务和经济文化事业。法治固然重视民众的守法,但其重点不是"治民",而是"治官",其基本的精义在于"治国者先受治于法"。因此,法治的核心在于用法律精神治理交通,治权治官而非治事治民,法律至上而非人情化执法。

法治价值目标包含了自由、平等、人权、正义、秩序等多个层面的内容。用法律精神进行公路执法意味着执法者在执法中以公正、平等、人权等作为执法价值导向,不以公权力谋私利,不以公共利益为借口侵犯执法对象的基本人权,使行政权力的行使在公正的法律框架下进行。在公路执法中,个别执法者强调公民义务本位和政府权力本位,以惩罚作为执法目的对待违法者,忽视了以人权作为价值支撑的教育执法手段的运用;现实的执法过程中不乏执法者以权谋私的现象,有些地方竟然存在"要收据罚五百,不要收据罚两百"的恶劣现象;有些领导或其亲戚朋友超载超速后,利用特权以言代法、以权代法甚至以权压法,也因而导致公路执法人员办"人情案"、"关系案"、"金钱案"。这就是人情化执法,是公权力私有化的直接表现,凭关系、讲人情可以网开一面,甚至不执行法律法规的规定。这是对法律法规的极端不尊重,是对法制尊严、权威和统一的亵渎。当然,法治的丰富内涵也包括法与情冲突时法律对情的包容,即法不容情但法内有情——以人为本的理念。

2007年1月18日凌晨,重庆高速公路执法支队十大队因渝宜高速公路重庆路段大雾弥漫而实施交通管制,导致洛碛收费站车流量增大,出站车辆非常拥挤,已堵至主线。而在堵塞的车辆中有一辆载有一名即将临产的孕妇,正在洛碛维持现场交通秩序的执法队员知情后,迅速向大队领导通报,临时改变管制位置,并用巡逻车护送孕妇车在最短的时间里从车流中驶出。

按照有关的交通法律法规,该车不能搞特殊,不能允许其单独从车流中驶出,但法治杜绝的是私情,而非常情。法治社会并不是无情社会,一切法都是关

于人的法,坚持法不容情、反对以情动法是理性的选择,但这个"情"是指"法外之情",而非"法内之情",法不容情和法内有情的和谐,才是和谐交通与和谐公路执法追求的目标,才能实现和谐的执法理想。

三、永恒的安全目标

(一)生命之绿探寻执法导向

绿色是一种生机勃勃的颜色,代表着平静、和平、安全、生命和幸福。公路行政执法的执法导向不同于执法理想,它是执法者行使执法权力的基本出发点和直接目标,是一种执法取向,即实现公路事故发生率的降低,保证执法相对人的人身和财产安全,实现"人、车、路"的有序和稳定,保障交通的畅通无阻。与实现和谐法治的执法理想相比,执法导向更直接和现实,是执法理想的基础和保证。正如卓泽渊先生在其著作中所言,"人民对秩序的追求不是终极追求,仅仅是以此作为其他追求的条件或外部环境。"①如果连最基本的人员财产安全、事故发生率的降低、车祸死亡人数的控制、交通的基本畅通都不能保证,更不用说进一步提高执法者的执法水平、执法艺术、职业伦理素质和改善执法体系了。因此,生命之绿探寻着交通事故率、死亡率的降低和公民生命、交通畅通的保障,探寻着公民的交通安全和公路交通的和平。

(二)和平安全诠释执法导向

1. 和平

和平指平静、宁静,用于公路行政执法,则表示秩序和稳定。人的一个基本特征是对秩序的渴求,群体和个体生命只有在秩序之内才有意义。秩序意味着起码的和谐,依靠单独个体的自助力量无法打破已锁定的竞争状态,秩序的建构更可能的是依赖于集体行动。获得良好的秩序是每一个人都偏好的共同利益,但如果每一个人都只追求自我利益的最大化,则将导致一种大家都不愿接受的非理性集体结果,所有的人都将陷入"公地悲剧",秩序将被无尽的混乱所替代。因此,每个人都有人身和财产的安全与保障,安定有序的社会才可能是和谐的社会,交通才是和谐的交通。

1) 显秩序与隐秩序

并不是执法者依照制度和规则强行要求执法相对人遵守,相对人被迫遵守就是秩序。死水一潭不是一种秩序和稳定,高压下获得的只是暂时的秩序,我们所追求的是和谐的秩序,是一种动态发展、协调、持续、真正的秩序,而不是刚性的、仅有命令和服从的、没人性的秩序。这便是显秩序与隐秩序的区别。显秩序是指用权力与法规命令推行的秩序,隐秩序则是指由自发的适应性交往构成的秩序,它使人们理性决断成为可能。②在对人们的遵守交通秩序行为的控制上,单纯依靠显秩序必将导致"有法不依、有令不行、有禁不止"等

执法失灵现象。柏拉图与亚里士多德认为和谐的秩序是正义的体现。只有执法者不强化自己的权力意识，不对执法相对人采取强硬的处罚措施和"冷、横、硬"的执法态度，讲求公正执法和人性执法，将执法、服务与合作并用；执法相对人不夸大自己的权利意识，不暴力抗法，讲求价值选择的正当性，自觉配合和协调执法人员的执法工作，两者相互合作，显秩序与隐秩序才能得到有效结合，形成融洽的和谐秩序。

2）守法秩序与执法秩序

公路行政执法权作为国家权力中重要组成部分，其目的是为了维护公路交通的安全和秩序。但片面强调执法相对人遵守交通秩序的重要性，忽视执法者的执法秩序又会侵犯执法相对人的自由和权利，甚至会破坏交通的固有秩序。首先，如果执法相对人的守法意识淡薄，不顾本已堵塞的道路而乱抢车位或逆向行驶，会使单向堵塞演变成双向车道堵塞，这在城市公路交通中颇为常见；有的执法相对人开"黑车"、"克隆车"，破坏原有的出租车市场秩序；一小部分公路使用者特别是货物运输者经常严重超重，造成公路变形或损坏，使原本畅通的交通秩序变得拥挤……以上种种违法行为均破坏了执法相对人的守法秩序。其次，面对层出不穷、始终不见减少的公路违法行为，有的公路行政执法者会变得没有耐心而随意加重惩罚或为了谋取私利而乱罚款，给其他执法者造成不好的影响，从而可能导

致整个执法秩序变得混乱；有的则可能对"特权车"或"关系人""宽大"处理，造成执法秩序被不良风气所左右。这种执法秩序可能导致守法秩序更加混乱，因为有的执法相对人认为有空可钻，有章也可不循；而有的则认为同是违法的两个人却得到了不公平的对待，守法秩序形同虚设，可遵守可不遵守。因此，守法秩序与执法秩序是相互影响、互为基础的。要使公路交通的秩序和谐、稳定，须守法者与执法者相互信任、自觉遵守各自领域的规则和秩序，这样才能避免恶性循环，实现安定和平。

2. 安全

安全是一个基本的概念，也是一个基本的价值。对于公路执法工作来说，安全是政治，安全是生命，安全是福利。安全是促进交通政治稳定的重要保障，是执法者的政治生命，是社会公众的间接福利，是交通、人与自然和谐统一的基本前提。因此，更新、重铸和提升公路执法者和相对人的安全价值观和行为准则至关重要。

①卓泽渊.法理学[M].北京:法律出版社，2000:207.
②鲁品越.论社会隐秩序与显秩序——兼论德治与法治的关系[J].南京大学学报，2002(4):28.

四、和睦的人本文化

（一）平衡之橙呈现执法宗旨

执法宗旨是公路执法部门从全局上规范执法行为、严管执法队伍、构建和谐交通的行为准则。虽然公路执法各门类有其自身特点，但最终都落实到公路和用路者。在倡导"以人为本"的时代理念下，要求公路执法人员在执法过程中兼顾法治的刚性与人本的柔性，在公正、严明执法以保障公路安全畅通的同时，注重执法艺术，采用更温情、更人道、更仁慈的执法手段，合法合理的实现执法相对人的权利，以使执法者与执法相对人之间的管理与被管理的地位相对平衡、公民权与执法权相对平衡、执法者的义务与执法相对人的权利相对平衡。公路执法人员在执法中常常会遇到特殊情况下的违法行为，如载临产孕妇前往医院的私车超限，此时，执法人员难免会为临产孕妇感到着急，但作为执法者又必须使超限车辆停驶并接受处罚和教育，如何平衡私利和公利的冲突便成为关键。橙色是欢快活泼的光辉色彩，是暖色系中最温暖的颜色，象征着平衡、幸福、健康和快乐；橙色的明视度很高，给人以十分醒目的感觉。以橙色作为执法宗旨的代表色，不仅呈现出执法宗旨所追求的人性温暖、执法平衡，还警示执法者应时时刻刻以执法宗旨衡量自己的执法行为、执法态度以及执法程序。

（二）和睦人本彰显执法宗旨

社会是否和谐，取决于整个社会能否和而不同、和睦相处；同样，公路行政执法是否和谐，取决于整个执法要素、执法体系、执法环境能否和而不同、和睦相处。和睦的人际关系是和谐交通的元素，建立在互利和分享的基础之上，要求执法者与执法相对人多一些互利的"交换"，少一些互相受损或单边有利的"冲突"。有些执法者以权力者自居，扩大了执法相对人的义务属性，在执法过程中，严明执法未尝不对，但执法相对人也有基本人权，其权利诉求并非在执法者之下，因此，应运用人性化的执法艺术，多采用柔性执法手段，克服刚硬执法带来的执法冲突，避免暴力执法；此外，有些执法相对人不能理解执法者的工作处境，或者对其权利诉求过分扩大，如只在乎自己的经济困难和生存需要而超重，没意识到自己的违法行为会造成公路寿命的缩短、造成公路安全隐患、导致公路执法人员的执法强度加重、更有可能产生执法冲突。和睦提倡相互宽容和尊重，只有具备差异意识、包容意识和共生意识，理解和承认执法人员、执法相对人素质和利益的多样性，并对这些差异做出必要的妥协和让步，才能使执法宗旨真正实现和谐与平衡。

"以人为本"，就是指以人为考虑一切问题的根本，一切从人出发，以人为中心，把人作为观念、行为和制度的主体,以尊重、满足人的需求,特别是尊重、保护、促进人权为目标,进而促进人的全面、自由、充分的发展。这一理念明确要求把以人为本作为公路执法部门执法的最高价值取向,认为人是执法的根本目的,人的需求是一切执法活动的出发点和归宿,通过不断满足人的正当、合理的需求,促进人全面、自由、充分的发展。以人为本的核心在于尊重和保障人权。当今社会,不管是在政府机关、企业,还是在社区组织等,以人为本逐渐成为口头禅,但到底谁以人为本,以什么样的人为本,以及以人的什么方面为本,并不是每个组织都能给予明确的阐释和界定。

1. 谁"以人为本"

"以人为本"4个字本身就缺乏主语,它并没有明确说明是谁"以人为本",我们既可以说执法机关"以人为本",也可以说执法者"以人为本",还可以说路标、惩罚条款等执法措施与法律法规(即执法的"产品和服务")"以人为本"。在通常情况下,大多数人仅将执法者作为公路行政执法"以人为本"的主体。其实,执法者所体现的以人为本仅是从执法的行为和态度上"以人为本";而执法机关的"以人为本"却将执法者和与公路利益相关者都作为"人",其从制度、体制和机制上给予执法者和公路利益相关者以"善"的待遇;对于以路标、惩罚条款等为代表的执法措施和法律法规则是体现公路行政执法"以人为本"的另一主体,其制定也应当以

"人"(具体是指公路使用者)为中心,以满足公民出行的合理需要,利于安全、便捷、和谐为最高理念。尤其在现代功利主义与车本位盛行的中国交通大环境下,交通弱者在现有法律规范下出行权益已受到诸多侵犯而无力抗争。因此,在对公路标识、道路交通运行机制和相应的法律法规的设计时,在满足人们各种出行需要的同时,还应从多方面对公路执法参与者(包括公路组织者、提供者、需求者、影响者、管理者即公路行政执法部门和其他特权部门等)进行必要的考虑和约束。如《道路交通安全法》与原《道路交通管理条例》相比,具有更为强烈的人本色彩,其本着以人为本、安全至上的立法意图,做了一些全新的规定:比如保护行人权益,行经人行横道要减速、停车、避让行人,"撞了不能白撞",重罚酒后驾车与肇事逃逸。因此,要全面体现以人为本,需将三者均作为"以人为本"的主体。

2. 以什么样的人为本

"以人为本"中的"人"字也可以做不同的理解。一般将其理解为公路使用者等执法相对人。公路执法本来就容易使执法机构权力扩大化、绝对化,忽视执法相对人基本权利,以"执法相对人"为本便成为当务之急。法的根本目的是保障和实现人的权利,它要求执法者应将任何他人均视为权利主体,而不是仅被用来实现他人乃至社会利益的目标或工具,从而对其人格尊严和自由意志给予充分的关切和尊重。

但"以人为本"中的"人"不仅限于执法相对人,还应包括执法者。执法者也是人,其基本的生命和健康权也应得到保障。有的运输业主违法进行超限超载运输,不但采取跟踪执法检查车辆、沿途布岗、互相串联、消息共享等方式逃避检查,其中一些甚至恶意冲卡、撞击检查车辆、殴打路政执法人员,给路政执法者带来一定的威胁。

2005年8月15日晚江苏沭阳路政执法大队的执法人员在S326线发现一辆超限车时,示意其停车接受检查。但该车不但不停反而向停在路上的执法车辆撞去,导致执法车辆尾部保险杠全部脱落,左侧车身全部破损。沭阳警方和路政执法人员尾随该超限车辆至涟水高沟境内时,该车人员与接应的十余名手持钢管等凶器的人,一起殴打路政执法人员。

此类暴力抗法事件在很多省市均有出现,我们在呼吁保障执法相对人的基本人权时,也强烈要求保障执法人员的生命健康权。

3. 以人的什么方面为本

对"以人为本"中的"本"字也需要做进一步的剖析,既可以说公路行政执法的制度、体制和机制着眼于作为人的执法者的本性需要,也可以说执法者的行为与执法措施、法律法规作为满足人的根本需要之本。人本主义的最高体现莫过于尊重生命,庄子曰:"至乐活身",执法者与执法相对人均为公路行政执法"以人为本"的"人",均应得到生命的尊重和人性的尊重。因此,"以人为本"的"本"即为"原本"和"本性",应以激发执法者的执法热情和促其全面发展为本、以满足执法相对人合理的根本需求为本。

以人为本的本质即以促进人自身自由、全面发展为根本目的。台湾著名学者陈怡安教授曾把人本管理提炼为三句话:点亮人性的光辉、回归生命的价值、共创繁荣和幸福。因此公路执法须把"以人为本"作为执法宗旨,将关爱执法者和执法相对人切实落实到日常行动中去,以此作为实现执法理想的指导思想。

五、和悦服务的执法精神

(一)热诚之红砥砺执法精神

红色是最引人注目的色彩,具有强烈的感染力,象征着活力、积极、热诚、温暖和前进,通常用来比喻组织的形象与精神。执法精神是增强公路执法系统的凝聚力和战斗力、使广大干部职工始终保持奋发有为、昂扬向上的精神状态的保障。在公路行政执法中,树立自强不息、开拓开放、积极热情的执法精神能坚定执法人员的执法信念,使其心灵受到强烈震撼,树立高度的责任感和奉献精神。红色的执法精神激发着执法人员的执着、奉献、活力和奋进,执法者凭着满腔的红色热情投入披星戴月的执法工作,甘当接受灰尘、尾气"洗礼"的"马路

21世纪交通文化建设研究与实践

天使"。

（二）和悦服务提升执法精神

和悦即为和蔼愉悦，服务即为奉献大众。和蔼愉悦的奉献大众；不畏艰难困阻、不怕工作单调枯燥、不怕事情细小繁琐、不怕恶行抗法；无论多劳累、多气恼，依然微笑服务、耐心提示，这便是公路执法人员的执法精神。

1. 严格执法与热情服务

"严格执法，热情服务"从根本上体现了公路行政执法部门的服务属性，而且进一步赋予了执法工作服务职能的法律意义，拓展、丰富了公路行政服务的内涵。但在实际工作中，由于认识的差距，少数执法人员认为在建设服务型政府的大前提下，公路行政执法只能强调服务，强调执法势必淡化乃至否定服务，容易造成以命令、控制或限制的手段单方面地推进执法目标的实现，不顾及执法相对人的愿望和要求，容易使执法相对人产生抵触情绪，导致执法者与执法相对人关系的紧张，致使执法成本不可避免地增大；有的则认为公路行政执法机关是执法机关，不是服务机关，强调服务势必影响执法的力度，会使公路行政执法工作变质，丧失执法本质。这两种看法从实质上都把服务与执法割裂、对立起来了，认为二者难以两全，归根到底是受政府本位行政价值观的影响，执法部门在过去重执法、轻服务，重管理、轻扶持，重处罚、轻教育，将执法理解为惩罚，等同于"执罚"，将服务理解为放松执法要

求，降低执法标准，在这种心态下，公路行政执法者必然将执行公务、为公民或人民群众办事理解为对执法相对人的恩赐，执法就必然被理解为单纯的惩罚、打击、制裁，服务就必然被理解为放弃法律原则，迁就和讨好行政相对人。这样执法变成"执罚"，服务也只能流于形式和空泛。其实，服务与执法在本质上是一致的，是相互依存、互为条件、相辅相成的。

服务是公路行政执法机关及执法人员的根本职责，服务的核心是强调执法者应当为执法相对人提供方便、快捷、优质、全面的公共服务；执法则是公路行政执法机关及执法人员履行职责的基本活动和基本行为，严格执法是依法行政的重要组成部分，必须一丝不苟，不能有任何随意性。执法本质上也是一种服务，是公路行政执法机关及执法人员为执法相对人甚至所有公民提供服务的主要和有效的方式。同时，执法和服务都不是目的，而是手段，是保障公民权利、维护人民利益的手段。服务是对公权的规范和限制，执法是对公权的保护。二者是一个问题的两个方面，其目的都是为了更好地尊重和保护私权，保障公民的合法权益，二者在本质上是一致的。

服务是执法的灵魂并寓于执法之中，执法不是板着脸孔对公民发号施令，不是单纯的执罚，更不是草木皆兵，态度粗鲁，摆出老爷习气，执法应体现服务精神，以规范的程序和手段实现服

务的宗旨；而实现公路行政执法的服务必须严格执法，一切超出法律规定范围的所谓"服务"，均为非法，即为用路者服务必须依法。只有通过热情服务，向执法相对人宣传普及与道路交通相关的法律知识，提供法律咨询，为公民遵守国家法律创造条件和提供方便，才能使执法相对人对国家法律从"要我执行"向"我要执行"转变，离开诚心、优质的服务，公路执法就会成为对执法相对人毫无人情味的一味强制，成为单纯的"执罚"；离开了公正、有效的执法，公路行政服务就成为一句空话，并不是发自内心的"热情"、"微笑"，成为没有任何实际意义的点缀。在执法过程中强化服务，正是执法者对执法相对人的尊重和对人权的保障，体现了宝贵的人文精神，而执法的结果保护了公民的安全和财产，维护了公民的合法路权，又体现和符合服务的宗旨。总而言之，公路行政执法的服务是执法前提下的服务，是保证执法实现的服务；执法是建立在服务基础上的执法，是以为用路者服务为目的的执法。

2. 预防在先与罚教并举

1) 预防在先

公路行政执法的目的并不是要办多少案，罚多少款，而是在于如何有效地促使用路者等相关利益人规范自身行为，营造安全秩序的公路交通环境。不注重事前预防，不重视防患于未然，搞"亡羊补牢"只会治标不治本，执法会异化成执罚。因此，应主动向全体公民积极宣传公路交通相关知识及法律法规，加强舆论宣传攻势，做到"电视有像、广播有声、报刊有文"，方便公众及时通过交通热线进行业务咨询、利用报纸、电台、电视等了解重大、典型的交通违法案例和相关路况信息等，使公民及时了解公路执法、理解公路执法。

2) 罚教并举

执法者与违法者本身就是一对矛盾，极易产生对立情绪，甚至发生暴力抗法。如何改进执法方式，不断提高办案质量和办案艺术，如何将服务寓于执法之中是公路行政执法的重要问题。只有通过热情服务，用发自内心的"微笑"给执法相对人提供诚心优质的服务，对执法相对人多一点理解、少一点埋怨，多一点热情、少一点冷漠，多一点文明、少一点粗暴，采取教育为主、处罚为辅的原则，变"冤家"为"亲家"，使违法者在受罚时不感到"疑无路"，而是在既受罚又受教育的过程中看到"又一村"，这样才能使执法相对人对法律法规和交通秩序从"要我遵守"向"我要遵守"转变，才能消除执法人员在执法过程中的障碍和阻力。在严格执法的同时，尽量采用柔性执法手段，多采用劝说等教育方式与执法相对人进行沟通、协商，切实做到体察民情、了解民意、集中民智、珍惜民力，从根本相信执法相对人能够遵守相关法律法规与秩序，从而减少服从的成本；此外，改进服务态度，热忱接待人事来访的单位负责人和人员，耐心解答所访问题，建立首接首问制，使来访者问有去处，能听到回音,这样的服务才能成为执法的灵魂,才能真正做到"情为民所系,权为民所用,利为民所谋"。

六、庄重公正的执法伦理

(一)庄重之靛阐释执法伦理

靛,即为青色,象征着坚强、庄重和成熟,表达一种不可随意的伦理之意。执法伦理是公路执法人员的职业道德,代表着执法人员的坚强、公正以及执法人格的成熟,以靛色作为其代表色恰如其分。公路四通八达,属于一种公共空间,在这个公共领域中,公路行政执法者与公众有着千丝万缕的关系,这就要求一种调节自我和那些在公共领域中与自己只是偶然发生联系的陌生人之间伦理关系的道德规范和准则,即公德。公德以公正、平等为价值本位,执法者应坚守这种公共理性,用执法伦理制约自己的私欲和冲动。执法伦理主要涉及执法者行为的正当性与合理性,包括执法人员个体在执法实践中的道德观念、道德活动与道德规范。执法伦理具有主观性,是一种关于公私利益关系的价值观念体系。从公共利益出发,凭公德公正行事是执法伦理的观念根本。公路行政执法人员行使人民的权力,为人民服务,管理着国家的路产路权,治理"双超"等违法行为,如果没有知行统一,不对自身道德素质进行自我改造和完善,就会使社会道德要求与执法者个人的道德选择能力、道德践行之间产生矛盾,影响执法行为的公正。

(二)和婉公正昭示执法伦理

和婉指温和委婉,不卑不亢,意为执法者在面临"长官意志"、暴力抗法、金钱贿赂等行为时,要不卑不亢、公正地处理。公正,在西方伦理史上,来源于古希腊文"Orthos"一词,意为"表示置于直线上的东西,往后就引申来表示真实的、公平的和正义的东西"。[①]《辞海》里认为公正是指公平正直、没有偏向,是等利(害)交换的行为。法律上讲的公正,特别是公路执法的公正则是构建和谐交通与和谐公路行政执法的基石,其内涵是公道正直,不偏不倚。判断一个执法行为对社会是否有益、有用和有效,正义是最根本的标准。执法的核心是公正,公正执法是公路行政执法人员的价值取向。公正执法是维系正义的重要关口,它的实质就是严格执行法律,准确适用法律,实现实体公正和程序公正,做到防错防漏,不枉不纵,保证法律的天平永远不倾斜。

1. 公正昭示执法伦理

首先,公正是等利或等害的交换,等利交换即同等利益的交换,这种交换"有利于社会和他人,无疑是公正的、道德的、善的",等害交换即"如果一个人损害社会和别人,那么,他也会受到同等的损害",这种交换同样是公正的、道德的、善的。只有恶的不等利或不等害交换才是不公正的、不道德的。公路执法人员公正执法,一方面要保证等害交换的顺利进行(如让"双超"现象受到应有的惩罚);一方面要杜绝恶的不等利交换(如金钱执法)和恶的不等害交换(如暴力抗法或暴力执法)。对恶的行为,用法律的手段给予恰如其分的惩罚,是公路执法人员执法伦理的本质体现。其次,公正执法不能离开执法者的道德自律。法治是他律,德治是自律;自律是他律的基础,他律必须通过自律发挥作用,离开自律的他律是消极的、被动的,没有多大收效的。公正执法是法治的核心环节,公路执法人员能否公正执法,很大程度上取决于执法者的执法伦理思想。其思想健康,执法公正便有了保障,其思想不健康、有瑕疵,执法必然不公正。

2. 公正执法的伦理失范

公正执法的伦理失范产生于执法机关或执法者的某种恶意、偏见、特权心理以及狭隘报复思想等执法伦理因素,致使其所做出的具体行政行为与法定的目的和利益背道而驰,严重影响了公路行政执法公正价值的实现。

第一,对公路行政执法人员而言,其在执法中不得搞"关系执法"、"人情执法"、"态度执法",不能有特权思想,不能消极执法,更不能执法犯法。但在公路执法实践中却出现了大量滥用职权、执法不严、放弃职责、野蛮执法等行为,少数执法者以管人者自居,要特权、抖威风,工作简单粗暴,甚至刁难、打骂执法相对人;有的素质低下、吃请受贿,吃拿卡要,成为金钱和人情的俘虏,对

公路执法构成严重挑战,危害极大。现代行政执法活动"实现了从任意性向程序化的转化",[②]讲求以程序公正来保障实体公正的实现。对此,我国《行政处罚法》第三条第二款就规定,不遵守法定程序的,行政处罚无效。同时,《行政处罚法》第四十九条规定,当场收缴罚款的,必须向当事人出具省、自治区、直辖市财政部门统一制发的罚款收据,执法人员如果不出具上述收据即为违反法定方式。但目前我国的公路行政执法工作仍存在重实体、轻程序的问题。时常有群众反映,有些执法人员罚款随意性较大,要发票罚500元,不要发票就罚200元。如果执法者不开罚款收据,只对违法人员罚款200元,那么这种行为便在程序上显失公正。此外,一些执法人员上班时脱岗,不履行应有职责;接受违法人员的金钱贿赂,收费放车;凭借与违法人员的关系,对其超出减免幅度;甚至一些干部利用自己的权力,以言代法、以情枉法、以权压法,利用"长官意志"干扰执法活动,使违法人员逃脱处罚,使说情风肆意蔓延。这些行为实质是公路执法主体对行政执法的公正性认识不够或放弃和违背了公正的理念,都属于职业伦理失范的行为。

第二,对于执法机关而言,全国的公路行政执法体制不一致,有的省市实行综合管理模式,有的省市实行联合管理模式,而大多数省市实行是分别管理模式,这种模式执法机构相对较多,一个违

法行为,可能会触犯多个法规,几个部门进行执法都有自己的法规依据。此时就可能出现职能交叉的情况,一些执法部门为了自身的利益,对有利的事情争着管,违反"一事不再罚"原则,重复处罚;而无利的事情则嫌麻烦,互相推诿不愿意管。如果实行统一管理、综合执法,则可以从体制上保证公正的对待每一个执法相对人,做到"上路巡查一辆车,处理问题一班人,遇到事情都能管,出了问题找一家",避免政出多门、多头处罚、多层执法。因此,公正执法是现代法治的重要基石,既涉及最广大人民的根本利益,又关系到和谐交通建设的成败。树立公正执法理念,在执法过程中遵循公正执法的原则,贯彻公正执法的具体措施,是加强和完善公路执法文化建设,减少社会不稳定因素的重要举措。

3. 公正执法的伦理建构

执法主体的伦理素质虽然不是公正执法的充分要件,但绝对是最重要的必要要件,因此,要做到公正执法,最重要的在于公路行政执法者的伦理素质。江泽民同志曾在党的十四届六中全会上提出了8个字:自重、自省、自警、自励。因此,应加强执法者自律性的职业道德素质教育,以正规化方式进行严格的约束和诫勉,教育执法者打牢思想根基,彻底克服对执法相对人冷硬横推的傲慢态度和霸道作风,克服带着感情执法,规范行为,整肃风气,从根本上解决为谁执法、为谁服务的问题,否则执法者就难以经受钱财酒色的考验,难以积极进取的态度进行公正执法。

1)自重

自己看重自己的人格尊严,时刻注重自己的言行举止,用好人民赋予的权力,不以管人者自居,做到有法必依,执法必严,违法必究,让公民通过自己的公正执法而享受正义的福祉,这就是忠诚,忠于国家,忠于人民,忠于法律,不可忽视,不可动摇,更不可背叛的一种职业伦理。

2)自省

经常检查自己的思想行为是否符合《交通行政执法职业道德基本规范》及相应的法律法规,不断开展法纪和道德的自我教育,及时发现执法中存在的问题和不足,深刻剖析其危害及根源,有针对性地采取相应措施予以纠正和弥补,还公正于用路者与他人。

3)自警

经常不断地警戒自己:没有平等,偏和倚必然出现在执法相对人上;没有节制,情欲就会把公正消溶于放纵之中。平等是最重要的公正。在公路行政执法者眼里,执法相对人应没有尊卑贵贱之分,法律面前人人平等。不因特权车、关系人而徇私枉法,不以执法者的特殊地位而蔑视、侮辱普通违法者的人格。同时,节制是美德,达到完善的境界就是孔子所说的"从心所欲不逾矩"。如果让不合理情欲支配执法,公正将无从谈起。因此,必须节欲,压抑非分的财欲、色欲、权欲等;必须节情,克制烦躁,不对执法相对人使性子、耍态度,克制恼怒,不对态度恶劣的执法相对人施以拳脚。公路行政执法人员的崇高使命就是在理智支配之下,受合理情欲驱使、自由高效地履行宪法、法律和相关法规赋予的职责,而又丝毫不违背法纪。因此,自警在自律性职业伦理中是一个不可或缺的方面。

4)自励

自我鼓励始终坚持为用路者服务的宗旨,始终维护法律至高无上的权威,为公正执法敢于牺牲个人的一切,始终保持进取的态势,不断提高自己履职的能力,为大德而准备大才。

①拉法格.思想起源论[M].上海:三联书店,1963:59.
②罗德刚.论我国行政伦理的几个实质问题[J].云南行政学院学报,2002(3):6.

七、和畅高效的执法机制

(一)改革之紫践行执法机制

紫色代表尊严、智慧和改革,是富有威严性和鼓舞性的色彩。它象征着一个事物的两面,就如执法机制,如果锐意改革,进行创新,则能体现其鼓舞性的一面;如果改革方向发生了偏差,例如过分注重执法机制的效率、忽视其效能性,则只能显现其威严性的一面。因此,智慧之紫可代表执法机制改革的

践行程度。法律的生命和价值在于执行,执法机制的良性运行又是关键所在。执法机制是指公路行政执法部门的组织或人员之间相互作用的过程和方式,可分为监督机制、评价机制、激励机制、责任机制等。

1. 识别执法机制非良性运行的重要影响因素

目前我国的公路行政执法机制并非完全处于良性运行状态。系统论认为,每一个具体的系统都有其具体的环境,环境对系统功能的发挥起一定的促进或制约作用。执法机制同样受其外部环境的影响,而执法机制的建设就有必要着重分析传统文化与执法机制内部要素对其的影响。

1)传统文化影响是执法机制良性运行的精神障碍

文化构成了人们行为的无形模式,起着潜在的干扰作用。我国长达几千年的封建社会所形成的"刑不上大夫"等封建思想还远未根除,建国后长期按领导意志办事已形成习惯,人们对法律没有认同感,漠视法律、畏惧法律,基于此,人们形成了法律之外的种种自我保护方式,最可依靠的便成了血缘关系和私人关系,于是关系网密布,人情风盛行,如此等等,给公路执法的顺利进行带来了强大的阻力。同时,执法机关与其他组织机构一样,均由一定的人和人的行为构成,执法人员的活动也必然地受到传统文化左右,受到关系网、人情风的干扰。

2）执法机制内部要素不协调构成执法机制良性运行的结构性障碍

系统内部各组成要素，在发挥功能时应具有协同性。若协调作用差或失去协调作用，系统就不能很好地发挥作用或失去功能。但在现行的执法系统中，大部分省市仍然实行各门类分开管理，各地方交通主管部门的区域性"块"与各执法门类垂向的"条"相对独立，形成条块分割现象，导致管理效率降低，各部门互相推诿扯皮，执法体制膨胀、老化。一些地方实施交通综合执法改革后，其部分地方的综合执法机构与公路管理机构配合不到位，造成路政巡查不到位，案件查处率降低，路产路权保护受到一定的影响。

2. 具体执法机制的异化与补救

公路执法监督机制的健全是实现依法行政、依法办事的重要保证。目前公路行政执法监督中存在着形式监督多、实体监督少、弹性监督多、硬性监督少、监督不力、互相扯皮等现象；对具体的公路执法行为监督不够，如对于罚款不开罚款收据的违法行为，大多数检举行为都由执法相对人实施的，内部监督缺乏有效性，为此，重庆高速公路执法支队推出了二人工作制，不管什么执法行为总是两人一起进行，可以相互监督，有效地防止单独以权谋私；自上而下的监督过多，自下而上的监督不足，特别是公民对执法者的监督渠道不畅。责任机制可以保持权力现象与权力实质之间的必要张力，即在赋予权力人以权力的同时，附加

相应的责任，从而有效地防止权力的异化和蜕变。

因此，要保持执法机制的高效性，需树立改革意识和发展意识，要使交通和公路行政执法达到和谐、有序、协调和融洽的理想境界，就要革除那些不利于调动执法队伍积极性的机制和体制，让一切有利于交通发展的创造愿望得到尊重和发挥，让一切劳动、知识、技术、管理和资本的活力竞相迸发，在发展中实现和谐交通。

（二）和畅高效构建执法机制

和畅即为温和顺畅，是指公路执法机制通过民主的手段得以改革和践行，只有公众认可的执法机制，运行起来才顺利，才可能达到和谐。

1. 民主是表达权利和实现平等的手段，是构建和谐交通的一块基石

民主既是一种实际的运作程序和技术，也是一种崇高的人文价值、政治信仰，它反映了人类对一种国家与社会管理方式的追求。民主理想是千百年来人们追求的目标，它重视公民精神、政府责任在公路执法中的作用，强调公民社会与政府资源互融和协调，从而公平地运用公共权力，并以科学的方式依法对公路执法事务进行管理。公路行政执法民主化主要包括执法主体的民主意识和执法民主机制。

1）执法民主意识

执法主体的民主意识是执法主体对执法体系、执法活动等做出的一种民主

取向和判断。传统观念认为,政府是社会的一个权力中心,社会必然受制于这个中心;政府的主导性角色就是控制,政府的主要职能应是按高度集权的计划模式管理经济,管理社会,管理一切。在这种观念的指导下,执法主体的行为往往带上"我"的色彩,"官本位"就此盛行起来。殊不知,执法主体的权力来自于相对人的委托,是公民权利的让渡,因此,执法主体与相对人之间是一种服务与被服务的关系而非统治与被统治的关系,是一种双向作用的合作关系而非单向的管理关系,这就要求执法主体树立起平等意识,以用路者为中心,淡化权力色彩,变"政府本位"思想为"社会本位"思想。

2)执法民主机制

执法民主机制是执法民主化的重要内容之一。从公民行政参与的角度看,随着民主化进程的发展,要求执法部门实行执法公开,已成为相对人的迫切愿望,行政公开是实现人民民主的不可或缺的一步。行政公开是指行政主体在实施行政行为过程中,除非法律另有规定,必须将行政行为在事前、事中、事后公开于行政相对人和有关关系人。[①]行政公开有利于公众了解执法机关运行的程序和信息,有助于把执法机关置于公众的监督之下,保证执法机关的透明和廉洁。只有实行行政公开,才能使执法相对人对执法人行为实行真正的监督,监督机制也才能得以民主的运行。不透明、不公开的行政使许多执法相对人和社会公众对执法行为的合法性和公正性产生强烈的不信任感,实行行政公开,意味着暗箱操作将要被暴露于光天化日之下,有利于杜绝以权谋私、人情执法、私吞罚款、权钱交易等现象。

公路执法部门实行电子政务将很好地推进行政公开制度,江苏南京的交通行政执法公示网,设置了道路运输车辆违章曝光台、电子政务大厅、交通网上行政复议、投诉举报信箱,还公布了执法依据、执法受理、执法结果、执法救济和执法监督等。电子政务将执法机关、执法人员和公众有效地联系起来。执法相对人可以通过网络迅速了解执法机关的组成、职能、办事规程、各项政策法规和执法机关服务项目等信息,并凭借网络来实现权利和履行义务;而执法部门则可以利用网络公布服务信息,打破时间、空间、部门的限制,直接获得执法相对人的各种反馈信息,处理相关业务,缩短了办事时间,提高工作效率,增加办事的透明度。在这种互动式的双向传输过程中,执法机关与执法相对人的各类信息与要求都以数字形态存在,以网络为传播途径,凭借科技的力量塑造了公路行政执法部门公正、廉洁、透明的形象。

但行政公开只是让执法相对人知晓而已,要可知又可为,就需要通过群众监督来实现。在一些高速公路主要执法窗口、高速公路服务区、暂扣点、卸载场、营业性停车场等设立举报箱,可以征求广大管理相对人对高速公路执法工作的意见和建议,有效实现群众监督。社会存在差别,就必然会产生不同的利益需求和政治愿望,此时,通过协商民主这种新型民主形式,扩大执法相对人和社会公众的有序政治参与,拓宽利益表达渠道,就可以确保群众的意愿得以充分实现。

2. 高效分为高效率和高效益

按照《社会科学百科全书》的说法,效率是指投入与产出之比、费用与效果之比、开支与收入之比、代价与收益之比。效益是指以最小的资源消耗获取最大的收益。

1)追求高效率一直是公共行政的出发点和落脚点

西方传统的效率观把机械性效率奉为头号公理,认为行政实践,包括执法实践只是一个技术问题,要提高效率只需关心技术问题和科学问题。此时效率仅被当作一个数量概念,是可以量化的可比效率,但许多行政工作具有政治、社会、文化的因素,机械效率的追求只追求了局部效率,忽视了整体利益,造成政府官员与公众之间的疏远和隔离,失去了政府理应表现出的社会价值和责任。到了20世纪60年代,机械效率发展成社会效率,此时的效率与公共利益、个人价值、平等自由等价值目标结合起来了,主张分权、参与和沟通。经过社会效率的过渡,后社会效率的时代到来。它注意普遍的社会效果,看重社会性因素和精神性因素,不单纯以人财物的数量分析予以评价,要求加强行政责任机制,突显出效益、质量和责任的取向。在信息时代,管理手段的科技含量高低直接影响工作效率。因此,目前在我国公路行政执法中,大多数执法部门注重工作效率的提高,如加大科技投入,运用更多的高科技装备执法,建立巡逻车载移动执法系统,提高基层执法人员执法效率,建立移动视频系统,提高路面监控和远程指挥能力,切实做到了受理快、调查快、处理快、反馈快。

为提高路政管理水平,及时应对突发事件,重庆市在2002年推行路政电子报表系统之后,2004年又在北碚、长寿、万州、合川、南川、开县、涪陵、丰都等区县试点运行了路政管理信息系统。试点单位在测试单机版基础上,还加载了网络查询系统。该系统基本能使路政管理机构所用的法律文书、报表格式、处理处罚程序等实现模式统一、信息数据准确,适合路政业务现代化办公。同时,重庆市将原9项路政行政许可合并为3项,各区县路政管理机构严格执行行政许可项目、法律依据、办理要件、程序和期限以及收费标准等公示制度,避免了路政许可中不同地区出现重大差异、繁琐程序侵犯老百姓合法权益的现象,有效地提高了路政管理机构的办事效率。

但这种效率只是治标的效率,不能治本。有些省市的公路执法体制多头执政,职能交叉,大部分省市实行各门类分开管理,形成条块分割现象;有些执法人员滥用职权谋私利,“三案”案件导致违法现象无法根除;且相对人的守法意识和自省意识比较薄弱,其不懂规则或有意触犯规则通常导致执法效率低下，因此，改革执法体制，统一公路行政执法，建立完善系统的行政执法责任制，加大对公众的法制宣传，培养其自觉守法的意识，才能从根本提高执法机制、执法人员和执法相对人的效率。

2）公路执法工作可产生多方面的效益

公路执法工作效益是指公路执法部门在履行维护交通秩序，保证交通畅通的活动中投入一定的人力、物力、财力取得维护交通秩序稳定和安全的最大值的效果。公路执法工作可能产生的多方面效益包括：

（1）社会效益。使公路交通环境优化、安定，执法相对人生命财产及民主权利得到保障，交通秩序正常化的社会效益。社会效益是公路执法的基本目标，也是衡量其工作效益的基本标准。

（2）环境效益。它表现为保护公路的路产路权，使公路以及周围的环境不受到损害。

2006年11月12日凌晨，南京宁连高速公路发生一起危险品槽罐车侧翻事故，其运送的25吨环氧丙烷撞到隔离栏并发生泄露，南京市交通局及运管处接报后，立即启动应急预案，相关单位领导也先后赶至现场，组织应急救援保障工作。最终，现场指挥部将事故车的槽罐进行分离后吊入拖车，并送至化学工业园进一步处理。此次事故的发生未造成任何人员伤亡，没有使周围环境受到危险品的影响，确保了人民生命安全。

（3）法律效益。它表现为违法行为受到约束和及时受到制裁，违法行为减少，一般社会秩序受到公路行政执法相关法规的调整与控制。法律效益集中表现为公路执法者要依法行政。依法行政是国家法律建设整体态势的客观要求，标志着公路执法从经验向科学，从无序向有序，从随意性向规范性的飞跃。强调公路执法机关依法行政，一方面可以确保执法人员的法律地位和公正形象，另一方面可以规范执法主体的具体行为，做到有法可依，有法必依，既行使合理、合法的权力，又防止滥施权力或越权行政。

（4）经济效益。它表现为避免或挽回因人为违法行为、交通事故等造成的经济损失，保障交通安全畅通。从经济学的角度讲，公路违法犯罪可以看作是一种特殊的经济活动或产业行为，它包括交通违章、暴力抗法、超限超重等。公路执法机关为了避免或减少因交通事故、违法犯罪所造成的损失而必须投入一定数量的人力、物力、财力，即通常所说的执法投入。但公路执法机关可供投入的人力、物力、财力总是有限的，甚至是短缺，如何用有限的人力、物力、财力来遏制或减少交通事故、违法犯罪活动带来的社会损失，是衡量公路执法工作经济效益的主要依据。

（5）业务效益。它表现为从公路行政执法人员业务出发直接衡量发案率、结案率等的效果。

2006年重庆路政案件的查处率从

79%上升到95%,结案率从82%上升到98%,2005年全国的治超工作在《关于在全国开展车辆超限超载治理工作的实施方案》的指导下取得了明显的效益:车辆超限超载的比例从治理前的80%下降到10%左右,且全国道路交通安全事故较上年减少10万起,死亡人数减少5100多人。

(6)心理效益。它表现为人民对交通的安全感和对公路行政执法部门的信任感,避免或消除对社会秩序的危机感。这种心理效益是一种软指标,公民满意则是心理效益的最高标准。全国公路执法部门普遍倡导人性执法,一切从人民利益出发,积极采取便民措施,使群众参与评价执法部门和执法人员的执法工作,可以激励和振奋广大群众的热情,达到安民、安心的目的,从而实现和谐交通。一项公路执法工作可能同时体现多方面效益,如执法前移,将执法工作前移到装货场,以从根本上杜绝超重的发生,不但体现了环境、社会效益,还体现了经济、心理效益。因此,使每一项公路执法工作、每一部分执法机制以最少的资源、最快的效率达到最大的效益,才能使公路交通达到和畅高效之态。

①罗豪才.行政法学[M].北京:北京大学出版社,1998:61-62.

八、纯洁诚信的执法形象

(一)博大之蓝展示执法形象

蓝色是博大的颜色,象征着永恒、纯洁、理智和诚实。博大之蓝展示着廉洁、诚信、理智、沉稳的执法形象。形象,一是指具体的形状或姿态,二是指激发人们思想感情的人的精神面貌和性格特征。公路行政执法队伍的形象是指在公路行政执法工作开展过程中,执法主体及其行为通过传播在公众心目中所确立的综合印象,即公众对执法主体的全部看法和总体评价,是由内而外的综合执法水平的体现,是衡量公路执法工作优劣的一个重要砝码。只有加强公路执法形象建设,才能使公路执法人员以高标准要求勤学苦练、严于律己,力争各方面的进步和提高,从而提高执法队伍的素质,造就一批适应新形势、新任务、新要求的合格的公路执法人员;才能提高公路执法部门的公信力和公路执法人员的亲和力,密切其同人民群众的关系;才能使公路执法人员在履行职责时得到人民群众的最大支持和协助,使其职责顺利、圆满地得到履行。正如约翰·肯尼迪所说:评断一个国家的品格,不仅要看它培养了什么样的人民,还要看它的人民选择对什么样的人致敬,对什么样的人追怀。虽然我国公路执法人员所展现的形象是符合人民群众意愿的,但不可否认,其中也存在不少影响和损害执法人员执法形象的问题。有些执法者将"执法"视为"执罚",甚至将罚款作为一种"创收"手段;有的执法者办关系案、人情案、金钱案,徇私枉法,殴打执法相对人,甚至拖死孕妇的现象都存在,这些影响和损害了执法人员廉洁、公正的执法形象。还有的执法者对待执法相对人或社会公众态度冷、硬、横,给人民群众留下了"门难进、脸难看、话难听、事难办"的印象,有的执法者还以管人者自居,不是以理服人,而是以权压人、以权代法,缺乏必备的协调能力,严重影响了公众对其的信任度。因此,提高执法队伍的总体素质,使每一个公路执法人员都树立良好的形象,着装整齐,管理严格,依法办事,廉洁奉公,杜绝"吃、拿、卡、要"等不良恶习,就可以塑造一支作风硬、素质高、形象好、纪律严明的执法队伍,使其成为一座无坚不摧的战斗堡垒。

(二)和善诚信塑造执法形象

和善意为态度温和、容易亲近、亲和力强,代表着公路行政执法人员的可亲可敬的执法形象。各省市均有自己的特殊情况或天气状况,平时在公路旁边的醒目位置,特别是高速路上,总挂有温馨提示语或安全警句,如在重庆,通常有"雾多,请小心驾驶";在城区的公交路线上,有"没有红灯的忍让,就没有绿灯的顺畅";"安全在你足下,生命在你手中";"行路慎为先,开车礼当先"等。

当然,仅有可亲可敬的执法形象是不够的,还需要诚信的执法形象进行支撑。"人无信不立,政无信不威,商无信不富"。诚信是内在于人类本性中的一种固有的品质,是人类特有的生存方式,是社会得以存在和个人得以立足的基础,是社会的"阿基米德",是社会的实体性超规范。诚信友爱是和谐社会所应具备的6个基本特征之一,要求名实相符,名不符实则为不诚信;要求"言必信,行必果",言行一致、表里如一;要求官民互信。诚信的"信"往往是用语言承诺的,而守信则完全要靠行动来实现,如果空头支票就能够兑现,就不必真的投入了,因此,言行一致、官民互信成了政治生活的普遍要求。《论语》中有段很有名的话:子贡问政。子曰:"足食,足兵,民信之矣。"子贡曰:"必不得已而去,于斯三者何先?"曰:"去兵。"子贡曰:"必不得已而去,于斯二者何先?"曰:"去食。自古皆有死,民无信不立。"[①]孔子认为,在粮食、装备和百姓的信任之中,百姓的信任是保国执政的根本,如果不能取信于民,国家的政权就难以维持。在公路执法中同样如此,只有执法相对人以及社会公众对公路执法队伍充分信任,才会支持公路执法队伍的执法工作,也才有可能自觉遵守相关法律法规和交通秩序。

1. 对规则的信任与对人的信任

有些执法者在执法过程中违背信赖保护原则,不遵守《行政处罚法》的相关规定,乱罚款或只罚款不开收据,将罚款收为己有,造成公众对其诚信的执法形象大打折扣。信赖保护原则要求法的稳定性，政府行政行为必须有可预见性和可预测性，使人民能预先知所遵循，人民因信赖行政行为所发生的损害应予以保护。对规则的诚信，意味着忠于规则，包括对规则的敬畏和遵守。既然法律已经实施，规则已经形成，执法人员和社会公众都应对其遵守，从某一层面来说，公众此时对执法人员的信任除了来源于对规则本身的信任外，还包括对"修改规则的规则"的信任。但如果执法者无视规则的存在，擅自修改规则，置规则于不顾，必然导致执法相对人对执法人员失去信任，若其他执法相对人以此效仿，均以修改规则为例，则又会导致执法者对执法相对人失去信任，长此以往，形成恶性循环。因此，诚信也是一种博弈行为，其更多地指对他人、对关系对方的诚信，是指对他人承诺的忠实履行，是遵守对交往对象的约定。"囚徒困境"表明，在交往关系中，如果各方都对对方不信任，都首先放弃了诚信，自动采取了保护自己、损害合作的举措，这样的行为看起来是合乎个人理性的，是利己的，但却造成了对双方都不利的"双输"结局。要走出囚徒困境，建立公众与执法人员的互信关系，就必须用实际行动改变不良风气，严格恪守执法承诺，树立好的风气，塑造好的执法形象。

2. 自律的诚信与他律的诚信

自律的诚信意味着自觉自愿地履行义务，在履行义务的过程中自我约束、自我监督和自我实现或自我惩罚，除了自我强迫外，没有任何外在的强迫。这是一种以自己的人格作保证的诚信，是诚信的真境界。他律的诚信是指由某种外在力量来加以保证的诚信，从文化学的角度来看，这种外在力量包括超现实力量和现实力量如国家强力机关。他律的诚信只获得了诚信的外观，如果执法者不从道德上提升自我，加强自律诚信的培养，就只能靠硬性的法律法规和规章制度进行强迫养成，有的甚至在此种强迫之下，仍然徇私枉法、以权谋私，或者打骂执法相对人、随意扣留车辆、粗暴野蛮执法，这种行为连他律的诚信也难于做到，何谈诚信执法形象的塑造？因此，要打造诚信的执法形象，实现诚信的公路执法，就得从执法者恪守诚信的内在原因和制度安排入手。一方面培养公路行政执法人员的自省意识和学习意识，通过定期的学习和教育，把诚信观念浸润至其意识之中，增强诚信的自律意识，使社会的外在规范转化为个人的内在要求。

重庆市交通行政执法总队高速公路行政执法支队第五大队按照所属各中队签订的《廉政责任书》逐一对照检查，认真查找问题，及时进行整改，确保队伍纯洁；山东海阳市交通局举办"加强职业道德教育，规范执法行为"的专题讲座，树立执法人员"纪律严明、执法规范、服务到位"的诚信执法新形象。

另一方面，加强制度供给，为诚信建设提供外在的保障。不但要建立一个尽可能完善的实体性规则体系，还要建立一个尽可能完善的、外部的监控性规则体系,以此强迫行为人遵守诚信。② 公路执法人员理应秉承"诚信为本、操守为重"的准则,加强对规则的信任和对相对人的信任,使自律和他律双管齐下,增强和改善执法者诚信的品质与形象,成为社会诚信的典范,取信于民。

①论语[M].太原:山西古籍出版社,1999.
②宋启林.重建失落的诚信[J].江海学刊.2003(3):40.

九、雅俗共赏的军规

以"和合文化"为精髓,以"虹"为象征物的公路执法文化,带给人们无尽的遐想,开启了我们广袤的思维,诠释着公路执法文化的全部意义,为研究公路执法文化提供了许多有益启迪。要在现实工作中体现"虹"的美好喻义,必须把抽象化的事物具体化,把象征意义有机地转换为实用意义。为了便于指导公路执法文化建设,按照"易懂、易记、易传播"的原则,我们围绕"虹文化"的核心价值——"和合文化"展开思维,提炼、梳理出了雅俗共识的公路执法理念体系。

(一)公路执法使命

公路执法使命就是公路执法应当承担的责任。结合行业特点来看,公路执法的责任可以分解为三个方面。一是对国家的责任。对国家的责任主要体现在对路产路权的保护,对运输市场的管理和规范,对各种交通规费的征收、稽查,甚至还要根据实际需要弥补其他执法组织的职能不足,如作好公路安全事故的防范和处理等;二是对社会的责任。公路执法的社会责任主要体现在用法律工具保证公路运输的安全,保证用路者平安地出行。只有确保路产路权不受侵害,把公路运输安全事故降到最低点,方可实现公路的畅通。公路安全畅通,不仅可以促进经济发展,还可减少社会矛盾,利于社会安定、和谐;三是对法制建设的责任。公路执法组织是交通法律、法规的直接实施者,自然要自觉维护法律的尊严,同时还要积极传播法律知识,提高人们的法律意识,使执法环境逐步得到优化。综上所述,对公路执法使命概括为以下6句话。

· 加强路政管理,保护路产路权不受侵害。

· 加强运政管理,保证运输市场井然有序。

· 加强征稽管理,严防各种费用跑冒滴漏。

· 加强安全管理,预防公路安全事故发生。

· 以法制保安全,以安全保畅通,以

畅通促和谐。

· 维护法律尊严,宣传法律知识,优化执法环境。

(二)公路执法宗旨

· **维护公路秩序,确保平安畅通,传播社会文明。**

公路执法宗旨就是公路执法存在的目的和意义。就如同人的生命意义,人的一生并不是从生到死的简单过程,而是对世界、对国家、对社会、对家庭、对他人贡献责任和爱心的过程,人们通过不同的职业,不同的技能,采用不同的方式为社会做着贡献,满足社会和他人某方面的需求,因个人的劳动而让社会得到某方面的满足,这就是一个人的生命意义和一个人活在世上的理由。同样的道理,公路执法宗旨就是公路执法存在的理由。结合行业特点来说,公路执法的目的首先是为"公路"而存在,确保公路运输优良秩序是公路执法存在的根本目的。而"公路"的存在价值就是满足人们出行的需要,人们出行最关注的就是是否平安、畅通,而法律是实现平安、畅通的根本保障。满足出行仅是公路的初级功能,在当今,公路的功能已超越"行"的范围,还是现代物质文明的最好体现,更是现代精神文明传播的通道。因而,"传播社会文明"也应是公路执法存在的另一重要意义。

(三)公路执法价值观

· **法律为纲,安全为天,畅通为本。**

对一个人来讲,价值观是个人"做什

么"或"不做什么"的内心依据。同时也可以这样理解,在一个人心目中最重要的东西就是那个人的价值观。价值观是一个人的行为指南,一个人有什么样的价值观,他就会有和价值观统一的行为表现。假如一个人把帮助他人看得最重要,那么他就会时刻想到帮助他人,当有人需要帮助时他一定会不计物质和金钱得失挺身而出。相反,若有人把金钱看得高于一切,那么他时时处处都会把钱的多少作为其做人、做事的依据。只要有了钱,其他一切都不重要。那么其行动肯定是为捞钱而不择手段,为了钱,党性、原则、友情,甚至是亲情都可以忽略。对于一个行业,一个组织来说也是这样。每一个组织的行为表现均是那个组织价值观的外在体现。对于各类执法组织来讲,组织的价值观直接决定组织在社会公众心目中的地位和形象。公路执法的价值观应从更好地履行和完成公路执法的使命出发,从"最重要"的角度去理解,法律、安全、畅通应该是公路执法中最重要的三个要素。法律是条总纲,脱离了法律,公路执法就无从谈起,安全是公路执法工作的价值判断,畅通则是公路执法水平的最终展现。三者之间的关系是相辅相成的,同时也存在递进关系,即依靠法律公路运输安全,最终实现畅通。

(四)公路执法哲学

· **刚柔相济,法人合一;**
· **严格也是爱心,执法就是服务。**

现代法制不是一味地"从严从重",

而是根据人的实际需要进行正向的灵活变通，但根据法律的政治性和严肃性，又不能完全以情代法，所以在执法时应有刚有柔，既要维护法律的尊严，又要符合人性。假如因特殊原因要对某段高速公路暂时实施封闭，而恰遇一位生命垂危的病人急需通过高速公路送医院。此时，公路执法者只要确认情况属实就可以放行，而不是为了执行规定而不顾人的生命。

法律的主要特点之一就是"靠国家强制力保证实施"，这就意味在某种情况下执法必须要严，不严就无法有效地遏止违法和犯罪行为的发生，不严就是对他人的生命和安全不负责任，由此推断出严格执法的目的就是为了保护当事人的生命和财产的安全，所以，严格也是爱心。服务就是通过某种形式满足人的精神和物质需求，公路执法则是通过相关法律的实施确保公路使用者得到更多，更完美的服务。

（五）公路执法准则

·公开执法、公正执法、公平执法、文明执法。

准则就是言论、行动所依据的原则。公路执法的准则就是公开、公正、公平。公开，既是执法方式，也是执法态度，主要目的是给民众和执法对象以明白，换回执法者的清白。公开是促进执法环境改善，优化执法者和执法对象关系，增进彼此理解信任的最好方法。公正，就是公路执法者在履行相关职能时，要坚持以优化公路运输和执法环境为导向，以事实为根据，以法律为准绳进行有效执行，做到不偏不倚，施法适度。公平，则是在法律范围内，依据事实和当事者的正向需求而求得的相对平衡。文明执法就是要求公路执法者不能"依法耍横"，要做到有理有据，还要有礼有节，让执法对象在相对轻松、愉快的气氛中接受处理。这也是树立公路执法公众形象，提高公路执法组织美誉度和好感度的必由之路。

（六）执法愿景

·让人们行出尊严。

愿景是组织或个人未来想达到的境界和状态。公路执法愿景就是通过公路执法者的努力，欲使将来的执法环境及其他情况欲达的境界和状态，愿景不是人们平常所说的目标，而是由诸多目标组成的理想境界，只有中、长期目标实现后，才能逐步接近愿景。由此可见，愿景是理想而不是工具。那么为什么组织还要制定愿景呢，主要原因是为了激励组织或成员不断奋勇向前，比如共产党提出的实现共产主义一样，虽然不可能指望一、两代人完成，但它是一个政党努力的方向。公路执法的终极目的是通过相关法律法规的实施，确保人们的出行平安、通畅。根据马斯洛需求定律，人最高的需求是自我尊严的体现。所以，公路执法的最高追求应该符合马斯洛定律，也要以体现出行人和公路使用者的尊严为追求，让人们在路上充分体验到公路

21世纪交通文化建设研究与实践

执法者的悉心服务。这点也拓宽了人们体现尊严的渠道和空间,让人们知道随着未来公路执法水平的进一步提高,公路也将成为人们体现个人尊严之处。

(七)公路执法目标

·代言优秀执法群体。

在当今中国,有多个执法部门在为经济建设保驾护航。然而由于执法范围和执法内容不同,因而每个执法部门的执法理念也不同。不同的执法理念,表现出了不同的执法水准和执法形象,孰好孰差,公众心里自然有明确定位。这样就自然形成了执法组织之间"无声的较量",成为优秀执法群体,在公众心目中逐步扩大占有份额就成为执法队伍的又一努力方向。由于多种原因,公路执法目前在社会公众中的认知度、好感度、美誉度都有待于进一步提高。公路执法作为执法组织的一种,理当顺应时代潮流,不断提升综合素质,不断提高执法能力和执法水准,努力塑造良好的执法形象,力争在各路行政执法队伍中脱颖而出,成为新时期优秀行政执法的代言组织。

(八)执法精神

·正义——牢记法理,不忘道义;
·忠诚——牢记宗旨,不辱使命;
·执著——牢记目标,不懈追求;
·纯洁——牢记准则,不越雷池。

公路执法精神就是公路执法工作者共同一致、彼此共鸣的一种内心心态,是激发公路执法组织和执法者工作激情的原动力,是公路执法组织活力的保鲜剂。作为执法组织和执法工作者,一定要培养和坚持4种精神。一是正义,时刻不能淡视法律,不能歪曲人间道义;二是忠诚,对党忠诚、对人民忠诚、对交通事业忠诚,对执法对象忠诚,无论何时何地都不能忘记"维护公路秩序,确保平安畅通,传播社会文明"的执法宗旨;三是执著,要明确"代言优秀执法群体"的目标,为实现这个伟大的目标,立足岗位,踏实认真,努力不懈;四是纯洁,世人皆知"公生明廉生威",作为执法人员,时刻要想到"明镜高悬"的古训,时刻要牢记公开执法、公正执法、公平执法的"三公"准则,面对种种诱惑时要保持冷静的头脑,做到不近雷池,不踩雷区,身体力行,洁身自好。

(九)公路执法者的气质

·胡杨风骨——坚韧;
·莲荷风采——纯洁;
·百合气节——团结;
·青松气概——正直。

这4种气质是给公路执法者培养人品,人格塑造提供的参考,也是公路执法精神甚至整个理念识别系统(MI)的重要补充。胡杨是生长在沙漠和戈壁上的一种树木。主要特点是耐旱、耐寒,有"生而不死一千年,死而不倒一千年,倒而腐朽一千年"之说,用其比喻

"坚韧"再合适不过;"莲荷"主要指莲,其"出淤泥而不染,濯清莲而不妖"的美誉已被传颂上千年;"百合"是友爱、和平、团结、爱情的象征,用于此主要比喻团结;"青松"也因正直、生命力强而备受古今中外文人的青睐。要想成为一名优秀的执法者,既有精神的完美,又有生命的不朽,就要时刻以"4种植物两风两气"自勉。

第五章　既严且慈的制度文化

公路执法制度文化即公路执法法律法规、管理制度和管理手段及其所体现的价值理念。文化的力量总是要有制度本身的支持,构建公路执法的制度文化,需从管理体制、管理制度和行为规范等几方面着手。

一、为管理体制诊脉

党的十七大把全面落实科学发展观的要求又提到了一个新的高度,深刻认识和把握科学发展观的基本内涵,牢固树立和全面落实科学发展观,对全面建设小康社会、促进经济发展具有重要的指导意义。随着社会主义市场经济的建立,交通行政执法的客体发生了巨大变化。运输市场全面放开,车辆、驾驶员数量迅猛增长,公路建设突飞猛进,运输服务业迅速发展,对交通行政执法提出了更新更高的要求。推进交通综合执法,是适应新形势、落实科学发展观的重要体现,是改革和改进现有的交通行政执法工作的一个有效途径。

(一)现行的交通执法体制及其弊端

现行交通行政执法体制是以交通运输部、省(自治区、直辖市)交通厅(局、委)(除特别区分外,以下简称"省交通厅")为领导,以公路局、道路运输局、规费征稽局和港航局等专业管理机构为主

线,以条块关系为联系,中央、省(自治区、直辖市)、地市、县、乡分级管理的架构,如图5-1所示。

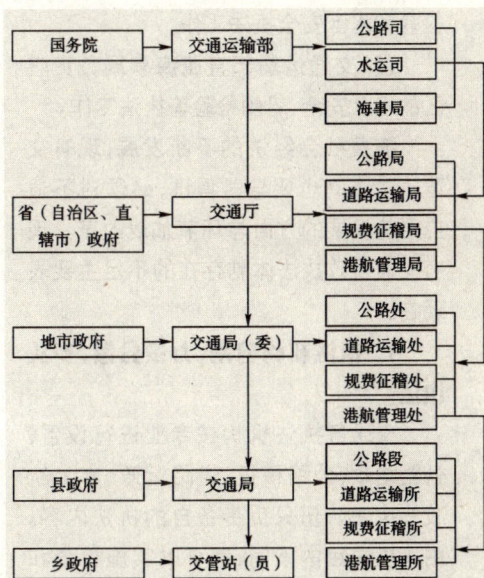

图 5-1　现行的交通执法体制

在现行的交通执法体制下,交通部作为国务院主管公路、水路交通的行政主管部门,负责和监督全国的交通行政执法工作;省交通厅的主要职能是制定辖区的交通运输发展战略、法规、方针和政策,负责辖区的交通行政执法工作。

各专业管理机构是相应专业的行业管理职能的具体执行者。各个专业管理机构的主要执法职能是：

(1)公路局(处、段)主要负责辖区内的公路路政执法工作。

(2)道路运输局(处、所)主要负责辖区的道路运政执法工作。

(3)公路规费征稽局(处、所)负责辖区的公路规费征稽工作。

(4)港航管理局(处、所)负责辖区的航道行政、水路运政、港口行政、船舶检验和水上安全执法工作。

(5)交通运输部直属海事局负责辖区的水上安全、船舶检验等执法工作。

随着社会经济的不断发展，现有交通执法体制也要与时俱进，必须对不适应形势发展的方面与环节加以改革。现有交通行政执法体制存在的不足主要表现在：

1. 执法机构分割，力量分散，多头执法

交通各执法机构按专业进行设置，公路路政、公路稽征、道路运政、水上航政等执法队伍只负责各自的执法内容。由于执法目的不同，都可以实施检查和处罚，于是出现了一条路上交通部门多头执法的状况。同时，高频率的、低效能的重复检查延缓了车辆行驶速度，延误了物流、客流的时间，间接影响到地区经济的发展。

2. 执法行为不规范，影响部门形象

由于交通执法机构各有各的执法标志，不同标志的交通工具、不同标志的执法服装、制式不同的法律文书，执法人员上岗未设置统一标准，人员素质参差不齐，存在不文明执法，不公正执法，不严格执法，行政不作为和乱作为的现象，既损害了交通执法人员的声誉，又影响了交通的整体形象。同时，群众办理交通行政事务要在交通各部门往返奔波，加重了负担，这有悖于以人文本的科学发展观思想。

3. 行政管理执法成本高，经费困难

各交通执法机构分别配备人员，相对于一个机构人员大大增加，耗费大量资金制备办公设施，对执法客体进行重复检查，造成人员经费及车辆油耗等各种费用过高，加大了管理和执法成本，制约了交通执法工作的正常开展。

(二)实行公路交通综合执法的可行性和必要性

能否降低检查频率，提高检查效率，维护政府形象，促进经济发展，体现以人为本的思想，是公路执法亟待解决的重要课题。为适应新形势，应该从创新体制入手，对公路交通行政执法体制进行必要改革。这是落实科学发展观，加强和规范交通行政执法的必然选择，具有非常强的必要性和可行性。主要体现在：

1. 实行公路交通综合执法，符合相关行政法的规定

《行政处罚法》第十六条规定：国务

院或者经国务院授权的省、自治区、直辖区人民政府可以决定一个行政机关行使有关行政机关的行政处罚权。《行政许可法》第二十六条规定：行政机关应当确定一个机构统一受理行政许可申请，统一送达行政许可决定。行政许可依法由地方人民政府两个以上部门分别实施，本级人民政府可以确定一个部门受理行政许可申请并转告有关部门分别提出意见后统一办理，或者组织有关部门联合办理、集中办理。

2. 实行公路交通综合执法，是规范和提高公路执法水平的内在要求

实行公路综合执法，是贯彻落实中央国务院关于相对集中行政处罚权，实行综合执法政策的具体体现。只有整合现有的执法力量，实行综合行政执法，将分散的执法职能相对集中，提高行政执法的整体实力和执法效率，实现执法人员的专职化和提高执法人员的素质，增强行政执法的公正性和权威性，才能真正做到代表广大群众的意愿和根本利益，体现以人为本的思想。

3. 实行公路交通综合执法，是提高交通行政管理水平的有效途径

实行公路交通综合执法后，各机构实行联合办公，可以极大提高工作效率。同时执法人员在辖区内综合执法，彻底改变以往各执法机构都要花费人力、物力进行管理检查，大幅度降低行政管理成本。一些地方已经试行综合行政执法改革，将公路路政、公路稽征、道路运政等整合建成单一的交通综合执法机构，

提高了办事效率，方便了群众，增强了执法的透明度，使交通行政管理统一、有序、高效，提升了交通形象。各试点成功的经验，为交通行政执法体制改革提供了有益的借鉴。交通行政执法正朝着正规化、法制化发展。

（三）实行公路交通综合执法的相关建议

对执法体系和人员进行全面整合，建立适应新形势的统一机制，实现一个窗口对外，应该先易后难，逐步推进。现阶段应着重抓好以下几个环节：

1. 合并执法机构，明确综合执法主体，实行综合执法

要推进综合执法，就要取得相关法律法规规定的综合执法的主体资格，明确统一的执法主体是开展综合执法工作的前提和基础。可以按照属地原则，定机构、定编制、定职能，由各级交通主管部门设立交通行政服务中心，统一受理辖区内交通行政事务。路政、稽征、运政等行政许可、审批事项实行一条龙服务，公路规费统一征收。省、市、县分别成立交通行政执法总队、支队、大队，根据车辆分布，在乡镇设立中队，负责查处辖区内各种交通违法案件。行政服务中心可在执法中队设立分点，方便群众办事。

2. 严格选拔执法人员，建设高素质的执法队伍

目前交通行政执法人员素质参差不

齐,很难适应依法治国和依法治交的要求。为此,开展交通综合执法,必须把建设队伍放在工作的首位。首先,根据工作范围,依据行业内部相关法律法规规章,确定各级的交通综合执法依据和职能,根据公路里程和营运车辆拥有数量,结合管理技术程度,科学确定路政、稽征、运政执法人数。其次,结合执法人员综合素质条件,从现有执法队伍中公开考聘,确定素质较高的具体执法人员。上岗后仍然要坚持定期的政治和业务培训,不断提高人员的执法水平和综合素质,以利于为人民群众提供文明、规范、高效的执法服务。

3. 统一交通行政执法标志

就交通行政执法整体范围而言,在交通行政执法内部有路政、稽征、运政、港航监督等部门,有不同标志的交通工具和执法工作服装,有制式不同的法律文书。这些差异一方面在内部形成了多头执法和交叉执法,另一方面又使得社会公众难以区分其中职能区别,同时也不利于交通行政执法队伍在社会上树立直观而又良好的形象。统一执法行为,统一执法标志,有利于提高交通行政执法队伍的整体素质,有利于提高执法工作的严肃性与效率,在社会上树立起交通行业的良好执法形象。

4. 加强管理,健全各项制度,完善监督制约机制,严格交通依法行政

具体要求是:

(1)健全各项规章制度。只有建立

起完善的规章制度体系,才能做到有法可依,这是规范执法行为的前提。

(2)建立健全执法监督、制约机制,用制度保证交通行政执法队伍的基本稳定和交通行政执法的正常性。严格实施交通行政执法责任制,层层签订责任书,结合政务公开,将执法的工作目标具体分解到人,明确执法岗位、执法权限、执法程序、执法责任,严格依法行政,做到执法权限法定化、执法内容标准化、执法程序合法化、执法制度规范化、执法监督经常化、执法管理制度化。

(3)真正落实交通行政执法错案追究制、重大行政处罚决定备案审查制度、行政听证制度、行政执法检查制度等一系列制度。

(4)强化社会舆论监督。通过采取聘请人大代表、政协委员、新闻舆论及社会各界的代表作为行风监督员,设置举报电话和举报箱,开展社会评议活动等,广泛接受社会各界和人民群众的监督,坚决纠正行政执法违法乱纪行为,达到依法行政、依法治交的目的。

二、清晰的组织结构

在公路综合执法模式下,有必要进一步理顺执法队伍的组织结构,主要包括各级执法队伍的名称(简称)、内部机构设置、上下级执法队伍之间的隶属关系等。

(一)公路执法机构的名称

规范统一的公路执法管理机构名

称,是体现公路执法特色,明确执法机构职能,树立良好的外部形象,规范管理,提高社会认知度和知名度的重要措施。根据公路执法的行业特殊性,为规范管理和对外宣传,以省、市、县、乡四级机构管理为体系,按照综合交通执法的范围,分别为公路执法总队、支队、大队和中队,其机构分别命名为"××省交通综合行政执法总队(简称交通执法总队)","××市交通综合行政执法支队(简称交通执法支队)","××县交通综合行政执法大(中)队(简称交通执法大队)","××乡交通综合行政执法中队(简称交通执法中队)"。

(二)公路执法机构的管理体系

建立顺畅高效的公路执法管理体系,是提高公路执法管理效率,减少中间环节,避免行政资源浪费的关键所在。在公路综合执法模式下,根据管理的关系不同,公路执法机构可以有两种管理体系,一个是垂直管理的管理体系(如图5-2所示),一个是属地管理的管理体系(如图5-3所示)。

在垂直管理的体系下,省级交通行政主管部门下设交通行政执法总队,在市、县、乡分别设立执法支队、大队和中队,实行垂直管理,由省交通行政执法总队直管。

在属地管理的体系下,省级交通行政主管部门下设交通行政执法总队,在市、县、乡分别设立执法支队、大队和中

队,各级执法机构实行属地管理,由所在地交通行政主管部门主管,上级执法机构实行业务指导。其中,执法中队为大队的派出机构,由大队直管。

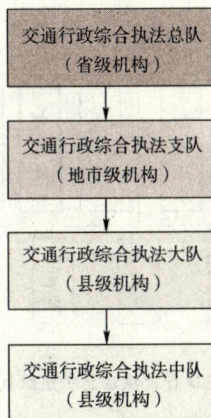

图5-2 垂直管理的公路执法管理体系

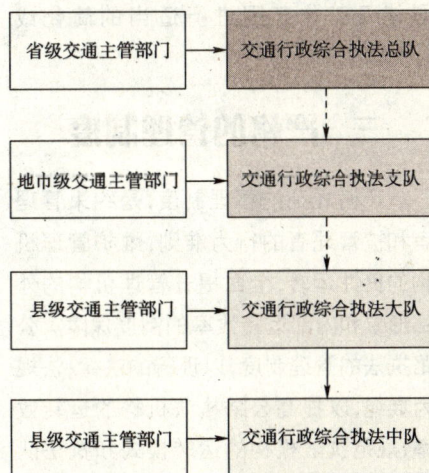

图5-3 属地管理的公路执法管理体系

(三)执法机构的内部组织

在各级执法机构内部,可根据实际

情况的不同,根据"精简、统一、效能"的原则,设置相应的组织机构。图5-4为执法总队内部组织机构的参考示意图。

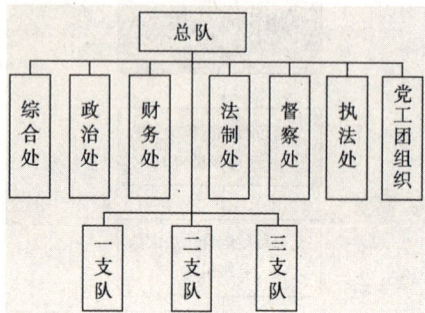

图5-4　交通行政执法总队组织机构参考

总队下设的支队、大队、中队可参照总队进行内部组织机构的设置,并根据职能及工作范围进行适当的简化或补充。

三、严格的管理制度

严格规范的管理制度,是约束管理者和被管理者的行为准则,维护管理机构的良性运转,全面提升管理机构的外部形象和内部运转效率的制度保障。公路执法的管理制度,以现行的法律、法规为准绳,以提高公路执法机构的运转效率,规范执法机构的运转模式和执法队伍的言行举止,树立良好的公路执法队伍形象为目标所制定的,主要包括公路执法机构管理制度、公路执法人员管理制度、公路执法装备管理制度三个方面(如图5-5所示)。

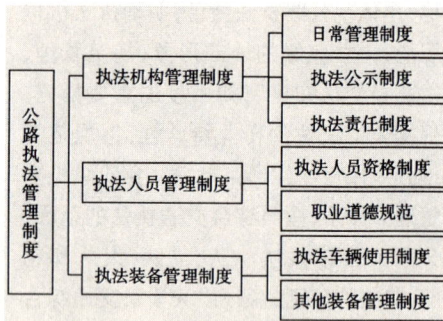

图5-5　公路执法管理制度体系

(一)公路执法机构管理制度

1. 执法机构日常管理制度

日常管理制度包括《会议制度》、《学习制度》、《考勤值班制度》、《卫生安全统计制度》、《财务管理制度》、《宣传报道工作制度》、《精神文明建设制度》等,是保证执法机构正常运转的基本制度规范。

2. 执法公示制度

执法公示制度包括执法主体公示、执法依据公示、执法程序公示、执法结果公示、执法监督公示和当事人权利公示等,是进一步优化公路执法环境,提高依法行政、文明执法水平,自觉接受社会监督,确保公开、公平、公正执法,维护管理相对人的合法权益的规章制度。

3. 公路执法责任制

公路执法责任制包括公路执法的指导思想、责任制工作内容、行政执法奖惩、执法责任追究等几部分,是以提高公路执法人员依法行政、依法管理水平,推

21世纪交通文化建设研究与实践

进公路执法法制化、规范化建设为目标。

4.首问负责制

首问负责制主要包括《第一时间接待制度》、《限时办结制度》《第一时间告知制度》等。凡接受外来咨询、来访、来电和办理违章处理业务的，第一接待人即为首问责任人。首问责任人是执法机构对外的窗口和形象，应当及时办理或一次性告知有关办事程序、要求等，热情耐心地解答有关询问，对来访者具有直接受理和热情服务的责任和义务，是评价执法机构服务质量和水平的主要制度。

5.人员配备制度

为加强公路执法规范化、制度化建设，提高公路执法人员综合素质，按照精干、效能的原则，合理配置公路执法人员。明确执法人员应具备的基本条件，根据执法区域的不同，制定相应的人员配备调整措施，主要包括《执法机构人员配备制度》、《执法人员调剂制度》、《基层执法人员配备制度》等。

6.行风建设、廉政建设责任制

为强化行风建设和党风廉政建设，严肃党纪、政纪，明确责任，赏罚分明，保证党风廉政建设和行风建设落到实处，制定相关责任制，明确工作内容，责任追究措施，主要包括《行风评议制度》、《风纪督察制度》、《廉政制度》等。

7.党支部工作制度

高度重视党支部工作在执法机构管理中的重要性，坚持党的领导，建立《三会一课制度》、《民主评议党员和支部班子制度》、《发展党员工作制度》、《党员联系群众制度》、《党员学习制度》、《外出外来党员管理制度》、《廉洁勤政制度》、《党员电化教育制度》、《党员奖惩制度》、《党员十带头制度》等党支部工作制度。

（二）公路执法人员管理制度

1.公路执法人员资格制

严格公路执法人员准入制度，能进能退，坚持凡进必考、岗前必训、考核上岗、违规离岗的公路执法人员管理制度。坚持进行行政执法人员岗前培训和岗位培训。未经考试、考核或考试、考核不合格的，不得持有行政执法证件；未取得行政执法证的，不得实施行政执法。进一步加强行政执法队伍建设，严格教育、严格管理，严格监督，努力建设一支素质优良、行为规范、纪律严明、作风过硬的行政执法队伍。执法人员资格制主要包括《执法人员准入制度》、《执法人员岗位培训制度》、《执法人员岗位责任制》等。

2.执法人员守则

以全心全意为人民服务为宗旨，坚持四项基本原则，严格遵守党和国家的政策法规，为促进公路执法行业的发展而努力，从思想觉悟上，政治理论上、行为操守上确定执法队员的应当具备和严格遵守的日常守则。

3.执法人员仪容风纪规定

为树立良好的外部执法形象，提高执法人员的仪容风纪为目标，规定执法人员日常工作着装的标准,相关的仪容仪态规范。针对不同的环境,确定执法人员对外对内的礼仪规范,包括《领导人员行为准则》、《执法人员行为准则》、《执法人员行为禁忌》、《内部公务礼仪》、《同事关系礼仪》、《会务礼仪》、《升旗礼仪》、《对外礼仪》等,全面规范和提升执法人员的形象,增强执法人员的职业严肃感和自豪感。

(三)公路执法装备管理制度

执法装备是公路执法人员正常履行执法职能,开展执法活动所必备的物质装备,其对提升执法的效率和维护执法活动的威严性有十分重要的作用。对公路执法装备的有效管理,如制定《执法车辆使用规定》、《执法防护装备使用规定》等,是正常开展执法活动的重要保障。

四、标准的行为规范

公路执法机构的正常运转、公路执法文化的建设与发展,都必须以执法者规范的执法行为为基础。因此,公路执法文化除了强调用核心理念指导执法活动外,还要建立一套指导和约束所有执法者行为的规范。

1997年,交通部制定了《交通行政执法职业道德基本规范》,共160个字,分为"甘当公仆,热爱交通,忠于职守,依法行政,团结协作,风纪严整,接受监督,廉洁奉公"八节内容,包含了对交通行政执法人员的政治素质、法律素质、思想作风、外部形象和廉洁奉公的基本要求和行为规范。《交通行政执法职业道德基本规范》颁布实施以来,一直是交通行政执法人员遵循的职业道德准则。这里,仅以《交通行政执法职业道德基本规范》为基础,通过行为识别,整合、提炼出包括道德规范、行为规范、礼仪规范、语言规范、仪表规范在内的公路执法人员行为规范。

(一)公路执法人员道德规范

(1)牢记"一个宗旨",即:"维护公路秩序,确保平安畅通,传播社会文明"。

(2)把握"两个关键",即:"严格也是爱心,执法就是服务"。

服务群众要做到:"多一点微笑,多一点耐心;多一点理解,多一点文明"。

执行政策要做到:"倡灵活不失法律,突高效不失原则;展刚性不失柔性,显专才不失全才"。

解决问题要做到:"如亲人般关怀,如朋友般热情"。

(3)实现"三个认同",即:"社会认同,政府认同,执法对象认同"。

(4)常做"四个思考",即:

自己的职责目标常思考,执法的方式效果常思考。

人民的困难问题常思考,社会赋予的责任常思考。

(5)发扬"五个在前"精神,即:

承担责任,险事难事冲在前;

遵纪守法,约束自我行在前;

克勤克俭,廉洁高效省在前;

信心十足,工作愉快笑在前;

礼貌待人,文明用语说在前。

(6)坚持"六个一样"工作态度,即:

人无远近一样热情,事无大小一样负责;

人无内外一样公平,事无繁简一样耐心;

分内分外一样认真,工作生活一样勤廉。

(7)养成"七个办理"工作作风,即:

当天的事情当天办,紧急的事情迅速办;

突发的事情条理办,便民的事情尽力办;

困难的事情想法办,具体的事情程序办;

所有的事情依法办。

(8)树立交通执法"八荣八耻"学习工作理念,即:

以忠诚事业为荣、以背离事业为耻;

以坚忍不拔为荣、以轻言放弃为耻;

以执著奉献为荣、以争名夺利为耻;

以廉洁公正为荣、以腐败失职为耻;

以锐意创新为荣、以因循守旧为耻;

以勤俭节约为荣、以铺张浪费为耻;

以勤奋好学为荣、以不懂业务为耻;

以辖区畅通为荣、以事故频发为耻。

(9)实行"九个公开"工作制度,即:

公开办事程序,公开办事纪律,公开办事结果;

公开办事时限,公开处罚程序,公开处罚依据;

公开处罚标准,公开服务承诺,公开监督方式。

(10)遵守"十个不准"工作纪律,即:

不准生冷硬横激化矛盾,不准简单执法以罚代教;

不准相互推诿敷衍塞责,不准自作主张越权处事;

不准侵害执法对象利益,不准损害执法队伍形象;

不准阳奉阴违打击报复,不准行贿受贿假公济私;

不准玩忽职守消极懈怠,不准包庇袒护违法乱纪。

(二)公路执法人员行为规范

(1)领导人员行为准则:

对党忠诚　恪尽职守　清正廉洁光明磊落

胸襟博大　为人正直　精于思考善于决策

言行有度　处事公正　尊重人才知人善任

关心员工　激励有方　长于沟通精诚团结

收放适度　严爱结合　渴求创新追求卓越

(2)执法人员行为准则:

爱岗敬业　忠于职守　积极上进渴求进步

坚忍执著　不畏艰险　纪律严明令行禁止

坚持原则　清廉为本　尊重领导团结同事

迅捷高效　服务到位　作风踏实

务真求实

注重学习 不断提升 谦虚谨慎
自强不息

（三）公路执法人员行为禁忌

官僚主义 衙门作风 生冷硬横
简单粗暴

因循守旧 不思进取 相互指责
互相推诿

阳奉阴违 争功诿过 玩忽职守
敷衍从事

独断专行 越权行事 违法乱纪
中饱私囊

作风腐化 贪图享乐 举止不雅
形象不端

（四）公路执法人员公关礼仪规范

1. 礼仪总述

礼仪是人们社会交往的行为规范的总和，具体表现为礼貌、礼节、仪表、仪式等。公路执法利益规范是公路执法人员对本组织进行的各种例行活动的观念和行为方式的总和，是衡量组织文明程度的重要标志。处事得体，待人以礼，不仅是每位人员应有的规范，而且是连接组织与社会之间的桥梁，对树立良好的组织形象，创造有利于公路执法发展的社会环境起着积极的作用。

2. 内部公务礼仪

1）上级对下级关系礼仪

任人唯贤。上级领导要了解部下的

经历、素质、作风、性格、爱好、家庭情况，要熟悉部下的长处与弱点，知人善任，量才使用，充分调动其积极性，发挥其潜能，避免任人唯亲，感情用事。

言而有信。领导说话要谨慎，言必信，行必果。对下属承诺的事，要认真去办，若遇特殊情况一时解决不了，则应坦诚说明原因。

宽宏大量。领导者应严于律己，宽以待人，尊重和爱护部下，认真听取下属意见，不以势压人，对于敢持不同意见的下属，应持欢迎态度。团结和带领部下一道完成任务。

2）下级对上级关系礼仪

尊敬上级。下级服从上级是基本的组织原则。对上级的正确指示要坚决执行，布置的任务要努力完成。在执行过程中适时向领导请示、汇报，完成任务后，及时向领导报告。切忌办事拖拉，有令不行。

讲究方式。当领导指示有不当之处时，不宜当众指出，而应当个别交换意见，坦陈自己的看法，供领导参考。

注意小节。有事找领导，应先敲门，经允许后，方可进入。向领导汇报工作，应实事求是，简明扼要。未经允许，不要翻阅领导桌上的文件。领导进门时，应起身相迎。

3. 同事关系礼仪

彼此尊重。同事之间常年在一起共事，彼此非常熟悉，更应该彼此尊重，以诚相待。切不可背后议论别人的隐私和短处。同事取得成绩，应及时表示祝贺，同事遇到不幸,应表示同情。

互相帮助。同事之间既有分工又有合作,应互相支持,互相帮助,同心协力把工作做好。

一视同仁。同事们的工作水平可能会有高低,但每个人在人格上是平等的。同事之间应一视同仁,友好相处,切忌意气用事,有亲有疏,更不可与少数人过分亲密而疏远其他人。

4. 会务礼仪

1)集会(开会)的通用礼仪

(1)做好充分准备。准备的内容包括:确定会议主题、会议报告及主要文字材料、参加会议人员的范围、开会的时间地点、会议议程等等。不开无准备的会议。

(2)拟发会议通知。会议通知应写明开会时间、地点、会议主题及到会人员等内容。会议通知应提前一定的时间发出,以便使到会人员能有所准备。

(3)安排好会场。会场的布置要和会议的内容相称。如是中型以上会议,对会标、主席台坐序、姓名标牌、音响、音像设备、饮水等都要逐项落实到位,有些还要认真进行测试。

(4)开会时间宜紧凑。在保证会议效果的前提下,尽可能开短会。

(5)注意迎送。凡是中型或大型会议,对会议参加者特别是对特邀嘉宾都要做好迎送工作。避免一些与会者来时不知如何报到,结束时又不知如何离去,那样,对于与会者将是不礼貌的行为。

2)与会人员的基本礼仪

(1)对会议组织者来说,从制订计划开始,直到会议结束,都要认真细致。会议开始前,要做好通知、邀请和车接工作;与会者一到达会场,要热情接待,发送会议材料,引领座位;会议进行中,要注意及时发现问题,及时采取措施;会议结束,又要热情地做好送行的工作;会后,还要及时对会议材料进行整理、归档。总之,要善始善终,恪尽职守。

(2)对会议主持人来说,发言应简明扼要,围绕主题,突出主题,点到为止,切忌啰唆,或庄重,或幽默,注意调动会场情绪;要始终把握好会议主题,勿使讨论或发言离题太远;注意掌握会议时间,不使会议拖长。

(3)对会议发言人或报告人来说,对发言的内容要认真准备,对重要报告应提前演练,切忌做事先无准备、临场想到哪里就说道哪里的发言;发言应遵守秩序,不应打断他人的发言;发言或报告结束时,可向到会人员表示感谢。

(4)对会议来宾来说,一般应遵循"客随主便"的原则,听从会议组织者的安排;会议进行中要精力集中,认真倾听发言,勿与身边人过多讲话;被安排发言时,应言简意赅,不可长篇大论,喧宾夺主。

(5)对会议参加者来说,除了要遵守会议的一般礼仪外,重要的是必须遵守会议纪律,如按时到会、认真听取发言、不交头接耳、关掉手机或放置静音状态等;如需提前离会,应征得有关人员同意,方可离去。

5. 升旗礼仪

通常情况下，每逢周一及国家或单位的重要日期，均应在上班前举行升旗仪式。升旗仪式的程序和礼仪要求是：

（1）统一着装，集合、整队入场。

（2）升旗时，播放或演唱国歌，集体行注目礼。

（3）升旗后，领颂或背诵公路执法理念主要内容。

（4）升旗仪式结束，宣布解散。

6. 对外礼仪

（1）在公共场所，应尊重各国的风俗、习惯遵守社会公德，遵守时间，不失约。尊重老人，女士优先；举止端庄，言行得体，切勿随地吐痰，公共场合不可剔牙，修指甲，掏鼻孔，挖耳朵，搔痒，脱鞋，打饱嗝，伸懒腰，打哈欠，哼小调。公共场合不许吸烟。

（2）公共场所握手姿势是：公路执法人员若着制服时，应先敬礼，然后伸出右手，以手指稍用力握住对方的手持续1～3秒钟，双目注视对方，面带笑容，上身要略微前倾，头要微低。握手顺序应是：主人、身份高者、年长者、女士先主动伸手，然后客人、身份低者、年轻者、男士再伸手迎握。男青年切勿用力过大，女士切勿过于冷漠。握手时必须先脱手套，然后握手，女士则不必。

（3）公共场所相互介绍中自我介绍时，主要向对方讲清自己的姓名、身份和单位（国家）即可。为他人介绍时要以手示意并和对方目光相接。介绍的顺序一般是：先把男士介绍给女士；先把主人介绍给客人；先把年轻的介绍给年长的；先把身份低的介绍给身份高的；先把未婚女子介绍给已婚妇女；先把年轻的身份低的妇女介绍给年长的身份高的男士；先把儿童介绍给成人。

（4）公务场合涉外人员的着装，应当重点突出"庄重"的风格。穿西装套装时，必须打领带。女士的最佳衣着是身着单一色彩的西服套裙，内穿白色衬衫，脚穿肉色长筒丝袜和黑色高跟皮鞋。

（5）对于对方的称呼，一般称男子为"先生"，已婚女子或有地位的女士为"夫人"，对于未婚女子或不了解对方是否已婚的女子，称"小姐"或"女士"；对商务人员分别按性别冠以职务称呼：如总经理先生、董事长先生、董事长女士、秘书小姐等。

（6）公共场所交换名片一般用双手拇指和食指夹住名片的两端递与对方，且须正面朝着客人，不可颠倒着递出去。接过他人的名片时要仔细认真看一看，记住对方的姓名和职务，然后说几句诸如"很高兴认识你"的礼貌用语。

（7）赠送礼品时要考虑礼品的纪念性和观赏价值，要具有民族及地方特色，要考虑到客人的爱好和禁忌，要注意礼品的外包装。

（五）公路执法人员语言规范

（1）工作期间使用普通话，自觉使用文明用语，不得使用服务忌语。

（2）接待办事人员要热情、大方、文

明、礼貌。

（3）办理事项要注意语言精练、准确，服务要热情亲切。

（4）对同事，对公众要礼貌、谦和，不出粗口、脏话。

（5）在工作中要使用规范语言，注意语气与态度，不同的场合要使用不同的语言与语气，调整自己的工作用语。

（6）执法用语：

①您好，（敬礼）我们是××执法人员（出示证件），请您配合检查（出示××证件）。

②您的行为违反了××规定（讲明危害）××条规定，依据××对您的行为进行处罚，您有什么要申辩和说明的吗？（告知其应持有关法律文书在规定时限在规定的地方接受处理，并礼貌告别。）

③这是我们的投诉电话（告知投诉方式），欢迎您对我们的工作进行监督。

④请您查看××笔录是否有误，如无异议请您在这里签上您的名字。

⑤请您协助我们到××部门进行进一步的调查或者请稍等我们已通知某某部门协助我们进行调查，他们马上就到。

⑥请您收好证件，谢谢合作或者以后多注意，严格遵守××规定。

⑦好谢谢您的合作，祝您一路顺风。

（7）接待用语：

①请进，您好，请坐，请问您贵姓。

②您有什么事情？

③您所反映的情况我们会进行核实，我们会在×××工作日内给您答复。

④对不起，您所反映的问题不是我们的职责范围，请您到×××反映，我们可以告诉您他们的地址和联系方式。

⑤不用客气，这是我们应该做的。

⑥请慢走，再见。

（8）接电话用语：

①您好，这里是××（单位）。有什么需要帮助的吗？

②您稍等，我马上给您查询一下。

③对不起，您所反映的情况不属于我们的职责范围，您可以到××去查询，若方便告知对方联系方式，告知联系方式。

④您要找的人现在不在，请问您贵姓，如果您方便的话，可以留个联系方式，我们会在他回来时通知他。

⑤您所反映的情况我已经记录下来了，我们会在××工作日内给您答复，谢谢您对我们工作的支持！

（9）执法窗口用语：

①您好，请问有什么可以帮您？

②请您出示××相关资料。

③您所提供的材料齐全，符合规定，我们马上给您办理××。

④对不起您所提供的资料还缺少××（用笔写明缺少项目），请您补齐再来。

⑤对不起，您要办理的业务不是我们的职责范围，请您到××查询。

公路执法人员忌语：

⑥少废话，赶快走。

⑦××不在，这事我不管。

⑧你自己去问，我不知道。

⑨有什么事快说，别浪费我的时间。

⑩想明白了再说。

⑪这事我们领导说了算,你找他去吧。

⑫不是跟你说了嘛,怎么还问?

⑬这么简单的事都不懂?

⑭你去告啊,我不怕?

⑮我们的程序都公开了,你自己不会看啊?

⑯我没有义务给你查。

⑰没看见我正忙着呢吗?你不会等等啊!

⑱别废话,像你这种情况就得扣车。

(六)公路执法人员仪表规范

(1)执法人员着装应该规范(若有制服按规定穿着制服),做到整洁、大方、庄重,不得着运动装、休闲装工作。不得敞胸露怀,不得挽袖挽裤,各部门制定着装规定时要因地制宜。

(2)发型要大方、得体,头发要常理洗保持整洁,不得染异色发,不得理"怪发型",男的不得留长发。

(3)装饰物要得体,不得"搞怪",允许女员工化妆,但不能化艳妆,不留长指甲,不涂有色指甲油。男员工不留胡须,不戴有色眼镜,不得佩戴外露饰物上岗。

1. 着装规范

(1)执法人员有下列情形之一的以外,工作时间应当着装:

①工作时间非因公外出或因公外出不便着装的。

②女性执法人员怀孕后体型发生明显变化的。

③因涉嫌违法违纪被暂停或取消执法资格、接受审查的。

④非工作时间不执行公务的。

⑤其他不宜或者不需要着装的情形。

(2)执法人员着装时,严格按规定佩戴帽徽、肩章、臂章、编码、胸徽和执法证件:

①执法编码在左,胸徽在右。没有执法编码的队员,不佩戴胸徽。

②执法编码和胸徽,其最底端应分别与上衣衣兜上缘边线重合对齐且居中。

③在执法过程中,应将执法证件悬挂或佩带在胸前,正面向外。

(3)执法人员着装时,应严格遵守以下规定:

①应保持制服整洁、笔挺;保持大檐帽、头盔、反光背心、制式白腰带整洁。

②冬装、春秋装、夏装不得混穿。

③着衬衣时,下摆扎于裤(裙)内。

④制服内着毛衣等内衣时,不得外露。

⑤着春秋装(含夹克衫式)、冬装、多功能服时,必须内着制式衬衣,系制式领带。

⑥应着统一配发的制式皮鞋,且保持整洁。

⑦不得有在制服外罩便服或便服外着制服、戴围巾等与制服不配套的穿着。

⑧不得有披衣、敞怀、挽袖、卷裤腿等有损执法形象的行为。

21世纪交通文化建设研究与实践

⑨不得进入餐饮、娱乐等服务行业场所。

⑩不得在制服、腰带上系挂、佩戴、斜挎与执法活动无关的物品。

⑪在街上、公共场所或者执勤时，不得吸烟、吃零食、互相挽臂搭肩、嬉笑打闹等举止失态的行为。

（4）执法人员在执勤时，应按以下规定配套穿着：

①平时着各式制服时，白天戴大檐帽，扎制式白色腰带；夜间戴头盔，穿反光背心。

②遇雨、雾天气或者塌方、泥石流等恶劣自然条件时，应戴头盔，穿反光背心。

③在执行特殊勤务或者重大活动时的着装，按照主管（主办）单位的规定执行。

（5）执法人员着装时，除在办公区、宿舍内或者其他不宜戴帽的情形外，应当戴帽。

①戴大檐帽时，帽檐前缘与眉同高。大檐帽饰带应当并拢，并保持水平。大檐帽松紧带不使用时，不得露于帽外。

②进入室内时，通常脱帽并将其挂在衣帽钩上（帽徽朝下）。无衣帽钩时，立姿时，用左手托夹于左腋下（帽顶向体外侧，帽徽朝前）；坐姿时，置于桌（台）前沿左侧或者用左手托放于左侧膝上（帽顶向上，帽徽朝前）。

③在宿舍内时，应当统一放置在衣帽架（帽徽朝下）或者床铺的被褥上（帽徽面向来人方向）。

（6）季节换装时间和着装要求：各地因地制宜，视情而定。

（7）执法制服以及帽徽、臂章、肩章、编码、胸徽、执法证件、反光背心、头盔、白色外腰带等专用标志，应当爱护和妥善保管，不得擅自拆改制服，严禁将制服赠送、转卖或者借给非执法人员。

（8）执法人员因暂停、取消执法资格，调离行政执法岗位或者因违纪开除出执法队伍的，专用标志和制服应予上缴。

2. 举止规范

（1）站立时要挺胸、抬头、收腹、不弯腰，男女员工站立时要体现执法人员的既威严有可亲的形象，不得显得懒散，无纪律。

（2）坐姿要雅观，姿态要端庄，不得斜坐，趴在桌子上，斜躺在椅子上，不得有抖腿、跷腿，用手托住下巴等不雅观行为。

（3）行姿要稳而大方，不得"一走三颤"，多人同行，不得勾肩搭背，推推搡搡，嬉戏打闹，若遇到紧急情况，可以加快步伐，但不能慌张乱跑。

（4）要处处体现执法人员的文明，不得在公共场合打闹喧哗、化妆、脱鞋、挖耳朵、抠鼻子。

（5）出入他人的房间要有礼貌，无论是否关门都要先轻轻敲门，听到应答后在进入，进入后要把门轻带上。如果对方在讲话，要静候；如有紧急事情，可以先说："对不起，打扰一下"打断对方的讲话。

（6）与同事、领导见面要互相打招呼问候。

（7）接待来访人员，要守时，不得迟到，如有事情不能去，要提前通知对方，把来宾引导到目的地。不论是生人熟人都要一样的热情、亲切。送行时要送到大门口，重要客人要送到门口以外。

（8）参加会议时，要注意听取领导的讲话，不得随意打断，不得窃窃私语，认真做好会议记录，要将手机等通信工具调成振动或关闭，如有非常重要的电话要接，需到会议室外接听。

（9）在走廊里，楼梯间行走，脚步要轻，在自己位置工作时要静，不得把情绪带到工作中来。

（10）在办公以外场合要时刻注意维护队伍的形象，不谈论与本职工作无关的事情，不谈论领导与同事的事情。

21世纪交通文化建设研究与

第六章 物质——具象的精神

公路执法物质文化是公路执法过程中产生的物质产品总和,是公路执法文化的物质形态表象,它能够体现公路执法组织的思想观念、价值取向、执法理念。它是公路执法文化建设的基础,是公路执法机构向外部树立和宣传自身的执行形象。

物质文化的形成是文化建设行为人在无意或有意中所创造的,是公路执法文化建设最实在、最能体现公路执法文化特色,支撑公路执法制度文化和精神文化形成的实体和基础,是制度文化和精神文化的延伸和展现。公路执法物质文化建设以体现行业特色,展现行业精神,重塑行业形象为目标,秉承实用性、先进性、识别性、美观性的原则,构建公路执法的物质文化。

1. 实用性原则

实用性是公路执法文化建设工作得以深入持久开展的动力源泉。公路执法物质文化建设以实用性原则为根本,为执法者和执法相对人营造优质、舒适、人性化的执法环境,让执法相对人通过参与公路执法活动来进一步了解公路执法,用好交通法规知识,提高交通法规遵从度,从而使"要我学法"逐步转变为"我要学法",把普及交通法规的单项灌输变为双向互动、双向交流和感染,执法相对人才会在公路执法实践过程中加深对公路执法文化建设的认识,接受依法治交、以德治交思想的熏陶,进一步理解和谐社会的建立与自身利益之间密不可分的内在联系,才能逐步受到法律思维方式和文化的感染,逐渐养成崇尚法治的行为习惯,进而在全社会形成良好的公路执法氛围。

2. 先进性原则

公路执法物质文化建设以创建一流的人性化服务为目标,公路执法物质文化必须具有与时代发展相吻合的先进性。物质文化成果是否显著,取得的成绩是否突出,既与先进的制度有关,也与先进的生产力密不可分。先进的生产工具代表先进的生产力,公路执法装备、设备的科技化、人性化、高效化能全面提高公路执法的效率,提高公路执法管理水平,增强公路执法的服务水平。公路执法物质文化建设应秉承先进性的原则,积极采用先进的技术、先进的管理手段,全面体现公路执法物质文化建设与时俱进的要求。

3. 识别性原则

公路执法组织文化建设的目的就是要培养组织与众不同的群体气质,而公路执法物质文化建设也要体现公路执法的个性和可识别性。可识别性是指通过一个标志,一句歌词,一件衣服,甚至是成员的一举手、一投足就能让人看出其所属的行业,体现某种气质。公路执法物质文化体现的特殊性,就是让社会群体能最简单、最直观、最深刻认识公路执法行业,形成固化记忆,体现公路执法的行业特色,提高公路执法的社会认知度,统一外部形象,从物质层面体现公路执法的行业特色,树立社会良好形象。

4. 美观性原则

公路执法物质文化是社会公众看得到、听得到、摸得到、体验得到的物质成果,是所有参与者和国家的物质财富。物质文化成果不仅要体现实用性,也要体现美观性。美观性能够使人赏心悦目、心情愉悦,能够增强公路执法行业的职业自豪感和提升执法主体的亲和力,树立良好的对外形象,体现一个行业的精神。通过公路执法行业的美观性塑造,可全面助推公路执法物质层面向精神层面的延伸,体现公路执法"以人为本""执政为民"的执法理念,产生强大的亲和力,提高执法效率,提高社会美誉度。

一、统一标准提升执法形象

公路执法经过不断发展,公路执法的物质文化建设已经取得了丰硕成果,但由于公路执法的多样性和复杂性,其具有很强的针对性和地方特色。全国各地的执法开展情况不甚一致,公路执法机构在全国还没有统一的外部形象设计,公路执法人员的标志、标识、名称、证件、着装等还不统一,形成了各个省市自成一体的公路执法形象,给广大人民群众带来了很多误解,给公路执法行业的健康发展带来了一定的负面影响。为了促进公路执法行业的健康发展,树立良好的外部形象,规范标识标志,统一名称番号,形成旗帜鲜明,整齐划一的公路执法形象,需要进行公路执法形象统一战略。

(一)行业标志

公路执法标志是公路执法行业形象的集中体现,是信息传递的媒介。标志是出现频率最高,使用最广泛的,同时也是最关键的元素。行业的整体实力、完善的管理机制、优质的服务,都被涵盖于标志中。

标志具有识别性、领导性、同一性和涵盖性特点,是行业识别的标志,是视觉传达要素的核心。其他要素的建立,都是围绕标志为中心而展开,是标志代表着企业的经营理念、文化特色、价值取向,反映企业的产业特点、经营思路,是企业精神的具体象征。

公路执法标志的设计应该确定一种容易识别,能够彰显公路执法的严肃性,行业特色明显,又能彰显现代感的符号作为全总队统一的标志(LOGO),并对这个标志的应用情况进行严格规定,必须表明何时可用,何地可用,以及制作方式,制作材料要求等内容。

为了设计出成功的公路执法标志,标准字体、标准色和标准名称的的确定

21世纪交通文化建设研究与实践

应遵循一定原则。

标准字体：应该确定一种端庄稳重，并能和外文和谐搭配的字体和辅助字体。

标准色：应根据交通执法行业的特点，做出科学的色彩规划，确定三种以内的标准色彩和适应不同变化的辅助色彩，并要与军人、警察的服装色彩有所区别。

标准名称：名称是公路执法中的重要组成部分，也是公众从视觉和听觉上有效识别组织的重要元素。

公路执法标志三种推荐设计方案如下。

1. 推荐标志方案（图6-1）

图6-1 推荐标志方案

标志寓意：

标志下方的"公"体现公路执法及"三公"执法原则；

标志中间的"人"体现执法"以人为本"的理念；

标志上方的"山"体现执法"如山"的理念；

"山"和"公"形成方向盘的抽象图案，行业特征一目了然；

应用时加上麦穗的组合，突出公路执法的庄重、威严。

在 logo 创意过程中，力求表达公路的行为属性，体现公路执法理念，追求简单明了，易使易用的效果。

色彩意义：红色象征热情活力；黑色象征厚重、严明，由红、黑两色组成的标识系统喻示公路执法组织的庄严。

整体结构：静中有动，稳重不失活泼，灵巧不失大气，色彩对比强烈，简洁明快，时代感强。

2. 备选标志方案一（图6-2）

图6-2 备选标志方案一

标志寓意：

此标志根据汉字"法"的变形和锚的抽象图形组合而来，变形比较夸张，把整个"法"字幻化成几条弯曲的线条，就像蜿蜒的公路，体现了公路执法的行业属性和特点，以"法"字为基本设计元素，表明了公路执法组织的职业属性。

标志正中的"人"字，代表着所有公路执法人员的心声，执法就是服务，用心做好自己的本职工作，用心为人民服务，也从根本上体现了"仁义执法，人性执法"执法宗旨。

标志下方由"人"成锚的抽象图形和"法"字"去"旁一竖形断意连，巧妙地形

成了"方向盘"的意象,主要是迎合国人多年来对交通行业的识别习惯;

"人"、"法"、"锚""方向盘"四者有机结合,体现了新时期交通执法的新要求,也是为了表现"刚柔相济,法人合一"的执法哲学。同时也表明交通执法已由公路向水运等领域逐渐延伸的现实;

标志运用正红色,代表了中国喜庆热烈的文化氛围,外圈的圆以及不同的开口,更是象征着和谐社会四通八达、和畅有序的交通环境。

3. 备选标志方案二(图6-3)

图6-3 备选标志方案二

标志寓意:

寓意:标志以汉字"公"字为基础设计元素,意在突出公路执法的行业特征,同时也阐释了公路执法组织"公开执法、公正执法"的宗旨。

标志上方是被断开的半圆,中间的开口象征公路执法的追求永无止境,象征着公路执法勇于突破,创新、开拓、进取的精神。

标志下方是锚的变形,标志整体是汽车方向盘的形状,整体象征我们的水上、路上的综合执法,也突出了我们执法的改革方面取得的成就,以及发展方向。

色彩意义:标志采用红色,一是可在视觉上产生最强的冲击力,二是红色代表活力,热烈、奔放,象征着中国公路执法者对执法事业的无限热情。

整体结构:整个看上去,标志仍是传统的汽车方向盘变形图样,因为"方向盘"标识已在中国交通行业沿用多年,国人已基本对方向盘产生了固化记忆,这样主要是想借助国人多年来的视觉习惯传播公路执法的整体形象。

(二)执法证件

统一的公路执法证件是公路执法工作的必然需要,公路执法证件体现了公路执法作为法律执行机关的权威性。执法证件是执法人员行使法律所赋予的权力和义务的证明,是执法人员行使公共管理权力的唯一资格证明,是执法人员的身份证明。它体现了法律的威严性和执法的严肃性,统一的执法证件即可体现执法机构的威严性,也是规范执法行为,避免闲散人员混入执法队伍,危害执法队伍的威信和形象。没有统一的执法证件,将造成公路执法机构的混乱和执法主体多样性,造成公路执法主体不明确,严重影响公路执法行业的威信和形象,造成执法对象的反感和抵触,公路执法行业的健康发展将受到严重的影响。

公路执法证件统一设计推荐方案如图6-4和图6-5所示。

21世纪交通文化建设研究与实践

工作证，员工卡是员工随身使用的企业标志物，是通过个人展示执法形象的重要渠道之一，其设计制作必须按规范执行，不能擅自改动规格，字体，色彩。

图 6-4 公路执法证件示意图

工作证，员工卡是员工随身使用的企业标志物，是通过个人展示执法形象的重要渠道之一，其设计制作必须按规范执行，不能擅自改动规格，字体，色彩。

图 6-5 公路执法出入证示意图

（三）执法着装

公路执法着装与公路执法职能统一相结合，它体现了公路执法行业的行业特色和执法工作的严肃性，对规范执法

行为，提高执法人员的职业自豪感，约束感有着十分重要的作用。着装的统一，将向外部展现公路执法队伍的形象和精神面貌，通过统一的着装明确执法人员的资格，告知执法对象，明确执法主体，体现法律的威严性。因此，公路执法人员的着装必须整齐统一，不能给人以五花八门的感觉，着装的管理更加规范，公路执法的执法主体更加明确，是实现综合执法，规范执法行为的前提和重要保障。公路执法着装还要注意服装设计中要体现人性化的原则，既要体现法律的尊严，又要充分考虑执法人员着装的基本要求，将两者有机的结合到一起。

结合全国各省公路执法行业的调研情况，结合公路执法自身所具有的行业特色，以人性化、简洁化、威严化为标准，从公路执法服装的色彩、款式、面料、肩牌、臂章、工作编号及右侧口袋上的佩饰进行了设计论证，结合全国的实际情况进行了统一，具体建议方案如图6-6和图6-7所示。

图 6-6 公路执法服装示意图

帽徽　　　领花　　　胸徽(右)　　胸牌编号(左)

臂章　　　皮带扣　　　肩章　　　安全背心

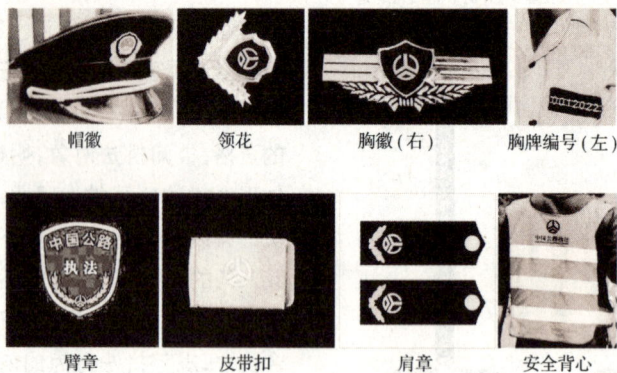

图 6-7　公路执法徽章示意图

（四）设备标识

公路执法设备主要指公路执法外部标识装备,所采用的执法工具,执法设备,是公路执法行业在完成日常执法活动中所采用的各种设施设备。统一的执法设备标识,是公路执法行业与其他执法行业形成鲜明区别,告知和引导执法对象,明确执法主体的重要外部实体。统一的公路执法设备标识,将向社会树立起整齐规范的公路执法形象,体现公路执法行业的严肃性和不可挑战性。统一执法设备标识包括执法车辆车型和外部标识的统一,执法日常工具的颜色标识的统一,推荐设计方案如图6-8和图6-9所示。

中国公路执法车辆规范包括车辆颜色和文字标识,车辆基本色为白色,车辆门最下边为深蓝色和红色,车体侧身两边各一喷绘"中国公路执法",在前后的玻璃的左下脚均贴上"中国公路执法"下方写着稽查或其他执法单位名称。

中国公路执法车辆的色系分别为红（C0 M100 Y100 K0）；深蓝色（C97 M88 Y49 K21）；橙色（C0 M60 Y100 K0）；黄色（C0 M0 Y100 K0）；绿色（C100 M0 Y100 K0）。

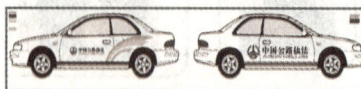

图 6-8　公路执法车辆外观示意图

图 6-9　公路执法锥标示意图

（五）办公环境

办公环境是公路执法人员完成公路执法后的日常工作的场所,是执法主客体之间相互交流的窗口,办公环境由办公场所和工作环境构成,舒适、干净、宽敞、明亮的办公环境会让人心情愉悦,激发执法人员工作潜能,提高执法人员的工作热情度和使命感,提高公路执法的工作效率。良好的办公环境不仅能对内激发执法工作人员的工作热情,对外更能体现执法机构的威严和庄重,树立执法机关的形象,增强人民群众对执法机关的感知和了解,能够间接的体现公路执法的执法精神,展现公路执法机构的执法使命,从而促进公路执法工作的健康发展。

办公场所外部形象要统一设计,统一规划,重点体现公路执法的行业特色,体现法律的威严性和公路执法工作的严肃性。办公楼要将统一的公路执法标志置于醒目位置,并与公路执法标准色相结合,如图6-10 ~ 图6-13 所示。

图6-10　办公楼外观示意图

图6-11　办公楼内部示意图

图6-12　办公楼作息查询示意图

图6-13　办公楼楼层牌示意图

二、改善设施设备提升执法水平

公路执法设备是公路执法工作开展的基本条件，执法设备的配备是提高公路执法效率，提升执法水平的关键所在。公路执法工作具有其他执法工作所没有的特殊性和复杂性，针对公路交通运输中发生的各种事故，需要迅速、快捷、准确的进行处理，针对违法行为能及时进行纠正和处理，避免产生严重的违法后果，影响公路的畅通和降低人民的出行质量。公路执法设施设备的高科技化，高性能化，高机动化，能够实现第一时间响应，缩短执法时间，降低执法成本，减弱违法行为所带来的危害，提高执法效率，是改善执法环境和提高执法水平的主要物质支撑。先进的执法设施设备是公路执法物质文化建设中的重要成果，逐步提高公路执法设施设备装备水平，将促进公路执法效率的提高，最大限度地降低执法成本，向外部树立高效、快捷、高科技的执法形象。

（一）执法设施

公路执法设施指主要指为公路执法日常工作开展设立的执法检查站、检查岗及其相关附属设施，公路执法设施在治理超载超限运输、执行日常执法工作中具有十分重要的作用。是向外部展现公路执法形象，规范执法行为，实现公开执法，公

正执法的重要设施。公路执法设施的设置要体现突出醒目的特点，能够告知执法对象，实现公开执法，去除执法对象的侥幸心理，体现先告知后处罚的人性化执法行为，避免与其他职能部门执法设施相混淆，体现公路执法部门以服务监督教育为主，处罚为辅的执法工作出发点，展现公路执法的行业形象。图6-14为重庆合川马家沟超限检测站实景。

图6-14　重庆合川马家沟超限检测站

（二）执法设备

公路执法设备是公路执法过程中必不可少的，公路执法设备的先进性代表了公路执法行业的科学技术发展水平，它体现了公路执法行业以提高公路执法效率，提升执法水平为导向，积极提高执法过程中的科技含量，实现快捷、高效、准确、人性化的执法过程，体现了执法机关的严肃性和高效性，提高公路执法机关的社会认同度，提升社会形象。

公路执法车辆的性能与功能要相互结合，车辆的选用与车载设备的配置要充分统一。根据工作的需要，可以配置

轿车、越野车和中型车等三种类型的车辆，其中轿车要具有简单载货功能。公路执法车辆装备配置要体现办公自动化、信息化的要求，装备电脑、复印机、传真机、摄像机、照相机、录音机等常用设备，将执法办公室搬到车上，实行流动执法办公，减少执法中间环节，方便执法对象，提高执法办事效率。

公路执法其他设备如锥标、称重设备和监测设备等也要本着实用性与先进性相结合的原则，加快配置建设。

三、应用先进科技促进执法文明

加强公路执法物质文化建设，提高公路执法水平，只有统一的形象和完整的执法装备还不够，还要通过先进的科学技术来提高整个公路执法系统的运行效率。通过电子信息化手段的应用，减少执法工作过程中的无谓消耗，实现第一时间发现，第一时间处理，最大限度的避免和减少违法行为，保护公路使用者的权利，维护国家利益，避免违法行为所带来的严重后果。所以，电子信息化的应用是公路执法物质文化建设的主要方向。

（一）公路执法监控系统

要圆满完成公路执法任务，首先必须要有一个快速、准确的信息获取渠道，推广应用 GPS 卫星监控系统是先进的信息收集手段之一。

全程导入采用 GPS 卫星监控系统，建立车辆 GPS 卫星监控中心，对路上所行驶的车辆进行实时监控。针对不同类型的车辆进行分别登记，实行分类管理，能够使执法机关全程监控公路上的交通运输活动，实现及时发现和迅速处理违法事件，保障使用方的出行利益。通过制定政策，实现运输企业和交通部门的双重监控，减少车辆超速超载和不按规定线路行驶等违规行为，有效预防道路交通安全事故的发生，为公路执法预防和快速反应建立信息化平台。

图 6-15 为广州市交通信息监控中心一角。

图6-15 广州市交通信息监控中心

（二）公路执法管理系统

建立公路执法管理系统，通过高新技术、信息化手段来提升公路执法的科技含量，规范行政执法行为，提高公路执法效率，促进公路执法队伍技术素质的改善，提高工作效率和服务水平。

建立以公路执法外业勘查执法工作为中心的公路执法移动办公系统，将公路执法移动办公系统软件安装在 PDA 掌上电脑里，由公路执法队员在公路执法巡查及事故现场时随身携带,方便处理公路执法日常巡查工作中的巡查记录、公路执法案件现场、道路事件状况信息采集等内容,满足公路执法外业工作的需要。

建立以公路执法管理机构内部网络协同工作为中心的公路执法管理系统,主要满足公路执法业务的日常办公自动化、公路执法工作状况的查询、各类数据的统计分析等,还要能利用 GIS 地理信息系统实现图形化的查询分析,丰富管理手段。该系统集成现有的模拟视频监控图像资源,为公路执法人员畅通道路、救援调度服务。同时还可利用网络技术实现执法机关内各相关部门,执法机关各级管理部门之间的协同网络办公。

围绕快速反应机制,建立公路执法现场处置系统。当监控系统获得相关信息,需要公路执法人员出警时,通过完善的快速反应机制,灵活调动公路执法人员携带执法设备快速出勤,对公路执法事件及时处理,将其所造成的损失减少至最低。

(三)公路执法信息公示系统

公路执法信息公示系统主要由政府事务网站构成,并与公路执法信息处理系统紧密结合。建设以政务公示为中心的面向社会的公路执法政务网,应以公路执法管理的相对人和公路执法管理人员为服务对象,完成法律、法规要求公路执法管理公示的义务,并应成为为公路执法相对人提供网上申请行政许可的"窗口",使公众可以在此网络系统了解公路执法管理的各种信息(包括天气、路况),可以在此网络系统学习使用公路的知识等。

图6-16 为重庆市交通执法信息公开网站。

图6-16 重庆市交通执法信息公开网站

21世纪交通文化建设研究与实践

第七章　如何实施公路执法文化建设

一、充分继承传统文化

中国传统文化博大精深,它作为中华民族精神的表现,对中国社会和中华民族的历史发展,产生了极其深远的影响。开展公路执法文化建设,要善于从传统文化中吸取营养,"取其精华,弃其糟粕",对中华传统文化进行合理的"扬弃"。任何一种文化,特别是像中国这样非常悠久的文化,不是不要现代化,而是要搞清楚什么是现代化。现代化不等于西化。西方只是在现代化的道路上先行一步,提供了一种可供借鉴的形态,而不是唯一的模式。因此,真正的现代化必须首先清理自己的"家底",知道自己的文化财产中,哪些是可以发扬光大的,哪些是必须修正方可运用的,哪些是必须割舍的。让我们在传统的继承中寻找新的起点和方向。传统并没有成为遥远的过去,完全可能鲜活地存在于现实之中。

(一)顺"道"

中国历史上的"道"有多种含义。属于主观范畴的"道"是指治国的理论;属于客观范畴的"道"是指客观规律。从公路执法的角度看,顺"道"就是指公路执法管理要顺应客观规律。在中国传统文化中的守常、守则、循轨和顺道在管理上的含义是相同的,都是中国传统文化中的重要管理思想。

传统文化主张用"道"、"德"来治理国家。孔子说,"为政以德,譬如北辰,居其所而众星共之。"[①]孔子的意思是,领导者用道德来治理国家,就好像北极星那样,定居在自己的位置上,而群星都围绕着它。孟子也说,"尧舜之道,不以仁政,不能平治天下。""三代之得天下也,仁;其失天下也,以不仁。国之所以废兴存亡者亦然。"[②]孟子不仅强调了以仁德治理国家的意义,而且更强调了不仁德治理国家就将亡国的危害。孟子还总结桀纣的教训,"桀纣之失天下也,失其民也;失其民者,失其心也。"[③]这就更告诫人们,要想治理好国家,平定天下,就一定顺乎民心,要用正道,用仁德来赢得人心归顺。否则,失去民心,那就会失去天下。值得注意的是,顺"道"不仅包括顺正式规则的"道",也包括顺非正式规则的"道"。正式规则是指人们有意识创制的、具有强制力的一系列法律、法规和政策。非正式规则是指人们在长期的交往中形成的、具有持久生命力的包括文化传统、道德观念、伦理规范、风俗习惯和意识形态等因素。无论是正式规则还是非正式规则,都应成为管理工作中要顺应的"道"。

从今天管理科学的角度来讲，无论社会公共管理还是企业管理，首先必须以正义的事业为出发点，以社会的利益、人民大众的事业为出发点，这样才能赢得人民大众的支持，才能赢得胜利。其次，在管理方式、方法上，管理制度的制定和执行上，也要合乎正道，合乎科学规律，要合乎人民大众的要求，才能得到人民大众的支持，最终才能团结人民大众一道去争取事业的成功。

（二）"重人"

重人是中国传统管理的重要内容。一是重人心向背，二是重人才归离。我国历来讲究得人之道，用人之道。把人才使用作为衡量德政的一个基本要求，强调要任用有德行修养的人来治理国家。

《管子》说："政之所兴在顺民工；政之所废在逆民心。"我国素有"求贤若渴"一说，表示对人才的重视。能否得贤能之助，关系到国家的兴衰和事业的成败。"得贤人，国无不安广……失贤人，国无不危"[④]。诸葛亮总结汉的历史经验说："亲贤臣，远小人，此先汉之所以兴隆也；亲小人，远贤臣，此后汉之所以倾颓也"[⑤]。《晏子春秋》则把对人才"贤而不知"、"知而不用"、"用而不任"视为国家的"三不祥"，其害无穷。孔子在回答鲁哀公关于做什么才能让老百姓服从的提问时说："举直错诸枉，则民服；举枉错诸直，则民不服。"[⑥]即要让老百姓信服、服从，那就要把正直的人推举出来放在邪

恶的人上面加以重用；否则，如果选拔邪恶的人把他们放在正直的人上面加以重用，老百姓就不会信服、服从。在樊迟问仁时，孔子进一步指出，"举直错诸枉，能使枉者直。""舜有天下，选于众，举皋陶，不仁者远矣。汤有天下，选于众，举伊尹，不仁者远矣。"[⑦]孔子指出，选拔重用贤德人才，那些不仁不贤之人就会自然远离领导者，这样老百姓就会信服、服从于领导者；并且任用贤德之人，还可以使邪恶的人变成正直的人。这些思想经过历代的发展，逐步成为管理国家的准则，更值得公路执法借鉴。

人类一切实践的宗旨就是解决"人"的问题。"重人"不仅是要重视执法部门内部人员，也要重视执法相对人。公路执法队伍应选择有德行有才干的工作人员，很好地胜任工作，这样才能顺民心、通民意，取得老百姓的信任和支持。同时，公路执法部门内部强调团队精神的同时也不能忽略重视个人的发展，要重视人、培养人、塑造人，尽可能使个人的付出与收获达到平衡。许许多多的事件才能形成一点点的习惯，许许多多的习惯才能形成一点点的传统，许许多多的传统才能形成一点点的历史，许许多多的历史才能形成一点点的文化。而在这个无数许许多多中，是许许多多有思想、有才华的人在实践—总结—再实践—再总结的不断努力中，一点点积累起来的。公路执法行业的发展、公路执法文化的建立，离不开一个个公路执法者聪明才智的发挥，离不开他们身体力行的实践。

这个"人"道与中华民族天下为公的大同理想一脉相承，与世界各地对普遍公平正义的追求同气相求。它不是局限于一国一族，而是像阳光一样普照四方。

（三）"人和"

孔子说："礼之用，和为贵"。对治国来说，和能兴邦；对治生来说，和气生财。我国历来把天时、地利、人和当作事业成功的三要素。

中华传统文化中的"和"标志着事物存在的最佳状态。体现了中华民族根本的价值取向和追求。说到底，中华文化的特质之一就是讲求"和谐"，一个"和"字足以说明中华文化的贵和轻争、讲和谐、求统一的特质。中华传统文化提倡"天人合一"，注重人与自然的和谐，这样的自然观有助于消除西方工业文明造成的人与自然的对立，而形成和谐的生态观；人和中还有一和是调整人际关系，以儒道为核心的中国文化崇尚人际关系与社会的和谐，提倡"贵和尚中"，它所具有的许多关注人类共同命运的道德理念，堪为人类价值观念整合的基点；中国文化崇尚身心内外的宁静和谐，提倡人的自我修养，提倡自律、内省，对人的自身塑造具有重要价值。追求天人和谐、人际和谐、身心和谐一直是人类的憧憬，是中华民族的根本理想，是中华传统文化的重要内涵。中华文化尤其是传统文化作为在哲学上崇尚和谐、在伦理上崇尚正义、在价值观上注重群体的东方文化，对于整合未来的世界具有重要意义。

稳定、有序、文明、安宁的社会状态，除了必须依靠良好的政治、经济、法律等方面的制度保障，还要依赖富于和谐精神的文化环境。中华民族强大的民族凝聚力，正是源于中华传统文化强烈的和谐精神。传统农耕文化奠定了东方特有的和谐观，农业文化本身就是人与自然交换能量，使人的本质力量对象化的过程。这一过程需要天、地、人三方面的和谐。

现在党中央提倡建设社会主义和谐社会的治国理念，社会各行各业都需要和谐，公路交通事业本身就是构建和谐社会的重要因素，公路执法也同样应以建设和谐交通为目标，执法人员和行政相对人之间要和谐，行政执法部门内部要和谐，整个公路执法也要和环境和社会达到和谐统一。对于公路执法来说，最大限度地增加和谐的因素就是严格执法。

（四）"守信"

治国要守信，行政执法要守信，从事一切事业都要守信。信誉是人类社会人们之间建立稳定关系的基础，是国家兴旺和事业成功的保证。

诚、信都是儒家伦理中具有积极意义的德目。诚者，真实无欺之谓也；信者，守信而不食言之谓也。"诚"、"信"合起来，就是要求人们在相互交往中，做到真诚实在，不失信誉。《大学》明确指出："意诚而后心正，心正而后身修"，把"诚"作为修身的起点，"诚者，圣人之本"[⑧]；同样,信也具有重大意义,人不守信,难以被他人和社会接纳,"人而无信,不知其可也"⑨。诚信是中国传统文化中着重提出的道德标准,后来,这一观念逐渐延伸至各个领域,"诚,五常之本,百行之源也"⑩。中国传统文化认为:人无信不立,政无信不威,商无信不富。将诚信视为立人、进德、修业之本,成为一条职业道德规范。从事任何职业的人,都要诚而有信,诚善于心,守信于外,不以欺诈和损害他人利益而致富。

在公路执法中,守信是关系整个交通执法事业成败的关键。没有诚信就没有公信力,个人造成的影响将直接影响到政府执法队伍的形象。因此,必须在每一位公民,特别是行政执法者的心中重树诚信之德,以良好的道德建立社会主义社会良好的社会秩序。能否真诚守信成为执法部门重要的道德标准。公路执法,面向社会大众,只有坚持对人民的承诺,讲信修睦,才能树立权威,才能得到人民的信任,才能发展。

(五)"自强"

中国传统文化的一个基本精神,就是强调刚健自强,鼓励世人积极关注、完善社会现实。"天行健,君子以自强不息"⑪。强调天的运行是刚健的(因为天道和人道是相通的),人能法天之"健",张阳刚之气,成完美之德,自强不息,不断进取。在天人关系中,强调人是核心,是处于积极、主动地位的。

这种刚健自强的精神一直传承下

来,后来成为儒家文化的基本特征,成为中国传统文化的一个基本人文精神。作为主导文化的儒家思想,无论是先秦的孔孟之道,还是程朱理学,其主旨都是经世济民、兴邦治国,将内在的修身外化为积极的事功,"精义入神,以致用也,利用安身,以崇德也"⑫,伦理的"崇德"成为经济(利用)的目的和导向。作为君子,面对时事不济,要"知其不可为而为之"⑬,作为顶天立地的大丈夫,应当以天下为己任,心怀国家民族利益,兼善天下,"为天地立心,为生民立命,为往圣继绝学,为万世开太平"⑭;道家文化貌似消极遁世,实质却是积聚自身,以柔克刚,以"无为"达"无不为";墨家力主"非命",认为人们一切活动成功与否,不是命定,其决定因素是"力"和"强","遂得光誉令向于天下,夫岂可以为命哉?"⑮总之,在中华文明中高扬着一股阳刚之气,弘扬着积极入世的精神,成为鼓舞中华民族从事经济活动和物质生产的精神力量。我国"自古以来,就有埋头苦干的人,有拼命硬干的人,有为民请命的人,有舍身求法的人……"⑯众多"中国的脊梁",推动社会不断发展,对后世产生巨大影响。

一个优秀的行业,一支优秀的执法队伍要想发展壮大,必须从自身做起,锐意进取,提高技能和素质,由内部强大进而向外扩张。要练就精湛的执法技术,需要执法部门充实科技手段,强化工作执行力,更需要执法人员不断提升自身综合素质,培养敏锐的审时度势的洞察

21世纪交通文化建设研究与实践

力,掌握熟练的法律法规知识,积累丰富的科技文化知识,如此才能增强自身驾驭与处理各种复杂案情的能力。执法队伍是落实日常管理的力量保证,既要抓建立健全,更要抓提高完善。公路执法是一项综合性很强的工作,要高质量地完成公路执法任务,不仅要要求公路执法人员有较高的法律素质,而且要有较高的专业素质和思想道德素质。今天,我们把这种刚健自强的精神熔铸于公路执法文化之中,来构建现代公路执法文化,提高工作质量,同时也注重培养执法人员的行业自豪感,就能更好地使公路执法、组织乃至国家形成强大的生命力,使之刚健自强,奋发有为。

(六)"求实"

求实就是实事求是,做一切事情都要从客观实际出发。这是中国传统文化中的思想方法和行为准则。儒家提出"守正"原则,看问题不要偏激,办事不要过头,也不要不及,"过犹不及"。过了头超越客观形势,犯冒进错误;不及于形势又错过时机,流于保守。两种偏向都会坏事,应该防止。班固著的《汉书》53卷就有"河间献王德……修学好古,实事求是……"的内容,"求实"作为中国传统优秀文化,源远流长,从古提倡。坚持实事求是,就是要从自己的实际情况出发,从客观规律出发,量力而行,既不妄自菲薄,又不骄傲自大,而是脚踏实地,一步一个脚印地向前走。

要体现"求实"的文化内涵,就要求公路执法人员必须实事求是,一切从实际出发,制定政策要量力而行,对于违反公路交通规则行为的教育和处罚都必须以实际情况为准,正确认定事实。绝不能随意捏造、想象、蓄意无中生有、不得弄虚作假、隐瞒或者夸大事实、在事实不清或主要证据不足的情况下就对相对人实施行政处罚或行政强制。实事求是,是公路执法部门处理问题的基本原则,唯有这样,才能公平地维持公路交通秩序,保障公路交通顺畅、服务于广大人民群众。

(七)"对策"

我国有句名言:"夫运筹帷幄之中,决胜于千里之外",[17]说明在治军、治国、治生等一切竞争和对抗的活动中,都必须统筹谋划,正确研究对策,以智取胜。研究对策有两个要点:一是预测,二是运筹。有备无患,预则立,不预则废。《孙子》认为"知彼知己,百战不殆;不知彼而知己,一胜一负;不知彼,不知己,每战必殆。《管子》主张"以备待时","事无备则废"[18]。治国必须有预见性,备患于无形,"唯有道者能备患于无形也"[19]。

在传统文化的孕育和形成的过程中,一些人也形成了尚武的不良传统。尤其以执法、掌权者为甚。"武",从止,从戈。据甲骨文对"武"的解释是,人持戈行进,表示要动武。在公路执法中,存在很多行政强制性手段,不可避免地会触动"武",如果执法时所采取的态度或行为过激,不仅不能达到行政执法的目的，还有可能引起相对人的不满，发生摩擦甚至导致暴力抗法等严重后果。执法人员和行政相对方不可避免会形成对峙局面，为避免这种情况尽量少发生，公路执法要讲究策略，对于违法相对人的教育和惩处应以相对人容易接受的方式，而不是以强硬恶劣的态度制止了事，应提倡柔性执法，少用行政强制多用行政指导。交通行政指导把民主、平等等行政法原则具体化为交通行政管理的操作程序，把交通行政管理双方当事人从以往单纯的命令与服从关系中解脱出来，使命令者的主动地位与服从者的被动地位由绝对化转为相对化，设立了交通行政管理双方当事人之间商讨、通融、妥协的余地，有利于化解抵触、对立情绪而增强信赖关系、减少摩擦冲突，增进双方当事人的统一协作。行政指导可以防止交通行政法律关系主体双方之间的关系失衡同时可以促进社会主义民主的发展。

"工欲善其事，必先利其器"。在执法工作中讲究方法技巧，增强执法的艺术性，有着十分重要的意义，它既能使管理相对人心悦诚服的接受教育和处罚，又使执法工作顺利进行、提高执法效率和效益。只有讲究策略，行政执法才能达到事半功倍的效果。公路行政执法人员应认识到：行政执法是手段而不是目的。要改变以往"领导就是服务"的模式，实现交通行政管理目标。

（八）"节俭"

我国理财和治生，历来提倡开源节流，崇俭拙奢，勤俭建国，勤俭持家。这种节俭的思想源于孔子和墨子。孔子主张"节用而爱人使民以时"[20]。墨子说"其财用节其用养俭民富国治"[21]。

人、财、物是一切事业的主要生产要素，公路执法部门如何调用、支配，使其发挥最大功效，方法在于勤俭。公路执法部门将勤、俭作为公路执法文化的重要内容，绝不是偶然的，而是继承了传统文化之精华。勤劳自古就是中华民族的美德，"赖其力者生，不赖其力者不生"[22]，只有劳动，才能不断创造物质财富和精神财富。因此，人人都需勤于劳作，不得倦怠。但勤而不俭，即使创造再多财富，也难免耗之殆尽，故而，勤自然和俭相连，节俭也是一大美德。在中国传统文化中，勤俭是最古老的训诫，"克勤于邦，克俭于家"[23]，奢而惰者贫，力而俭者富，勤以开源，俭以节流，勤而俭才能裕财致赢。非但如此，勤俭还是家、国兴衰的关键，"历览前贤国与家，成由勤俭败由奢"[24]，"俭节则昌，淫逸则亡"[25]，倡劳崇俭是思想家的共识，成为历世治国、兴家、治业之法宝。历史发展到今天，物质财富、生产效率与古代不可同日而语，但勤俭的传统不能丢弃。中国是一个发展中国家，人口多，底子薄，人均资源少，要在21世纪中叶使综合国力达到中等发达国家的水平，要彻底改变经济落后的状况，没有几代人的艰苦努力、没有勤俭建国、艰苦创业的精神是根本不可能的，我们只能走少消费多积累、少享受多节约之路。

要培育优良公路执法文化，需要每位工作人员的努力，每位工作人员不仅要将业精于勤、成于俭作为自己的座右铭，而且要在具体的工作岗位上不懈地实践，各级管理人员要多动脑筋，广开渠道，发展公路执法文化；普通员工要勤奋劳作，钻研业务，不断增强知识水平和行政执法的工作能力，提高工作效率。同时，各级领导要在自己所辖范围内大力提倡节俭，身体力行，上行下效，行业兴盛指日可待。总之，只要每一位公路执法人员都将勤俭的古训内化为自己的优良品德，在实际工作时节约能源、提高效益，公路执法文化中的勤俭精神必将成为本行业的支撑力量。

（九）"法治"

法的古体写作"灋"。《说文》中注："灋，刑也。平之如水，从水。所以触不直者去之。""灋"由三个部分组成。（一）氵，表示水。（二）廌，一种动物。《说文》对"廌"注解："兽也，似山牛一角，古者决讼，令触不直。象形从"；（三）去，惩罚。"灋"字的结构，明白地向我们展示了一幅远古时期生活场景：如有纠纷发生，这一兽将以角触击不公平、不正义一方，人们据以惩罚不直者。

我国的法治思想起源于先秦法家和《管子》，后来逐步演变成一整套法制体系。正如学者指出：五代之后操韩非之术以治国者十之有九。韩非在论证法治优于人治时，举传说中舜的例子，舜事必躬亲，亲自解决民间的田界纠纷和捕鱼纠

纷，花了三年时间纠正三个错误。韩非说这个办法不可取，"舜有尽，寿有尽，天下过无已者。以有尽逐无已，所止者寡矣。"如果制定法规公之于众，违者以法纠正，治理国家就方便了。他还主张法应有公开性和平等性，即实行"明法"、"一法"原则。"明法"，就是著之于版图，布之于百姓，"使全国皆知。一法"，即人人都得守法，在法律面前人人平等，"刑过不避大臣，赏善不遗匹夫，"各级政府官员不能游离法外，"能去私曲就公法者，民安而国治"[26]。管子认为："以法治国则举措而已。是故有法度之制者，不可巧以诈伪；有权衡之称者，不可欺以轻重；有寻丈之数者，不可差以长短。"[27]以法治国以法律政令为根据，对于法律政令的含义，管子在《七臣七主》中明确提出："夫法者所以兴功惧暴也；律者所以定分止争也；令者所以令人知事也。法律政令者，使民规矩绳墨也。"管子的以法治国思想主要表现在：以法治国，而"法身"；以法治农，求其本；以法治军，求其强；以法治政，求公正；以法治贪，求其廉；以法治商工，求富强。

交通行政法治原则是社会主义民主和法制在交通行政执法上的**集中**体现。"法治"与"法制"是两个有区别的概念。"法制"指法律和制度，它在不同社会制度中有不同的性质。"法治"则意味着整个社会无论政府还是公民均是普遍、平等守法的状态。法治是与人治相对应的，它是防止专断和随意性的规则治理状态，其核心是制约国家权力、保障社会权利。它的价值导向是民主的底蕴和自

由、平等、权利的精神。这些思想理念都值得我们当今的政府治国和政府部门行政执法借鉴，首先要有一套公正的法律制度，在公路执法中，执法的一切活动都必须以法律法规为依据，禁止执法人员徇私枉法，不依法办事，实行人治。执法者要严格遵守法律，这个要求不仅是对相对人也要对自己，强调公民权利与行政权力的平衡，行政相对人与执法者地位的平衡，权利义务相统一，程序守法与实体守法同样重要。一个应该明确的问题是，交通行政法治原则包含了对交通行政法律关系中所有主体的要求。例如：公民必须遵守交通行政法，必须依法监督交通行政主体的交通执法行为等。

中华传统文化在漫长的历史演进过程中，是处于不断发展、不断融合新的成分、不断适应新的形势的发展过程中各家各派学说都是顺应了当时社会的需要，对安定社会促进社会经济的发展发挥了积极而独特的作用。它是公路执法文化的土壤，为公路执法文化的建设和发展提供了宝贵的养分，值得公路执法部门去传承。

国务院颁布的《公民道德建设实施纲要》(以下简称《纲要》)指出：社会主义道德建设要坚持继承优良传统与弘扬时代精神相结合，继承中华民族几千年形成的优良道德传统，发扬我们党在长期革命斗争和建设实践中形成的优良道德传统，使公民道德建设既体现优良传统，又反映时代特点，始终充满生机和活力。《纲要》还明确提出"爱国守法、明礼诚信、团结友善、勤俭自强、敬业奉献"的公民基本道德规范，实现了中国传统文化和时代特点的有机结合，这也为公路执法文化指明了建设方向和前进道路，公路执法文化建设水平要借这股东风上一个新台阶，公路执法文化作为一个亚文化，是流而不是源，整个中华民族文化是其流动的源头，公路执法文化建设必须立足于文化传统，去其糟粕，汲其精华，结合时代，博采众长，形成既有民族个性、又有现代化共性的文化，这是我国公路执法文化建设唯一正确的方向。

① 《论语·为政》
② 《孟子·离娄上》
③ 《孟子·离娄上》
④ 《吕氏春秋·求人》
⑤ 《前出师表》
⑥ 《论语·为政》
⑦ 《论语·为政》
⑧ 周敦颐:《通书》
⑨ 《论语·为政》
⑩ 周敦颐:《通书》
⑪ 《周易·乾卦·象传》
⑫ 《易大传·系辞下》
⑬ 《论语·宪问》
⑭ 张载:《近思录拾遗》
⑮ 《墨子·非命》
⑯ 鲁迅.《鲁迅全集》第6集[M].北京:人民出版社,1958:92.
⑰ 《史记·高祖本纪》
⑱ 《管子·霸言》
⑲ 《管子·牧民》
⑳ 《论语·述而》
㉑ 《墨子·节用上》

㉒《墨子·非乐上》

㉓《尚书·大禹漠》

㉔李商隐:《咏史》

㉕《墨子·辞过》

㉖《韩非子·有度》

㉗《管子·明法》

二、有效借鉴域外文化

(一)"以人为本"的执法文化

在许多国家,"以人为本"是交通部门秉承的执法管理理念,这些国家的交通执法者正是秉承这种执法文化来具体执行日常交通管理的。

人性管理　彰显奇效

法国巴黎的道路以复杂出名,其放射形的街道结构让人眼花缭乱,路口的红绿灯也常让人不知所措。由于交通管理的人性化,驾驶者能遵守法规,所以即使巴黎车辆密集,但其交通状况仍能保持通畅。从政府管理层面来看,巴黎加强交通管理的经验主要就是强调人性化的交通管理。法国交通管理的主要特点是"立法细而执法粗"。法国的公路执法人员和立法人员都能够做到换位思考,从驾驶人员的实际情况考虑。一般来说,只要违章不是很明显,没有严重影响交通,交管部门一般不会向轻微违章者寄罚单,但罚单一旦寄出则必须收到效果。执法者们认为,巴黎道路情况复杂,即使是熟知道路情况的警察都可能犯错误,何况普通百姓。此外,巴黎街道狭窄,遇有违章停车、修路等特殊情况,压实线或走公交车道等违章行驶则在所难免。因此,在可以不罚款的时候罚款,无异于制造交通堵塞。巴黎警察只对两种情况"罚你没商量"——一是严重超速,二是违章停车,前者通常是恶性交通事故的罪魁祸首,后者则是路面堵塞的重要因素。人性化管理也是民众对执法者的要求。当然,警察执法宽松并没有导致巴黎人乱开车。为了人身安全和避免多交保险金,法国人开车大多极守规矩。普及人们自觉遵守交通规则观念也是执法人员体现人性化管理的表现方式之一。

亚洲汽车普及率较高的韩国,在驾校培训的时候强调最多的是:养成人人遵章驾驶,共同维护秩序的先进交通文化。韩国交管部门将"疏导"为主,"以人为本"作为交通管理的主导思想,通过综合治理,逐步培养交通参与者的文明交通意识。为确保交通的畅通,韩国于20世纪80年代中期取消了对行人的执法偏向,事故中无论是行人还是汽车,交通参与者的法律地位是平等的,后果是根据各自责任认定并予以重罚。许多国家的交通部门处罚方式也是"以人为本",并非都用罚款等方式来惩处他人。

哥伦比亚交通部门处罚违章驾驶员的办法是强迫他们观看一场令人惨不忍睹的交通事故影片,让他们从中先受教育再处罚。在美国,凡发现违章驾驶员,交警即令其与之一同值勤,直到查到下一个违章者替换为止。瑞典交警一旦发现驾驶员酒后开车，经检验血液中的酒精含量超过1‰时，便罚其到戒酒医院进行为期3个月的强制治疗。

巴西圣保罗的警察将违章驾驶员送到幼儿园，看孩子们在画有街道、交通标志的地板上表演行车游戏，让孩子们来教育驾驶员遵章驾车，以后不再犯类似错误。美国俄勒冈州的警察在判定驾驶员违章后，就把该车的车牌换成红色的，以引起公众的注意和警惕，并警告驾驶员不得再犯。可见在许多国家公路执法是通过各种人性化方式给予违规当事人惩罚而达到事半功倍的效果。

实践证明公路执法者在公路执法实践中秉承"以人为本"的执法方式能取得更佳的效果，起到了疏而不是堵的作用。

（二）重罚警示的执法文化

在国外，公路执法文化有一个突出特点，即为通过重罚以警戒，从而加大驾驶人员违法的成本，这样的执法文化对于我国的公路执法文化建设有十分重要的借鉴意义。

严惩为戒　警示众人

以在美国酒后超速驾驶为例，就可窥见这种执法文化的特点。在美国，如你喝了酒或者饮用了含酒精的饮料之后还驾驶车辆，有一个专用的名词叫做：DUI(Driving Under Influences)，如果一个人DUI，被交通警察抓住以后，其后果是十分严重的。为了保障良好的交通环境，美国有大量交通警察在各路段执勤检查，同时大量运用固定的车辆违法自

动监测器，即人们俗称的"电子眼"或"电子警察"，在各路段都会安插有"电子眼"，在每个城市所有的电子设备有一个集中的电子监控中心，一旦发现违规可疑车辆，如时速超过60公里，监控中心可以立即通过GPS全球定位系统锁定相关目标，并立即通知就近交通警察。相关执法人员接到通知后，会立即利用手中所配备的定位仪搜寻相关车辆并且将之定位，随即运用手中的微型电子录像设备再次录影以做证据。在此过程后，执法人员会立即利用手势和微型麦克风通知车辆停止接受检查。车辆停止后交通警察会首先进行证件查证，值得注意的是，在检查证件的过程中，执法人员为了保证证件的真实性，他们会立即应用一种微型电子扫描仪对证件扫描，将数据传送至监控中心，监控中心会对其进行电子核对，交通警察在证件核实后会进行酒精测试。交通警察利用的是最先进的呼吸测量仪器，即驾驶人员只需要对着微型测量仪吐一口气，仪器就会立即显示出驾驶人员的酒精含量。美国的交通法是根据驾驶人员的年龄来核定酒精含量的，如交通法规定，凡是年满21岁的机动车辆驾驶者，其血液中的酒精浓度(BAC)达到或者超过0.08%时驾驶机动车辆、机动船只属于违法行为。凡是年满21岁的机动车辆驾驶者，在血液中酒精浓度(BAC)达到或者超过0.04%时驾驶机动车辆，除了娱乐船只之外的任何机动船只均属于违法行为。凡是年满21岁的机动车辆驾驶者，在血液中酒

21世纪交通文化建设研究与实践

精浓度(BAC)达到或者超过 0.01% 时驾驶机动车辆属于违法行为。一旦查出驾驶人员酒后驾车或者超速驾驶，美国交通执法人员是通过重罚警示的。违法者将可能受到罚款、监禁、被责令参加饮酒教育学习班、被惩罚进行社区服务和吊销驾驶执照等等。如果一个驾驶者被判定酒后驾驶，则可能被当地法官判处 48 小时到 6 个月的监禁。如此人是初犯，他还必须交纳从 390 美金到 1000 美金的罚款，(这个罚款还不包括外加的惩罚数额)另外，违法人的汽车驾驶执照还可能被吊销 6 个月。DMV(车辆管理局)还将限制你的驾驶特权。同时，违法人还必须参加酒后驾驶学习班，提交保险证明书并支付执照限制和重发费用。如果违法人驾驶的是自己的汽车，法庭还可以扣留你的车辆长达 6 个月之久，违法人的车辆被扣押期间的汽车存放费用也都由违法人承担。如果一个人在 7 年之内两次被判定酒后驾驶，法庭必须判决监禁(最长为一年)和最高为 1000 美金的罚款，并将违法人的车辆最长扣留达 12 个月。违法人的驾驶执照将会被禁用两年，违法人的驾驶执照禁用期前的 12 个月结束后，如果违法人参加了酒后驾驶学习班，并且在车里安装点火连锁装置(IID，它是一种安装在汽车内部的手持呼吸测试装置，每一次启动车辆之前，驾驶者都必须接受呼吸测验，检验驾驶者身体酒精含量的水平)，驾驶者要向车辆管理局提交保险证明书，并支付执照限制和重发费用，就有机会申请限制性驾驶执照。所有

被法庭判定酒后驾驶的人都必须到专门的付费型酒后驾驶学习班里去学习。学习者在酒后驾驶学习班里学习之后，还要通过考试，考试合格后，将由酒后驾驶学习班向参加学习者颁发学习证书。酒后驾驶者还必须将证书出示给车辆管理局和保险公司。美国交通部门对于酒后驾驶和超速驾驶的处罚力度是相当大的，即通过增大驾驶人员的违法成本来遏制下一次的违法，如在加利福尼亚州，酒后驾驶的代价是相当大的：拖车和存车费用 187 美元；登记、做指纹和拍照费 156 美元；重发驾驶执照费 125 美元；增收汽车保险费 2700 美元；DUI 罚款 480 美元；法庭收费 816 美元；社区服务费 44 美元；DUI 受害者基金 100 美元；酗酒教育基金 50 美元；DUI 学习班学费 550 美元；DUI 受害者影像课程费 20 美元；时间赔偿费 35 美元；聘请律师费 2000 美元，收费与罚款总额：7263 美元。

再来看美国是如何重罚超载的。在美国一旦发现超载后，要给予相应的经济处罚，从美国亚利桑那州交通部门对超载的处罚，就可以看出经济处罚的力度还是很大的，超载 1 吨左右，将被罚款 743 美元，如果超载 5 吨则罚款 3243 美元，由此可见，美国对于超载运输处罚的力度是很大的。另外，超载罚款的档次分明，没有任何任意降低或提高罚款金额的余地。

通过以上案例可以清楚地看到美国交通警察就是通过先进的电子设备、严格的法律条文、给人警示的重罚来保证

美国的交通通畅。

(三)罚缴分离的执法方式

大多欧洲国家交通警察管的事情很多,这些交通警察工作的最大的特点就是只管违法行为的发现和登记,所有的处罚都交给法院。如在公路上,交通警察负责对超车、超载行为进行违法证据搜集,对相关事件录像拍摄,并把相关资料提交法院。美国交通警察(包括高速公路巡警)在州际公路、联邦公路以及城市、县辖道路上主要负责巡逻执勤,处理违章以及组织指挥路障清除、交通疏导、事故现场处理等警务。城市道路交通组织及规划、设计、指挥和控制以及交通设施、交通静态管理的职能都由城市交通局负责,各城市交通指挥控制中心均设在交通局内。美国道路交通违章的处罚统一由各州、市、县法院负责执行,各地法院均设有一个民事法庭专门受理交通违章的处理。外地驾驶员违章后,可以将罚金寄到当地法院而不需要到异地法院接受处罚。各州、市、县的交通违章罚款标准都不一样,且每年由立法机关根据当年各类交通违章的特点及地方市民收入的实际标准而重新审定一次,这种灵活的处罚规定既针对性地重罚了突出的违章,又照顾了居民的实际收入水平。为防止交管部门通过多寄罚单而牟利,法国接收交通罚金的部门是地方税务局而不是交管局,因此,法国绝对不存在交通警察因多开罚单而拿奖金的现象。公路执法中,交通警察明确的职责就是发现和记录违规行为并通知当事人和法院,这样就避免了交通警察在执法过程中的利益寻租和权力腐败。

(四)先进科技的高效应用

公路执法中,为了保证执法的公平公正,先进科技的高效应用起到了十分重要的作用。

先进科技在许多国家得到了普遍的应用。如20世纪90年代初期,英国就引入"电子眼"设施,力图通过使用"电子眼"改变驾车者的不良驾驶行为,限制车速,杜绝闯红灯现象,从而减少事故伤亡。2000年,英国将"电子眼"推广到全国,并允许将超速得来的罚款用于支付监测、执法等开支。从近几年的情况看,这一举措取得良好效果。英国人把监控超速和闯红灯的"电子眼"统称为"安全摄像机"。英国在道路上共安装了6000台测速相机,其中多数设在城市一级公路上,测速相机通常安装在高架上提醒车辆限速。英国的"电子眼"都安装在醒目地点,并配备统一的黄色标志,如果驾车人发现"电子眼"设在隐蔽处,可以向有关当局投诉。另外,根据英国交通部的规定,如果一个路段在过去3年中每公里发生了至少2次车祸,造成人员死亡或重伤,就可以采用移动"电子眼"实行监测。2003年英国交通部对"电子眼"运作3年的情况进行了研究分析,结果表明取得了以下良好效果:一是"电子眼"使车速明显降低。在新安设"电子眼"的路段,超速行为减少了32%,在安装了"电子眼"的固定路段,超速行为减少了71%,在移动"电子眼"监测路段,超速行为减少了28%。二是伤亡事故减少了40%,每年因超速而死亡和受重伤的人数减少了870人,轻伤人数减少了4000多。以2003年为例,英国全国死于高速公路事故与郊区公路事故者共有2074人,比过去有所减少。

文明狮城　科技助力

新加坡很少发生交通堵塞同样也主要得益于遍布大街小巷、十字路口和主要公路干线24小时值勤的"电子警察"。正是它们的"火眼金睛",使狮城的交通井然有序。新加坡的"电子警察"是指交管部门在交通路口、公路交通干线及停车场等重要地方安装的电子监测系统和道路电子收费系统(ERP)。新加坡交管部门安装电子监测系统的目的是保障交通网络的通畅。交通控制中心通过高速公路上布设的摄像机传来的信号在屏幕上监视公路交通情况,及时指挥交通应急分队前往清除故障和疏导交通。此外,这些信息还会出现在高速公路的显示设备上,向驾驶员提供实时警告,帮助他们选择顺畅的行车路线。此外,为了控制高速公路、市区或其他繁忙地段的车流量,新加坡从1998年起开始在全岛设立了道路电子收费系统。在新加坡,注册过的汽车和摩托车无须再购买行车证,而是在汽车里安装上电子阅卡器。只要将现金智能卡插入阅卡器中,汽车在驶过电子闸门的瞬间,门上的无线电信号就会从智能卡中扣除应交的费用。

车主可通过设在银行、指定商店或加油站的机器往卡里加钱。如果忘记将卡插在阅卡器中或卡里钱不够,不但阅卡器会发出信号提醒,具有自动识别功能的电子闸门还会记录下汽车违规的地点和时间,车主不久后便会收到一张罚款单。目前,电子收费系统开始大量被引入新加坡的各个停车场。道路电子收费系统的最大好处是可根据不同地段、时间和车辆实施不同的收费标准,灵活收费。交通繁忙时,公路的使用费就会高一些,占用路面较多的大型车辆因降低车流量和车速也会被征收较高的使用费。

我国的澳门特别行政区交通部门也大量应用了先进科技,澳门政府从20世纪90年代起就把所有交通信号灯改为电脑控制,路口的红绿灯一般每分钟变化一次,以减少主要交通路口堵车的机会。澳门的交警也因此不必站在路口指挥交通,只需要利用手中配备的电子监控仪和驾车巡视来完成日常工作。实践证明,先进科技的高效应用在域外的公路执法中起到了不可替代的作用。

(五)统一集中的执法模式

许多发达国家对公路执法机构的管理都采取了统一集中、从上到下的管理模式,使公路执法能够更好地上传下达,取得更佳的效率。

美国是当今世界上实行道路交通集中执法管理的典型国家,从20世纪60年代后期开始,美国交通管理部门就将原来分散的执法管理模式改为集中的执法管理模式。

1967年成立的联邦运输部是主管全国各种运输事务的最高行政机构,主要由联邦公路管理局、联邦公路交通安全管理局、联邦航空管理局、联邦铁路管理局、公共运输管理局、海运管理局、交通运输统计局、研究及专项计划管理局、美国海岸警卫队、圣劳伦斯海运发展公司等10个专业职能部门,以及直接辅佐部长开展日常管理工作的13个业务办公室组成,分三个层次对公路交通运输执法实施管理。德国联邦交通、建设与住房部是联邦交通运输事业的主管机关,它在交通运输方面的业务范围覆盖铁路、公路建设与公路运输、内河航运和航道建设、海运、航空以及气象服务等各个领域。其下设中心事务司、基础事务司、住房事务司、铁路、航道司、航空、航天、航运司、公路建设和公路交通司、建筑和城市建设司等职能部门,以及13个高级专业管理局和航道与航运管理处及3个专门的监督、管理机构。

英国也是实行公路执法集中管理的国家,在管理体制上实行"大部制"的机构模式。交通方面管辖了道路、水路、铁路、民航等各种运输方式的执法,对道路交通的管理职能主要涉及道路建设与管理、道路运输、交通安全、驾驶员和车辆的许可、机动车检测、驾驶标准、新车认证等进行统一管理。我国台湾和香港也是实行统一集中的公路执法管理交通的模式。台湾和香港的管理部门在道路交通管理方面,除了道路交通事故的处理

职能由警察承担外,道路的规划与建设、交通法规的制订、驾驶执照与车辆牌照的发放、道路标志线和交通讯号的设置规划、交通的统计分析等,全部由交通部门管理,这样使执法机构的职责更加明确,权责清晰。

三、摒弃不良的执法文化

不良公路执法文化是相对于传统优秀执法文化而言的,包括不良的执法理念、执法方式和执法环境等。不良执法文化的长期存在会给整个公路执法文化建设带来很多的负面影响,甚至会导致整个行业的瘫痪、事业的失败。因此,我们必须清楚认识什么是不良公路执法文化,其具体表现和危害是什么,进而坚决抵制不良公路执法文化,更加坚定传承传统优秀文化。

(一)不良公路执法文化的分类和具体表现

不良公路执法文化通常表现为公路执法人员违法行政。所谓违法行政,是指行政主体及其行政执法人员在行政管理过程中,违反法律规定行使行政职权,侵害受法律保护的行政关系而构成的不法行为。就违法行政的形式而言,违法行政可以分为作为的违法和不作为的违法。相应地,以行为标准和状态为标准,不良公路执法文化也可以分为不良作为文化和不良不作为文化。

不良作为文化是以积极方式表现的

违法状态,其含义是公路执法部门在其职责范围外所从事的,并产生消极后果的所作所为,即"管了不该管的事",是职权的越位。不良不作为文化则是以消极的方式表现的违法状态,意指根据法律规定,公路执法部门有义务实施并且能够实施而未实施的行为,即"应该做且能够做而未做"的情况,是职权的缺位和错位。

1. 不良作为文化

公路执法中的不良作为文化主要表现为行政越权和滥用职权。

行政越权即公路执法人员做出了超越行政职务权限的行政行为。超越权限从主体上看,主要有纵向越权和横向越权,前者有两种形式:一是下级行政机关行使了属于上级行政机关的职权;二是上级行政机关行使了属于下级行政机关的职权。后者有三种情况:一是甲部门超越业务主管范围,行使了乙部门的职权;二是甲地行政机关超越业务主管范围行使了乙地行政机关的职权;三是行政机关内部管理机构行使了外部管理机关的职权。从内容上看,有超越法定范围,使用了法律、法规没有规定的执法手段和超越了法律、规定的适法幅度,这主要存在于行政处罚中。行政越权的特点是,无论行政执法人员的行为动机、目的是否正当或者合法,只要客观上超越了行政职权即构成了越权。

滥用职权即行政执法人员的行政行为背离了法定目的,谋求了不正当利益的违法行为。我国现实的公路行政执法实践中,常见的滥用职权形式主要表现

在:一是动机和目的不正当,追求个人或小集团的不当利益。如行政许可中的厚此薄彼,行政处罚中的法外施罚、挟嫌报复;二是工作方式和工作态度武断专横,实施具体行政行为不考虑相关因素或考虑不相关因素,一意孤行、出尔反尔、威胁恫吓等。三是行为后果显失公正,违反公平合理的原则。

不良作为文化产生的根源,在于官员们所秉持的错误的权力观,如"门难进,事难办,脸难看"的官本位思想;权力寻租,"有权不用,过期作废","官官相护"等。

官本位的盛行也为官场中的腐败贪污提供了温床。由于政府官员也是"经济人",同样追求自身利益最大化,政府对其利益激励又十分有限,他们便采取其他方式实现自己的利益,这种追求利益的外在表现就是寻租。由于利益的牵制,加上人情、关系、利益纠缠在一起,束缚了作为行政执法部门本该发挥的作用,腐败也因此滋生。官场中官官相护情况也十分严重,官员们为了各自的利益,视法律为儿戏,无视法律法规和道德,互相提供方便,侵占公共资源。最终损害的是老百姓的公共利益。

所有这些不良作为文化同样也在公路执法部门中存在,对公路执法事业取得成功构成巨大威胁。

2. 不良不作为文化

在行政管理中,某些行政机关工作人员法制意识淡薄,把人民赋予的职权、职责不当回事,不负责任;有的对自己的职责认识模糊不清,不知道自己应该干什

么；有的明知自己的法定职责，但出于某种目的，故意放弃履行职责；有的钻法律不健全的空子，推诿法定职责；有的把公民、法人及其他组织的申请当"皮球"踢，或者故意拖着不办。这不仅影响了行政效率，损害了党和政府的声誉和威信，而且侵害了公民、法人及其他组织的合法权益。事实说明，行政不作为违法是极其有害的，其社会危害性并不亚于行政作为的违法，因此，要有效治理行政机关官僚作风和行政效率低下的弊端，正确地认识不作为的违法是非常必要的。

公路执法中不作为的行为主体主要是公路行政执法人员，行为的性质是不履行公路行政管理职责，主观上有故意或过失。不良不作为文化的表现主要包括有失职、渎职、碌碌无为、安于现状，不思进取的工作态度，无视法律存在的法律虚无主义等。

很多行政官员在工作中怕困难，怕艰苦，怕矛盾，怕麻烦，怕影响关系，怕损害个人利益，对工作，特别是棘手的、得罪人的、困难多一些的工作，则是能躲就躲，能推就推，能拖就拖，在其位却不谋其政。思想上故步自封、停滞不前，工作上不思进取、敷衍了事、无所作为。抱着不求有功，但求无过的思想混天度日。

有些公路执法者在执法过程中，对于该处罚该罚款的行为不及时处罚办理，而是收受相对人的好处、贿赂，致使违法者不仅逃脱惩戒，在思想上也未受到警戒，只要一出事就想到送礼、给好处，一些公路违法行为屡禁不止，后患无

穷。很多执法者视法律为儿戏，无视法律的存在，把心思用在如何跨过法律的障碍，去争取自己的利益或方便。对于老百姓来说，没钱一件事情都办不成，百姓无奈，遇事也就学会并习惯于走门路，找关系。法律于是成为中看不中用的摆设，腐败也由此滋生。

不良不作为文化的危害不亚于腐败，《汉书·朱云传》中有个成语叫"尸位素餐"，"尸位"是指空占着职位而不做事；"素餐"即"无功而受禄"。公路执法者"不作为"，拿着纳税人的钱，无功受禄、无为受禄，而且"受"得心安理得，即尸位误事，尸位误国，尸位苦民，其实就是一种腐败。

为官行政，最基础也最核心、最通俗也最本质的，无外乎四个字：一曰"勤政"，二谓"廉政"。古今中外，概莫能出其右。勤政，就是要敏于谋事，勇于担事，善于管事，肯于干事；就是要在其位，问其政，司其职，尽其责；就是要废寝忘食，夙夜在公，殚精竭虑，鞠躬尽瘁。廉政，就是要清正廉洁，诚实守信，克己奉公；就是要权为民所用，利为民所谋，情为民所系；就是要威武不能屈，富贵不能淫，贫贱不能移。每一个公路执法人员都应当把勤政廉政作为自己的工作准则。

（二）抵制不良公路执法文化的途径

文化是历史的投影。一个事物、一种文化现象的发生和存在，都是一定历史

过程的产物,都有它的原因和条件。对于传统优秀文化,我们必须不遗余力地吸收和发扬。以科学的方法去认识传统文化,绝不是一件简单、轻松的事,我们一定要有自尊、自强的精神,也要有清醒、科学的态度。既要对自己的历史负责,有自尊自爱自立的意识,敢于肯定和弘扬自己传统中一切优秀、美好的东西;又要对自己的未来负责,有自我否定、自我批评和自我超越的精神,敢于否定和抛弃传统中一切落后、丑恶的东西。取其精华,去其糟粕,是我们对待公路执法文化的正确态度。要抵制不良公路执法文化,我们必须做到"制度、教育、惩处"三结合:

1. 纠正不良,做好思想教育工作

对于公路执法工作中出现的官本位思想、权力寻租行为以及执法者的不良作为和不作为行为等不良之风进行大力地及时地纠正。做好思想教育工作,大力宣传传统优秀文化,组织好学习工作,使优秀传统文化深入人心,公路执法人员在执法过程中能够自觉发扬优秀传统文化,将优秀传统文化渗入到公路执法文化中去,丰富和发展公路执法文化。同时,坚决同不良执法文化作斗争。

2. 完善制度,加强惩罚监督力度

公正完善的制度是进行一切行政执法活动的前提,解决各种社会问题、道德问题,重要的不是如何提高人们的素质,而是用更好的制度来完善,使之没有超越制度的可能性。我们不仅要有正确的制度,更要有好的制度。正确的制度保证了社会的运行,而好的制度则让社会中每个在制度中生活的人都能够从中受益。公路执法部门要做到不护短、不遮丑,对有问题的执法人员要教育,非常严重的要清除出执法队伍,要加强惩罚和监督,完善行政执法责任制和行政执法评议制度等。

3. 创新载体,塑造优秀文化品牌

我国公路执法文化建设历经多年的实践,逐渐形成了很多优秀的公路执法文化和精神。要将公路执法文化建设的发展带入快车道,进一步掀起公路执法文化建设的高潮,重要的是要有长远的建设规划,要长期坚持下去,要持之以恒,不能急功近利,要把公路执法文化与公路执法工作很好地结合起来。公路执法文化建设是管理服务品牌,要把这种品牌叫响,就要在全体公路执法人员当中树立创品牌意识,将人文关怀融入公路执法服务中,通过培训服务意识、优化服务程序、提高服务效率、营造良好环境等,使广大公路执法人员更加爱惜"公路执法文化"的品牌和名誉。

四、好文化要靠培育和传播

(一)培育健康公路执法文化

1. 培育健康公路执法文化的意义

近年来我国公路执法活动取得了巨大成就,公路执法文化建设取得了很大进步,但是仍存在一些问题,因此,目前

我们迫切需要培育健康公路执法文化，加强对执法活动的指导，使管理机构体系在众多方面能更加有效地发挥作用。文化并不是与生俱来的，它不是嘴边的一句口号，它不是墙上的一幅标语，也不是手册上的一行字。它是组织成员共有的价值观，它必须融入组织成员的思想与行为。民国时期的散文大家陈之藩在《剑河倒影》一书中曾说过："许多许多的历史可以培育一点点传统，许许多多的传统才可以培育一点点文化。"文化要靠很多很多的历史积淀、人文传统才能积累形成，因此，在现阶段进行健康公路执法文化的培育显得十分必要。

培育健康公路执法文化有利于引导公路执法活动的开展。马克思·韦伯在《新教伦理与资本主义精神》一书中揭示出文化对政治、经济生活的重大影响，执法文化对于执法活动同样有着重大影响。文化是组织的基因，是决定组织机构能否持续稳定发展的重要因素。我们需要进步的健康公路执法文化推动执法机构的发展、执法活动的顺利进行。在不健康的执法文化的影响下进行公路执法活动就像持火炬逆风而行必有烧手之患，会滋生贪污腐败等毒瘤，最终阻碍组织使命、破坏组织形象。

培育健康公路执法文化有利于整合文化资源，提高公路执法人员的素质。面对公路执法文化中存在着丰富的文化资源，我们要根据时代的发展，对各种文化进行评估，根据人民的需要，对各种资源进行整合，扬弃传统文化，借鉴域（业）外文化培育健康执法文化。文化资源的整合过程，就是一个中外、新旧文化碰撞的过程，就是让每一个执法人员更新思想，转变观念，与时俱进的过程。在培育公路执法文化的过程中，我们要有针对性地对公路执法人员进行专门地培训，使其素质得到进一步地提高。

培育健康公路执法文化是进行公路执法文化建设的基础。没有健康公路执法文化的培育，对公路执法文化的传播和品牌打造就成为了无本之木、无源之水。

2. 培育健康执法文化的过程

培育健康公路执法文化的第一步，就是要认清公路执法文化的内涵。在培育公路执法文化时首先要思考培育文化的目的是什么，要培育什么样的文化。培育健康执法文化是指公路执法部门以实现行政管理人本化、社会化、实务化、法治化、科学化为目标，立足行政执法实际，在行政执法工作的过程中表现出来的，在公路执法活动中占统治地位的或主流的文化。健康公路执法文化源自公路执法活动，因此要从实践中提炼健康公路执法文化的内涵。只有源自组织的历史和实践活动，富于组织特色的健康公路执法文化内涵才能更好地指导公路执法实践。

重新定义"大檐帽" 创新解决老问题

在我国高速公路刚刚开始起步的时期，重庆的交通管理部门在考察了多家公路执法管理机构之后，经过不断地探索和创新，创立了重庆高速公路综合执法大队，将路政、运政、港航、征费稽查、高速公路五个方面的交通监督处罚职能进行整合，形成了全国独有的"统一管理，综合执法"高速公路行政管理体制，即"重庆模式"。因此重庆交通行政执法总队将"创新"视为其公路执法文化的突出特点。在"创新"理论的指引下，重庆交通行政执法总队通过大胆的体制创新，解决了执法机构多、重复设置、层层设置、职责同构严重、执法管理体制混乱、执法机构之间不协调的顽疾，形成与畅通、安全、便捷的现代综合运输体系相适应的执法管理模式。

培育健康公路执法文化的第二步，就是要沿着科学途径一步步将文化准则渗透到执法机构各部门中，渗透到执法人员的实际行动中。提炼出文化的内涵并不意味着所有执法机构成员都当然明了执法文化价值，都能实现文化的理念，都在执法行动中明确地贯彻执法文化的精神，因此，要从内、外两个方面实现健康公路执法文化从理念上的升华到行动上的落地。

1) 内强素质

人是培育健康公路执法文化的关键因素，要努力建设一支高素质的公路交通执法队伍，适应公路交通现代化建设对人才的需求。要一支忠诚、坚韧、执著、纯洁的执法队伍，这支队伍中应具有清廉、高效的公路交通党政管理人才，技术过硬、开拓创新的专业技术人才，熟练掌握先进技术和技能、执法人性化、法律

意识强的基层一线执法人才，以建设成一支政治过硬、业务精通、作风严谨、纪律严明的交通执法队伍。

执法机构成员要明了执法文化的价值、内容和特征，要让所有人特别是公路行政执法人员明白什么是健康执法文化。为此，首先就是要取得领导者的重视与推动。中国有一句老话叫"以身作则"这就充分说明了领导者在培育组织文化，引导组织行为过程中的影响力。如果领导者以自己的实际行动向大家证明健康执法文化的真实与可靠，这种无声的语言就是最明白的教材，最生动的示范，从而使健康执法文化为大家心悦诚服地接受。在领导者领会健康公路执法文化培育的重要性，并用自己的实际行动加以推动的前提下，就能在执法队伍中积极倡导"学习是人的第一要务"和"终身学习"理念，使执法队伍中学习气氛高涨，鼓舞执法人员争做学习型个人，增强队伍上下的学习自觉性。使公路执法文化渗入到公路执法队伍中去。

其次要实现执法人员观念的转变，加强执法队伍的素质建设。在有法可依的情况下将健康公路执法文化当做执法的准则，在法律、法规、规章不健全的情况下，也能用健康公路执法文化约束自己的一言一行。公路执法人员要自觉对传统的"官本位"文化观念进行改造，不断与社会上一些不良观念作斗争。张康之教授认为"人的真正生活往往并不根源于利益，人应当是也完全可能是把人的人性展现与确证作为人的生活的基本内容

的……在现代社会,人们已经确定无疑地把公共行政职业活动看作为专业化的社会精英活动,即把行政人员看做是社会的精英群体,而这样一个群体有什么理由斤斤计较自我利益的得失呢?"我们要通过把制度化的实现途径和人的道德信念结合起来,确认其法律责任义务,建立行政责任义务向道德责任义务转化的机制。公路执法是为了服务人民、有益社会,而不是升官发财,要从根本上树立依法行政,执法为民的基本价值观念。大力加强政治理论教育,认真学习贯彻邓小平理论、"三个代表"重要思想和党的最新理论成果。树立正确的世界观、人生观、价值观,加强思想道德建设。深入学习实践社会主义荣辱观,采取多种形式,广泛开展对"八荣八耻"的学习,在实践中灵活运用,建立与社会主义荣辱观要求相符合、和交通行业特点相适应的职业道德体系。公路执法人员要有良好的服务意识与业务能力,将行政执法机关的目的当作是自己个人价值观的一部分,将行政执法机关的目的当作判断自己行为的标准。要大力加强业务技能教育,逐步建立和完善继续教育体系,加大岗位培训和继续教育力度,广泛开展岗位练兵活动,提高执法队伍整体的科学文化素质。

公路执法部门要重视文化基础建设,有条件的地方可以建立阅览室、活动室等文化场所,经常开展文化体育活动,丰富广大执法人员的文化生活,提高身心素质,促进交通执法人员的全面发展。鼓励执法人员进行自学,主动提高法律意识与执法技能。重庆市交通行政执法总队专门出台了《重庆市交通行政执法总队机关干部职工学习制度》,将执法人员对政治理论、执法政策的学习制度化,系统化,并将各科室的学习情况纳入到年终文明评比中,通过细化考核加强执法学习效果的评估。高速公路支队第七大队为了让队员有良好的精神面貌,使队员在工作中保持充沛的精力,从队员的生活习惯入手,提出了"远离香烟,加强锻炼"的口号,积极组织、鼓励队员在工作之余参加户外运动,还与社区单位加强体育联谊活动,达到强身健体的作用,队员面貌为之一新。高速公路支队法制处副处长曹海同志就是扎根基层,不断提高,在关键时刻勇挑重担的典型。在基层工作期间,曹海同志一直身先士卒,埋头苦干。他利用业余时间不断提高理论工作水平,在西南政法大学攻读法律硕士,专门结合实际从事行政执法的学习和研究。

2)外塑形象

建立一支高素质执法队伍的目的就是将健康公路执法文化融入组织成员的行为当中,塑造出为民服务,文明执法的好形象。要让每一个公路行政执法机构都将自己的公路行政执法业务与健康公路执法文化建设结合起来,在具体部门、具体的地域环境中找到二者的结合点,将公路执法活动视为健康执法文化的载体。执法文化作为一种共有价值观,它的根本目的是要融入成员的思想与行为之中,否则就会成为空洞的口号、标语。

外塑形象要找准培育文化的切入点、引爆点，并不断地予以强化和坚持，把它扩散到每个部门和每个成员之中。美国斯坦福大学心理学家詹巴斗曾进行了一项试验，他找了两辆一模一样的汽车，把其中一辆摆在一个中产阶级社区，而另一辆摆在相对杂乱的一个社区。他把后一辆车的车牌摘掉，并且把天窗打开。结果不到一天，这辆车就被人偷走了。而前一辆车摆了一个星期也安然无事。后来，詹巴斗用锤子把那辆车的玻璃砸了个大洞，结果仅仅几个小时后车就不见了。以这项试验为基础，政治学家威尔逊和犯罪学家凯琳提出了一个"破窗理论"：如果有人打破了一个建筑物的窗户玻璃，而这扇窗户又得不到及时的维修，别人就可能受到某些暗示性的纵容去打烂更多的窗户玻璃。久而久之，这些破窗户就给人造成一种无序的感觉，结果在这种公众麻木不仁的氛围中，犯罪就会滋生、增长。

"破窗"的诱导效应

20世纪90年代纽约市交通警察局长布拉顿将"破窗理论"反其道而行之运用到纽约的犯罪治理当中，通过从小处着手，消灭小的隐患最终解决大的问题。他从整治纽约犯罪的千头万绪中找到了切入点：整治地铁。尽管地铁站的重大案件不断增加，他通过认真分析把全力打击逃票作为引爆点。从抓逃票开始，地铁站的犯罪率竟然开始下降，治安大幅好转。马里兰大学政策研究专家沙尔曼感慨地说："警局的最高领导居然要关心街头那些'毛毛雨'犯罪，这在纽约市是史无前例的，甚至在整个美国绝大多数警察局也是史无前例的。"布拉顿的改革效果明显，纽约市的治安大幅好转，甚至成为全美大都会中治安最好的城市之一。

纽约市把打击地铁逃票作为"爆破点"从而成功降低犯罪率，使治安得到大幅好转的作法启示我们改变传统"头痛医头，脚痛医脚"的做法，培育交通执法文化关键就是要选择一个看来微小却有着重大象征意义的"爆破点"一步一步推广强化，最后把健康执法文化贯彻到交通执法的全过程。在公路执法文化培育的过程中如果选准爆破点，可以起到事半功倍的效果。反之，如果忽视管理中出现的各种小问题，就会产生各种积弊，导致突发事件的爆发，古语云："千里之堤，溃于蚁穴的恶果；百尺之室，以突隙之烟焚"。

为了延长公路的使用寿命和降低交通基础实施的维护成本，减少公路交通安全事故发生率和人身财产损失，我国开展了多年的公路治超治限运动。超限超载，年年治，时时喊，但却屡禁难止，成为公路交通执法部门多年来没有根除的一块"顽疾"。我国治理车辆超限超载，有着15年的历史。早在1989年，交通部就制定了《超限运输车辆行驶公路管理规定》，在全国开展了治理工作，但由于各种原因，治理工作一年之后中止，此后，公路超载的现象越演越烈。2000年，交通部重新修订发布了《超限运输车辆行驶公路管理规定》限制超载车辆上路行驶。但是，超载现象有增无减，在"法不责众"的侥幸心理下京广、京沪等运输大通道上，摇摇晃晃的超载"巨无霸"车辆随时可见。受到经济利益的驱动，我国公路运输中超限超载的问题日渐突出。一系列恶性交通事故的发生，"超限超载"已经成为危及人民群众生命安全和国家财产安全，影响社会经济协调、健康发展的一个突出社会问题，群众对公路执法者的管理能力产生疑问。2005年经国务院批准，由交通部牵头，七部委参加的全国治理超限超载工作领导小组，在北京召开全国治理车辆超限超载工作电视电话会议，联合行动正式启动全国治理超限超载治理工作，要从根本上铲除持续了多年的超载"顽疾"。然而"冰冻三尺非一日之寒"，随着时间累积超载问题已经由一个单纯的运输行为上升成为社会问题和经济问题，它直接与一些地方和行业的经济利益相关，涉及车辆生产、运输市场、收费政策等诸多问题，而治超不力严重影响了公路执法部门在人民群众中的形象。

早期的公路治理活动，将"罚"作为治超的核心，没有培育出健康的公路执法文化。不少地区的公路执法队伍开展了"零点行动"、"铁铲行动"等专项或综合治理活动。尽管通过各方的配合努力，在短期内取得明显效果，公路基础设施得到有效保护，保障了公路安全畅通，维护了公路运输市场秩序，减少了安全

事故的发生，但是公路执法活动变成了公路执法运动，导致执法人员产生"运动式执法"的不良思想，在实际执法过程中没有形成治理公路超载的长效机制，执法人员和超载驾驶员大玩"猫鼠游戏"；由于将罚款作为治超的爆破点，产生了"以罚为主"的不良思想，导致了重复检查、逐车过磅、标准不一、各自为政等不良作法。

在这种不良文化的影响下，执法矛盾日益尖锐，危机事件此起彼伏，最终导致了京张高速公路陷于瘫痪。这场爆发于2004年国庆黄金周后的交通瘫痪持续了近一个月，期间几乎切断了京张以及西北入京通道，引起了社会各界的广泛关注，凸显出治理超载工作的复杂性。由于国道沿途要经过很多县和区，这些县和区都有交警和路政人员分段把守，很容易受到检查和罚款，交警、路政、治超办、治超检查点，一个都惹不起，而高速公路缴费较为透明，且一路上很少遇到检查，所以大量货车都到了高速公路上。而以罚代管的不良文化，使公路执法部门热衷于治超罚款带来的经济效益，对过磅卸载充满热情，每一辆通过北京治超办设立的卸载点康庄收费站进入北京的货车，不论是否超载，一律要排队到卸载站称"体重"，导致高速公路肠梗阻。不管超载与否，所有车辆都需等候过磅。而一些本应享受绿色通道待遇的车辆，比如运菜车也被拦进卸载站过磅称重。更让驾驶员头痛的是，超载没有一个统一的标准，各地区执行的标准也

不相同：内蒙古以核定车载量看是否超载，河北以每轴荷载 10 吨标准来检查，而北京部分地段，车载超过 8 吨，一律不得过界。许多的驾驶员都饱受"重复过磅"的折腾。一位从内蒙古过来的驾驶员告诉记者，他的运煤车一路上经过六七个卸载站，他的车已经被卸载过了（他手里持有交通部门给其开的已被卸载的单子），但在经过康庄卸载站时，这里的交警还让他必须进入卸载站，否则就不放行。同样，山西的过磅证进入河北后失效，河北的过磅证进入北京旋即失效，省际鸿沟成为治超面临的现实难题，给人民群众留下了公路执法混乱的印象。一些公路执法人员没有正确处理现实中遇到的执法问题，抱着"文明不能执法，执法不能文明"的歪曲理念，进行暴力执法，给社会带来了极大的影响。2006 年 8 月 25 日在南宁市安吉大道都南高速公路入口处附近，南宁交通公路处路政执法人员暴力执法殴打驾驶员，他们以驾驶员不配合为由，三个执法人员强行上该车驾驶室，扭打驾驶员，把驾驶员拉下车后，车、货被他们抢走一空，驾驶员受伤，衣服被扯破。暴力执法行为是对我国法律制度的破坏，更是对人民利益的背叛，招致百姓的反感，使执法形势更加严峻，激化了暴力抗法。2004 年宁夏回族自治区吴忠市同心县公安局交警大队在省道 101 线朝阳路段纠正超载超限时发现马伯忠驾驶一辆"东风"大货车严重超载，即示意其停车接受检查。被告人马伯忠非但没有减速，反而加大油门冲

过核查点向南驶去。驶至民警设置的路卡，当民警准备上前检查时，马伯忠又驾车向前冲去，将站在货车左前方的协勤员朱立军挤倒在地，导致协勤员朱立军经抢救无效死亡。[①]在广东省清远的洲心收费站，十几辆装满沙土的超载货车拒绝缴纳过路费，集体强行冲卡，有些驾驶员甚至下车摔断收费站设立的栏杆，与工作人员发生冲突。据收费站负责人称收费站自建成以来，试图冲卡的车辆每天都有 700 至 800 辆，不法之徒相互纠结，集中对付稽查人员，损坏公共财物，打伤工作人员。[②]

面对执法形势的严峻，一些公路执法人员执法手段野蛮，进一步激化了矛盾。在很多情况野蛮执法与暴力抗法变成了一笔说不清，理不明的糊涂账。2005 年 11 月广西百色治超点上演拳头事件。治超稽查站派出执法人员拦下一辆平板拖车，认为车宽超标 2.5 米应予处罚；而其驾驶员认为在交警部门颁发的行驶证上已经注明了"外廓宽为 3 米"故不应处罚。交涉无果后欲拆掉事主的车牌，于是双方发生肢体冲突。由于事发地点距离监控摄像头有 100 多米远，加上有建筑和车辆遮挡，无法从录像上判断谁先动手打人。按照驾驶员的说法是"执法人员动用了警棍"，而执法人员则称"驾驶员动用了扳手"。驾驶员认为永乐治超稽查站的"野蛮粗暴执法行为，严重地损害了过往驾驶员的合法权益，严重损害了百色市的对外形象"。而治超稽查站的负责人则称是驾驶员暴力抗

法先动手打了执法人员，还围攻执法人员，有的执法人员头部受伤，有的还被踢到了水沟里。③2007 年 6 月凌晨 2 时许，经贵州省金沙公路管理段外寨超限运输检测站，张德云驾驶的运煤货车应卸载 800 公斤。在按照有关规定要求卸载了 200 公斤后，张德云辱骂并出手殴打超限检测站工作人员，并将煤车开到 326 国道上堵塞交通，高喊"超限站的打人"，随后即打电话通知亲友围攻超限运输检测站，殴打正在上岗执行公务的治超工作人员。④就是由于治超中出现了一些执法不文明的情况，败坏了公路政法部门的形象，给有的地区不法分子以可乘之机，假借反对野蛮执法之名进行暴力抗法。

通过对治超活动的分析总结，得失体会，为了重塑公路执法形象。公路执法人员将工作重心放到源头管理上。全国车辆超限超载治理工作转入突出源头管理的工作方向，将"源头管理"作为治超工作的"爆破点"，通过执法前移，降低了执法成本，也消解了当事人的抵触情绪，取得了较好的执法效果。重庆市交通行政执法总队高速公路支队进行了有针对性的勤务改革，提出了"一点一线一面"的监督管理模式，即抽调人员成立机动小组，以重点路段为"点"，重点时段为"线"，在这个时空间的重点违法行为为"面"利用摄像纠违、照相取证等方法，消除了"真空"时段可能出现的安全隐患，把事故隐患消除在萌芽状态。

培育健康公路执法文化是一个全面

系统的流程。在公路交通执法文化中大部分文化是好的，是能够促进组织的发展，但也存在一些不适应时代发展的文化。要牢记健康公路执法文化是一种充满变革性、创新性的文化，要注意不断自检自查现阶段公路执法文化的存在哪些问题和不足，然后找准变革的方向进行补漏补强。不同分工、不同层次、不同级别、不同性质的公路执法机构根据自身的目标、自身的性质确定出具体的组织目标。基于信息技术的高速发展，公路执法活动有了更多的变革空间，利用信息网络满足公众需求，压缩内部管理环节。通过自己查找问题，看看存在哪些潜在的危机，在执法机构内部形成共同的危机感，推动文化变革。主动接受群众的监督，营造一个充满变革气氛的执法环境，然后将发现的问题整理成共同目标，制订解决计划，将目标尽量加以量化与细化，实现问题的解决。

3. 培育健康公路执法文化的目标

1) 人本化

所谓"人本"，就是"以人为本"，即"一切为了人，为了一切人，为了人的一切"。⑤马克思主义强调"以人为本"，始终坚持在社会历史中理解人，强调人性的历史性，强调和提倡人的自我价值与社会价值的有机统一。⑥"以人为本"的"人"不是指孤立的个体的人，而是指社会中的人，是随着社会生活不断发展的"人"，它包括人的精神、人的需要等人的基本价值。"以人为本"的"本"不只是"权利本位"，更多的是将人民的需要、人民的追求当作是健康公路执法文化的"根本"。在执法过程中关注人民的安全与健康，竭尽所能地保障人民的利益。"人本化"的"化"，就是要把公路执法文化的培育视为一个长期的历史的过程，不断地进行增补与完善。

心忧群众 爱送光明

重庆高速公路执法支队一大队执法人员发现 2005 年 1 月到 9 月由于货车尾部灯光不齐所引发的追尾等事故竟然占了高速路总事故的 30‰。灯光不齐，特别是货运车辆，漆黑一片，未能给后方车辆以有效提示，很容易造成交通事故的发生。为避免此类事故的发生，公路执法总队一大队自掏腰包筹款购买了上千只灯泡为尾灯不亮的货车免费更换。开始更换当天执法人员就在二郎收费站处为上百辆货车免费更换了尾灯，并在大队的 8 辆巡逻车上也配备了灯泡，巡逻中若发现货车无尾灯，执法人员便给其更换，希望此举能减少由于灯光不齐而引发的事故，充分体现出了将人民群众的生命财安全放在工作首位的"人本"精神。

2) 社会化

公路执法是一个处理国家、社会与个人之间权利义务关系的过程，在调整国家、社会和个人三者关系的执法实践中所体现出来的，以社会公共利益为基本立场是公路执法文化的灵魂。健康公路执法文化的社会化倾向是十分明显的。社会化具体表现在：第一，健康公路执法文化的社会本位，即将社会利益看作解决公路执法活动中一切矛盾与问题的出发点和落脚点。在中国传统的执法文化中奉行国家本位，强调公民的义务，认为个人是实现国家职能的工具。个人的权利与义务不对等不利于对权利的保护，因此现阶段在进行公路执法文化建设时确立社会本位为灵魂，平衡国家、社会和个人三者间权利义务关系，强化对社会的责任，彰显人性化的执法方式。第二，培育健康公路执法文化的立足点就在于通过不断完善公路执法文化，推动公路执法机关提高执法水平，促使我国公民接受更多的公路执法知识，加深公民对公路执法活动的认同与理解，为创建和谐社会奠定坚实的基础。第三，从系统论的视角看来，公路执法文化是社会文化的子系统，因此培育健康公路执法文化对社会文化的培育有着积极的能动作用，有利于公民获得政治认知，形成遵守法律的政治情感，促进全社会政治文明的氛围，提高全社会的政治文化品质。

3) 实务化

公路执法文化源于公路行政执法实践，因此培育健康公路执法文化就要重视其实务化的特征。实务化就是强调从公路执法实际需要出发的务实态度。文化作为社会上层建筑的一部分，与社会现实有着密不可分的联系；而执法活动更是与活生生的现实生活打交道，但直观地接触到社会的需要。从社会实践出发改变原有的程式化、概念化的执法文化，转变为更贴近现实生活的执法文化。实务化体现出对结果导向的奉行，将公民对公路执法活动的满意度作为导引公路执法文化的动力,凡事以"顾客满意"为中心,将公众的安全、满意、秩序、效率作为评价交通执法文化的标尺。执法文化不是孤立的,它与政治、经济、法律等其他文化有着千丝万缕的联系。执法文化也要根据政策变化、经济发展,特别法律法规的调整作出及时地变化,当自我封闭的传统文化落后于时代时就要吸收更多的新因素回应时代的进步。公路行政执法中更重视技术的交流学习,忽视意识形态的分歧,将解决实际问题作为公路行政执法的出发点与立足点。

4)法治化

首先,与其他行政文化相比,公路执法文化作为以执行法律、法规和各项规章为核心的执法文化决定了培育健康公路执法文化的过程无疑具有鲜明的法治化特征。"依法治国,建设社会主义法治国家"作为中国21世纪政治社会生活的主题,法治思想当然渗入公路执法活动的全过程。法治的核心是限制权力,保障权利。在健康执法文化中法治化就意味着在执法活动中遵循法律至上,强调法律在整个社会规范体系中至高无上的权威。保障人权是宪政的根本出发点,在公路执法文化中同样要求树立人民权力至上的观点,树立保障人民群众合法权益的观念。公路执法活动涉及面大,影响面广,关系到千家万户的人身、财产权利,在公路行政执法中行使权力要十分审慎。不仅行政权力的来源要合法,行政权力的行使方式、程序也要符合法律的规定。依据

法律规定,凡是在法律上没有根据的行政行为就是违法行政行为,应当承担法律上的责任。在公路执法文化中也要把"法无规定皆禁止"作为重要的信条,不能随意扩张权限,要重视权力行使的合法性、规范性,强调权力与责任的统一。

5)科技化

当代科学技术迅速发展,在这个科学化时代,文化不可避免地受到科技的深刻影响,健康公路执法文化的培育也深受科技化的影响。当代不少学科中都出现了将自然科学成果引入社会科学的趋势,科技的发展与文化的创新形成了良好的良性循环,世界是普遍联系的,公路执法文化也不是孤立存在的孤岛,它也必须同这个时代的自然科学、社会科学成就相互影响,吸收各个学科的新理论、新思维,将控制论、信息论、系统论、计算机等自然科学的新理念逐步引入到健康公路执法文化的培育中来。从自然科学中取得的成果得到公路执法文化的认同,更好地渗入到公路执法活动中,使科技发展得到精神保障与智力支持。在公路执法人员的意识深处树立科学执法的理念,进一步促进健康公路执法文化的培育。另一方面,许多公路执法活动需要借助科学方法与仪器。通过摄像头监控、雷达测速、遥感技术等多种科学技术手段提高执法水平,提高执法效率。利用网络了解各地执法活动最新动态,进行联网管理,利用计算机统计软件比较执法活动的实际值与目标值之间的偏差。随着电子政务的推行,公路执法机构应利用电子信息技术和通信技术

进一步实现组织机构和管理行为的优化。当今公路执法文化和科技发展之间比以往任何时候都更加紧密地结合起来，时代发展表明公路执法文化离不开与科技的良性互动。

（二）传播先进公路执法文化

1. 传播先进公路执法文化的意义

传播是交流信息、相互沟通、打造公共关系、产生组织动力的重要工具。作为人类最古老的社会活动，迄今为止，仅传播学界对传播的定义就已不下于一百来种。不同的观点有着不同的侧重点，有的强调传播是信息的共享，强调传播是有意图地施加影响，强调传播是信息交流的互动过程；还有的强调传播是社会信息系统的运行，强调传播是社会关系的体现。亚历山大·哥德认为"（传播）就是使原为一个人或多数人所独有的化为两个或更多人所共有的过程"，美国学者J·霍金认为"传播即是用言语交流思想"，美国学者史蒂文森认为传播"是一个有机体对于某种刺激的各种不同的反应"。还有的学者从信息的角度出发认为，"传播是信息在时间和空间的移动和变化"[⑦]，而在组织传播的领域，通说认为传播可以将个人的价值观、动力和能力整合成组织发展的动力，可以加强组织间的沟通与协调，可以提高环境对组织的认同度。[⑧]

传播先进公路执法文化有利于修正公路执法部门形象的"失真"。公路执法部门的存在状态和执法行为会在执法相对人及广大人民群众心目中留下印象，但这些印象有时与公路执法部门的实际运行状态，公路执法活动的真实状况并不一致，从而产生公路执法部门形象的"失真"问题。"失真"的成因一方面在于公路执法机关没有及时发布与其职能相关的信息，以及相关的执法行动的效能的信息，人民群众由于信息不完全，对公路执法部门的认识产生偏差，另一方面在于执法相对人、社会公众在知识素养、认识水平等方面存在个体差异，不同传播工具、不同传播方式存在传播效果的差异会导致公众、执法相对人在认识公路执法部门时出现"失真"。因此，我们要善用公路执法传播工具，进行科学的传播公路执法文化活动，发布正确的信息，纠正公路执法部门形象的失真。

传播先进公路执法文化有利于强化对公路执法活动的社会认同。公路执法机构借助于其传播机构或相关负责人员的活动和手中所掌握的大众传播工具有意识地向公众传输有关政府领导、主管人员、工作人员的活动信息，使公众能对公路执法部门的运行状况有所了解，对公路执法人员有所认识；公路执法机构通过向社会宣传公路执法政策，介绍公路执法情况，公布有关公路执法活动的交通的信息，向社会公众展示公路执法部门的文化，向公众显示公路执法部门的价值目标和公正、高效、廉洁的文化特质。这样就强化了公众中对公路执法活动的认识，提高了人民群众对公路执法部门的认同感。

传播先进公路执法文化有利于提高公路执法部门的效率。从管理组织的角度来看，组织内部传播是各管理部门、管理层次、管理环节相互间沟通联络、协调行动的桥梁和纽带。公路执法活动要求公路执法机构内部各部门的协调互助、共同努力，而现代社会对公路执法的时效性提出了更高的要求，要在固定的时间内同时启动各个部门，动员各方资源解决复杂问题。只有通过加强公路执法文化的内部传播，才能使公路执法机构内部形成工作信息及时传达、执法人员对本部门的执法文化给予普遍认同的良好传播局面。

2. 公路执法文化的传播工具

工欲善其事，必先利其器，这里就对传播工具进行简要介绍，给大家提供一个公路执法文化传播的工具箱。公路执法文化传播的开展需要利用各种类型的传播工具将公路执法的职能、状况、工作绩效传达给不同层级、不同类型的受众。按表现形式不同可以将其分为网络媒介、大众传播媒介、人体媒介等。不同的传播媒介有着不同的传播效果，下面简要介绍各传播工具的优劣何在，以便公路执法部门根据本部门、本地区的实际情况加以灵活的掌握，在工具箱中挑选最合适的传播工具。

1）政府网站

政府网站是新形势下最具活力的传播工具之一。建立公路执法网站的优点在于：第一，打破时空限制，扩大公民参与度，公民能很方便地收到公路执法文化传播的信息。第二，信息量大，时效性强。不论是行政法规公示还是行政执法活动的报道都不会受到版面和播出时间的影响。建立公路执法网站进行文化传播可以实现全天候的新闻发布，政府网站可以第一时间将信息传送出去，有利于引导舆论，便于公众更快地了解政府活动。第三，有利于及时反馈，掌握传播效果。通过在政府网站上设立聊天室、电子信箱受理电子投诉，可以及时地得到人民群众对政府传播活动的反馈。第四，加强执法机构的内部信息传播速度。公路执法机构内部专网信息量大、信息价值高，是传播交流内部信息、执法信息、办公信息的重要渠道，也能使执法机构的领导及时了解内部动态和各种业务信息。公路执法工作人员能通过内网更快地了解本部门信息，并及时进行反馈。

每一枚硬币都有两面，建设公路执法网站的问题在于：第一，保证信息安全需要一定程度的技术水平。第二，网站需要经常进行日常维护，及时进行信息更新。构建畅通的传播网络对实现外部传播的顺利进行有着重要的意义。如果登录公路执法网站，却老是打不开页面，或者打开了页面，却一直看不到更新，这样的传播网络将会使传播效果大打折扣，不仅不利于公众了解公路执法文化，也不利于公路执法组织内部的信息交流与更新。第三，专门的公路执法网站在公众中的知晓度不高。一般民众上网主要是搜索资讯、寻求娱乐，像公路执法网站这样专业化较强的网站容易处于上网冲浪的盲区。

2）大众传播媒介

公路执法文化传播也可以借助报纸、广播、电视等大众传播媒介。它们主要面对社会公众，具有速度快、范围广、影响大等特点。通过报纸、广播、电视等媒介主动向公众发布关于公路执法机构设置方面及机构精简方面最新情况的做法在实践中并不少见。

大众传播媒介主要分为两大类：印刷类和电子类。这两类媒介都有各自的特点。印刷类大众传播媒介主要包括报纸和杂志。报纸的发行量较大，因而是受众面最大的印刷类大众传播媒介。报纸有着很多优点，同电视比较而言，报纸所载信息比较深入细致、详细、全面。报纸还具有可保留性，如果读者在报纸上读到重要的公路执法法规就可以保留下来以备索用，遇到好的执法报道也可以长期保留下来反复体味。同时，报纸的信息成本较为低廉。它便于随身携带，不受任何技术条件的约束，几乎可以被带到任何地方阅读并且便于传阅。

广播电视媒介等电子类的突出特点是：形象生动，传播速度快，受众面广，适合进行时效性强的传播活动。广播是一种纯粹的听觉媒介，因此许多驾驶员朋友都有收听广播特别是交通广播的习惯，广播在公路执法活动的传播中有着特别重要的作用。

2005年12月29日，FM95.5重庆交通广播与重庆市高速公路行政执法总队签订了《高速公路管理信息联动方案》，这标志着一个完善的高速公路信息平台的构建工作正式启动。联动方案的签订将有效地提高交通广播在高速公路诱导交通的作用，最大限度地将突发灾难造成的社会影响降至最低。2005年12月，陕西交通广播和陕西省交通厅公路收费管理中心达成协议，对陕西绕城、西户、西汉、西临高速的路况信息进行联合报道。对陕西交通广播"高速记者站"工作进行了补充与加强，使FM91.6陕西交通广播的电波已覆盖陕西省主要高速公路，为广大市民的出行提供了极大的便利。⑨

电视是最大众化，最具传播效力的传播媒介之一，借用电子技术传输图像和声音的现代化传播媒介，视听合一，是电视与其他媒介最主要区别，也是电视的优势所在。运动的画面适应了人的生理特性，有很强的形象感、现场感和过程感，因此具有说服力和感染力。交通公路执法部门应该特别注意在特殊时段与电视台合作，比如春运期间，"五一"、"十一"黄金周期间进行专题报道。在节日期间通过电视可以保持信息畅通，上下沟通、指挥及时得当，还可以弘扬文明新风，表扬典型，交流经验，并对市民关注的热点等及时进行回应。

3）手机短信

除了这些大众传播媒介外，手机已逐渐成为新兴的第四媒体。近年来拇指一族盛行，作为一种横跨人际传播与大众传播的新兴传播媒介，手机担负着传播信息的重要功能。

（1）手机短信的收发非常方便和快捷。手机是随身携带的，因此收发短信随时都可以进行，手机短信可以在很短的时间内传播给成千上万的手机用户。

（2）短信沟通比其他沟通方式更为便宜。

（3）短小精粹。手机短信受限于自身的技术条件，信息内容要求短而精粹。

（4）到达的无限制性。短信息服务（SMS）支持国内和国际漫游，是名副其实的全球移动数据服务，手机族可以在任何时间任何地方、随时随地接受手机短信。

（5）个性化。报纸、广播和电视等大众传播方式将受众当作没有差异的"大众"，不加区别地对所有人进行信息传播。而手机短信则可以针对不同主体使信息具有更强的针对性。

甘肃建立了突发公共事件手机短信及时发布系统，通过手机短信及时向公众发布权威信息[10]。这也启示我们可以通过手机短信及时发布公路执法活动中的处理情况和工作进展。还可以利用短信平台向市民提供信息查询服务。重庆市电力公司就推出了"电费短信通"服务，开通该服务的市民不用到电力营业厅，发个短消息就可以了解本月或以前的自家用电和缴费情况[11]。这种方便实惠的短信告知功能大大地便利了市民。重庆高速公路执法总队下属征费局与电信部门合作设立160人工咨询台，接受车主朋友的政策、法律法规以及相关问题的咨询同时短信提醒车主按时缴纳养路费，大大便利了执法相关人，提升了公路执法文化传播的针对性。

4）标语、宣传画等传统传播媒介

在我国，标语、宣传画历来是重要的信息传播载体，曾在各个领域广泛应用。随着时代进步，标语从传播的纸张、墙面走向了电子屏幕。多年来，各地创造发明了很多公路执法的标语口号，起到了积极作用。我们在公路上经常能看到"爱护公路光荣，破坏公路可耻"，"依法治超，文明执法"等标语。标语要求简练概括，旨在详述政策主张，指明行动方向，能增强教育效果，增强执法权威。它说服人的方式主要是诉诸情感，激起人的激情而不是诉诸理性。在当代大众传媒高度发达的情况下，标语口号有逐渐减少的趋势。但标语对公路执法部门进行执法文化传播仍有重要作用，在公路执法部门标语的作用不容忽视。标语可以信托于各种标牌、旗帜、公共运输交通工具或各种墙面进行传播，成本不高，特别适合基层特别是广大的农村地区的公路执法部门采用。而宣传画可以向不同阶层、不同文化背景甚至不同语言的人传递出公路执法文化信息，增强传播效果。

5）人体媒介

这是指公路执法机关借助执法人员的形象、行为、服饰、素质和社会影响来作为传播信息的工具。人体媒介是传递信息的一个有效载体，因此像公路执法部门这样的服务部门要特别重视对执法队伍的素质建设和执法人员的形象优化。

不同的传播工具有着不同的特性，因此在选择传播方式时要考虑传播方式的易得程度、传播方式的吸引力、传播内容的感染力、传播目的差异及公路执法机关的传播习惯与媒介的关系，结合实际选用最适合的传播工具。

3. 先进公路执法文化的传播方式

根据传播针对的对象不同，可以将先进公路执法文化的传播方式分为针对社会的外部传播、针对行政相对人的互动传播和针对组织成员的内部传播三种。

外部传播，即公路执法文化与公众之间的信息交流。任何组织都存在于一定社会环境中，任何文化都要与社会文化这个系统进行信息交换，以达到传递组织的文化个性、表达组织文化的同一性和稳定性、建立组织在外部公众中的良好形象、协调与社会主流文化的差异、吸收其他多元文化优势的目的。通过进行先进公路执法文化的外部传播可以向群众传播公路执法文化法律至上、为人民服务的核心价值观，传达公路执法机关的个性，得到人们对公路执法机关的认同，在群众中形成良好的公路执法机关形象。

外部传播的第一步是进行知晓性的传播，让一般公众对公路执法文化产生初步的了解，形成原始的印象。就是说要将公路执法机构的核心价值观用直观的形式使公众了解。这一时期主要借助大众媒介、网络媒介通过定期的道路安全法规宣讲，出台道路法律、法规、规章、政策时进行媒体吹风会，向社会发布道路交通安全处理事例等方式使公路执法文化服务人民、法律至上的核心价值观为公众所接受。第二步是进行态度层次的传播，让对公路执法有一定了解的公众能对公路执法机关有良好的态度。伴随着行政执法的发展与信息网络的普及，公路执法文化的传播得到进一步的加强成为可能。由于"态度"是一种心理状态，其形成机理相当复杂，这一时期要综合利用各方面的传播途径力所能及地影响公众，同时在传播信息的过程中要尽可能地采取中立的立场，做到实事求是才能提高公众对信息的接受度。

传播执法政策
化解执法阻力

近段时间由于一些人对公路执法工作的不了解，在养路费征收等工作中产生了激烈的刘抗，一些地方已从口头对抗升级到了肢体冲撞，甚至还出现了集体暴力围攻收费站的情形。养路费在全国范围内遭到舆论口诛笔伐的"围攻"，甚至在一些地方陷入驾驶员及运输企业抵制的尴尬局面。全国人大常委会法工委、国务院法制办公室负责人以答记者问的形式，向社会公开表态在燃油税开征之前，征收养路费合法。通过积极的传播行为使喧嚣一时的养路费风波尘埃落定。通过传播行为实现公众态度的改变，也从一个侧面折射出公路执法文化所面临的调和冲突，增进了解的功能。

重庆市交通行政执法总队高速公路支队一中队把社区管理作为执法工作的重点。一中队将《中华人民共和国道路交通安全法》、《中华人民共和国道路运输条例》作为宣传和送法到企业的重点，先后到重庆长途汽车运输公司、西南铝运输公司、威远钢铁运输公司等大型企业内部进行交通安全知识的宣讲，并送去了相关的交通安全资料；在一些区县的客运中心开展了《安全法》等法规的宣传活动；召开了辖区内三十多家客、货运输企业负责人参加的"今冬明春安全工作座谈会"，为交通安全管理打下基础，进一步扩大了公路交通行政执法的影响力。

互动传播是重要的公路执法文化传播方式。公路执法机关在外部传播中扮演的主要是传者的角色，在与执法相对人的互动传播过程中就身兼着传者与受者的两重身份，因此其传播活动带有浓重的互动色彩。公路执法工作有着很强的实务性，像保护公路路权、维护公路面貌、治理超载超限、进行公路规费的征稽这些工作有着很强的实践操作性。更要重视传播中的互动沟通，构建科学的双向传播路径。这一阶段，一方面要依赖人体媒介宣传公路执法文化，通过公路执法人员的执法过程让行政相对人接受它的服务文化和法治文化；另一方面要注重收集行政相对人的信息，根据反馈情况作针对性的宣传活动。重庆高速公路综合执法大队成立之初，由于处于试点期间许多相关法规不

配套，缺乏社会的认同度。一些驾驶人员依据其机动车驾驶证上所印的"除公安交通管理机关以外，其他单位或个人一律不得扣证"的字样抗拒执法，而综合执法大队通过耐心的解释和不断的法律宣讲终于取得了行政相对人的认同与信任。

面对高速公路管理共同面对的行人事故和行人上路问题，重庆高速公路执法支队第七大队深挖思想根源找原因，最后把目光聚焦在社区管理上。社区组织的执法同志深入到沿线企业、学校和村民家中，了解社区高速公路法律知识的普及程度，针对社区的实际情况宣传高速公路相关法律法规知识。在他们的努力下，辖区沿线的各村委会、学校以及生产企业，特别是客运企业和危险品运输企业一时掀起了学法、用法、守法的热潮，大大消除了队员执法过程中的矛盾。由于渝涪高速公路开通，重庆主城和涪陵变得更近，涪陵良好的港口资源和区位优势使滚装码头正式"诞生"。涪陵滚装码头的建成对执法者如何保障高速公路的安全畅通提出了考验。面对这份考卷，第七大队队长江晓奎多次带人到码头去宣传高速公路安全行车知识，想办法、出点子，指导码头工作人员作为安全管理工作，避免了重大交通事故和意外情况的发生，实现了滚装码头和高速公路的有机对接。

先进公路执法文化的内部传播有利于公路执法组织的整合。这是个人在组织中逐渐社会化的过程，是公路执法人

员受到先进公路执法文化环境改造,将先进公路执法理念灌注到其思想、行为中的过程,主要体现为日常公路执法活动的积累与专门有组织培训的提高两种主要方式。在日常执法中,注意证件齐全,严格履行执法程序;在非工作场合学习业务知识、法律知识充实自身;领导大力宣传公路执法"忠诚、坚强"的执法理念,以身作则做出表率都是内部传播的表现方式;通过讲习、会议、出版物、进行教育性学习等有组织地培训也能提高组织成员在组织文化氛围内的社会化过程。先进公路执法文化的传播可以是工作信息的传播,通过与工作有关的工作信息传播、工作中的创新观念传播可以在公路执法机关内部形成积极向上、开拓创新的文化氛围。先进公路执法文化的传播也可以是关于人际信息的传播,通过人际信息的传播有利于在执法人员心理上形成共鸣,进行相互沟通和相互理解,创造更好的人际关系氛围。面对面的文化传播,能满足公路执法人员非正式沟通心理需要,打破不同部门间的隔阂。交通执法文化的传播是并重上行与下行的传播。下行传播重视上级对下级发出指挥命令、下级对上级的执行,重视命令、控制、指挥的作用。而上行传播重视基层意见对上层的反馈,能使上级了解下级的处境,更好地引导下级的态度提升整个公路执法机关的士气。

重庆交通行政执法总队高速公路支队第二大队第四中队副中队长聂长华针对队员执法经验和处理事故能力不高的现状,为实现案例教学提出了"民主点评会",为大家相互取长补短、积累经验提供了一个平台;"民主点评会"就是在开中队例会前几天,由中队领导根据中队执法、事故处置等问题,指定存在问题的人、队、组提前做好准备,开会时进行自我批评和剖析,同时请有经验的队员点评,帮助其找到不足,真正让所有队员学到了东西。重庆市高速公路执法支队的标兵胡鹏同志在勤务组任职管理岗位期间,积累了大量的管理经验。在担任勤务组长后,他深入了解队员的情况,不断进行学习提高。他通过坚持参加各分队学习讨论会,和队员们交流学习工作的经验,解决队员们在工作中出现的问题,毫无保留地将自己总结出的先进经验、方法传授给普通执法队员,为所在勤务、窗口等多个岗组培养了一批骨干力量。

4. 建立公路执法的新闻发布制度

建立公路执法的新闻发布制度是信息化社会发展的必然要求,无论是从政府信息公开角度,塑造良好公共关系角度,还是从加强公共事务治理角度,都应该认识到新闻发布制度对加强公路执法文化传播的效果。随着《中华人民共和国政府信息公开条例》的颁布,进一步加强与人民群众的联系和沟通,有效实行政务公开,改进和规范公路执法活动中重大新闻的发布行为,保障人民群众对公路执法活动的知情权,接受社会各界对公路执法活动的监督,更好地调节公共关系、处理公共事务的现实需要,使拓展现有新闻发布制度的范围,建立公路执法新闻发布制度的要求显得十分迫切。

在实践中不少地区的公路执法部门都自觉地进行了新闻发布活动,尽管缺乏系统性和规范性,但有必要总结经验,建立完善公路执法的新闻发布制度。而且自2003年以来,新闻发言人制度成为我国媒体和公众议论的热门话题。我国从1983年开始实行新闻发言人制度,这一切都为建立公路执法活动的新闻发布制度提供了丰富的实践经验和制度范式。

构建交通危机事件
应急传播机制

重庆市交通行政执法总队高速公路支队一直在推行政务公开、执法信息公开,并且走在了行业的最前面。对所有的执法依据、执法程序、处罚(收费)额度等都通过多种途径向社会公开。对于重大的执法活动、重要的管理信息都事前通过媒体、互联网向社会公告,发生危机事件时及时通知群众和发布预警。高速公路支队第五大队很好地运用危机传播原理处理了一起"石头钓车"的交通危机事件。重庆渝宜高速垫江段曾有几名顽皮小孩效仿大人钓鱼,突发奇想地用废磁带芯绑上石头后,从高速公路天桥上放下来"钓车"玩。当高速行驶的车辆到达桥下驾驶员发现石块时一旦避让不及,石头就可能穿过车窗使人致命。若车子紧急制动又极有可能引发连环车祸,后果都是不堪设想的。高速公路执法大队人员接到驾驶员的报警后及时赶

到现场,调查情况,排除险情,对行为人及其家长进行批评教育,并以此为契机对全市市民,特别是驾驶员进行高速公路的行车安全教育。他们与《重庆时报》进行合作,在进行交通危机报道的同时,发布高速公路应急须知,指导驾驶员进行应急处理。在这起危机事件处理过程中先由现场执法人员及时进行相关信息的采集和报送,然后公路执法部门进行编制与审查,最后通过新闻媒体发布给公众,对公众在高速公路上的行车安全进行预警。具体的做法是:首先对危机事件进行情况通报,然后向市民发布在高速公路上遇到下列紧急情况时的处理方案:

(1)在高速公路行车遇有情况时;

(2)发生交通事故;

(3)车辆出现故障或发现载运货物坠落时;

(4)当高速公路出现阻滞现象时。

最后,针对一段时间以来高速公路沿线经常发现有小孩到路上行走或玩耍的现象,希望市民进行积极的配合、加强对小孩的教育。通过主动进行新闻发布,使一次危机事件变成了一次高速公路安全的生动教材,构建了高速公路执法部门便民、亲民、务实服务的好形象。

上例表明了公路执法新闻发布制度有着两大特点:

第一,注重对公路执法文化进行主动传播,在事件发生后公路执法部门要主动与新闻媒体联系进行信息发布,掌握信息传播的主动权。1945年当哈里森·

21世纪交通文化建设研究与实践

杜鲁门命令把原子弹投放到日本时,身为美国总统和三军统率的他亲自把这一新闻传送给白宫新闻团,充分说明了行政机关主动联络媒体、主动进行传播的重要性。热播一时的美国电视连续剧《白宫群英》也向大家展示了白宫媒体是如何与大众媒体力量一起甚至引导大众媒体掀起传播活动、进行议程设置的。我们可以借鉴美国发达的白宫媒体文化,认识到传播能力也是政府执政能力的一部分,执法文化传播是执法部门获得公众认同度,维护政权合法性的重要一环。通过主动表态,发布政府的立场、态度来抢占传播的主动权,通过主动传播先进公路执法文化能使公路执法文化更深入人心。

要实现公路执法文化的主动传播过程,首先要重视用行动制造新闻,将最近一段时间与公民生活有着重要关系的公路执法活动的主题,特别是为执法活动的相对人所关心的公路执法活动向社会进行公布,让更多的公众了解公路执法文化。其次,重视对交通执法文化产品的生产和发布。比如重庆市交通征稽局就与重庆电视台合作制作宣传片向社会积极宣传交通征稽政策。第三,要重视交通执法信息的传播,重庆公路执法部门与重庆交通电台长期合作在固定栏目滚动播出路况信息,并与重庆各大报社合作,发布重要公告并收集广大人民群众对交通政策的反馈信息。我们还可以借鉴英国传播学者D·麦奎尔对传媒效果的研究成果,从传播的效果来理解主动传播行为的效果。将传播先进公路执法文化的传播效果分为效果、效能、效力三个层次:第一层次是"效果",是指传播活动对受众产生了直接的结果,无论它是不是符合传者的期望。比如通过传播使受众对交通执法活动产生认知,形成直观的印象。第二层次是"效能",指传播活动达成了预期的目标的功效,比如通过宣传公路法,开展主动缴纳公路规费的教育,使受众形成主动缴纳的守法意识。第三层次是"效力",指在给定的条件下文化传播活动发生潜在的、间接的影响。比如通过交通执法文化传播在全社会形成了遵纪守法,爱护公路的氛围,则达到了传播的效力。

重庆市交通行政执法总队高速公路支队通过与重庆交通广播电台合作,在交通广播的特定频道进行高速公路信息播报,对驾驶员进行行车指导。在节假日,重庆市交通行政执法总队高速公路支队还主动进行通行指导,在2007年"五一"黄金周即将来临之际,高支队公布了60余处容易发生交通堵塞的地段,并发布了绕行的提示。通过主动传播,便利了人民群众的生产生活,产生了良好的社会效益,提高了高支队的执法形象。

第二,注重公路执法文化的危机传播。俗话说得好:事物的好坏不在于它本身,而在于人们对它的态度。危机事件发生后,通过积极进行危机预案的传播,提高群众的反危机能力,能更好地提升公路执法水平。

危机通常指没有预见性突然发生的,需要快速处理的事件。一些自然界的突发事件,如洪水、地震等会造成危机事件,我国幅员辽阔也是自然灾害多发国家,地质灾害发生数量在世界位居前列,因此经常会发生公路抢险情况。我国目前处于社会转型时期,经济发展出现城乡二元化,区域化的形态,以收入差距为突出标志的各种利益冲突使多种问题显性化,也造成公路执法中不少危机事件的出现。美国前白宫新闻秘书马林·费茨华特曾说过:"良好的危机传播是建立在一个适当的制度之上的,一旦有危机发生就加强原体制,使之运转得更好。如果在常规期间,你每天召开一个新闻简报会,那么,在危机期间就应有所加强,每天召开三次,危机期间是没有时间去计划新制度的。"② 因此要进行危机传播首先要事前有所准备,要有一整套的应急预案和沟通渠道,不打无准备之仗。危机发生时再去手忙脚乱地应付是注定要失败的。在平时就要收集关于潜在的危机信息和执法中发生的棘手事件,并对这些信息进行整理,适时制定相关的危机预案,积极防止危机的发生是最好的选择。其次,在危机传播过程中要处理好同媒体的关系。从水门事件、格鲁吉亚的"玫瑰革命"到南京汤山特大投毒事件、南丹矿难,从中我们都可以看出媒体强大的信息发掘能力,要知道即使没有任何官方帮助,凭着智慧与勇气媒体也是能写出报道或是播放新闻的。而且在当今高度媒介化的社会,对危机

事件的新闻处理不当往往才是真正的危机。所以即使是出现了负面的危机也要积极与媒体沟通,不能老是板起一副"无可奉告"的面孔,这样的话就会给大众留下一个试图掩盖真相的印象,产生更多的流言和猜疑。相反,积极的站在媒体面前将信息报告给民众,不仅可以表明自身化解危机的积极立场也通过阳光执政消灭谣传的滋生。最后,危机应急处理结束,并不等于公路执法文化传播的结束。公路执法机关还要及时对危机传播活动进行总结,了解传播效果及人们的反馈,为下一次积极应对危机积累经验,同时纠正本次危机中所暴露出来的问题,用积极的解决行动来巩固先进的文化。

(三)打造品牌公路执法文化

1. 打造品牌公路执法文化的意义

21世纪是一个品牌竞争的世纪。在公路执法文化领域我们也要重视品牌文化的建设。

1)打造品牌公路执法文化有利于提炼公路执法文化,彰显公路执法文化的个性

世界著名品牌策划大师大卫·奥格威认为品牌是一种错综复杂的象征。它是产品属性、名称、包装、价格、历史声誉、广告方式等的无形总和。文化与品牌之间存在着复杂的关系,文化是品牌的支撑,品牌是文化的结晶。品牌文化又是组织文化的重要组成部分和显著标志,它包括了组织文化的方方面面,同时

21世纪交通文化建设研究与实践

浓缩了组织文化中最富于个性特色的元素。因此打造品牌文化就要在纷繁的公路执法文化中去粗取精、去伪存真，提炼出执法文化最富于个性的部分。我们要对传统公路执法文化和外来公路执法文化中的优秀成分进行有效传承，对其中不能适应时代需求的成分进行大胆摒弃，同时对现阶段出现的公路执法文化成果进行及时总结，比如对公路执法文化先进人物和事迹进行推广、宣传。

2）打造品牌公路执法文化有利于提升政府形象，增加公路执法文化的美誉度

品牌公路执法文化彰显公路执法文化的个性特征，使公路执法文化具有高识别度的同时，更强调一种口碑、一种品质，使文化具有更高的美誉度。打造品牌的过程就是取得公众对品牌的精神认同，形成品牌信仰，创造品牌忠诚的过程。将"品牌"引入到公路执法文化的建设中来，用现代的品牌思路进行交通执法文化的建设，有助于提高公路执法文化在社会上的知名度与美誉度。通过品牌文化的打造，让公路执法活动与以人为本，执法为民的政治文化完美和谐的统一起来，使公众产生文化认同与情感信赖。值得注意的是一些人对公路执法品牌的塑造存在着认识上的误区。要把打造品牌文化同虚假宣传的花架子、面子工程区分开来。有的人把行政品牌视为形式主义、皇帝的新衣，有的人把打造品牌形象看作搭建华而不实的花架子，这同过去我们对品牌的认识不足有关。

实践证明，通过塑造形象鲜明的品牌可以有效地提高行政组织在公众中的知名度与美誉度。现在杭州、大连等城市大打地方名片牌就是看中了品牌对行政形象的巨大提升作用。

3）打造品牌公路执法文化有利于构建和谐交通、促进服务型交通事业的发展

公路对于社会犹如血液对于人体，作为承载人流、物流、资金流和信息流的重要渠道，它对经济发展起着重要的推动作用。随着人民生活水平的提高和社会经济水平的发展，人民群众不仅关心公路的数量，还关心公路交通的安全性、便捷性、通畅性，因此构建服务型交通成为当前人民群众的迫切需要。凡是涉及保护路产、维护路权、维持公路畅通秩序、保护公路权益四个方面的问题都属于公路交通执法的内容，它涉及公路交通的方方面面，对人民群众的生产生活有着重大影响，所以只有构建和谐的交通关系才能切实满足人民群众生产生活的需要。打造品牌公路执法文化有利于加强执法过程中的服务导向和顾客导向，促进公路执法活动向合法、公平与高效的方向发展。公路交通执法直接面对行政相对人，处于法律执行的第一线，打造品牌公路执法文化有利于提高执法服务的质量，关注相对人对执法活动的满意度。

值得注意的是品牌公路执法文化作为公路执法文化的重要组成部分，只有公路执法文化在理念、体系方面给品牌

文化提供支撑,品牌公路执法文化才能得到进一步的发展,品牌公路执法文化才能发挥充分的作用,在执法机关与普通大众间搭起了一座金桥,让公路执法文化能更贴近人民群众。

实践中越来越多的公路行政执法部门开展了提升执法水平,打造执法品牌的活动,这些活动表明打造品牌,寓服务于执法管理,对树立队伍形象提高人民群众满意度起到了良好的效果。每年的3月30日是山东省的路政宣传日。为更好地为群众服务,打造文明大通道,山东公路开通了"96660"路政服务电话,被群众亲切地称之为"爱心线"、"知音线"、"公路110",树立了山东公路良好的社会形象。坚持以塑造服务品牌感召人,大力实施"品牌带动战略",培育出了一批具有较强影响力的服务品牌。"山东交运"、"情满旅途"、"诚纳四海"、"烟台港客运"、"烟台交运"、"装卸真诚"等服务品牌被评为山东省首批服务名牌。浙江省交通厅重视品牌建设,积极打造"浙江路政"品牌,在浙交〔2006〕58号《关于2006年全省公路路政管理工作的意见》中提出按照政治合格,纪律严明、业务精通、作风过硬,队伍正规化、巡查制度化、管理信息化科学化的要求加快路政队伍建设,打造"浙江路政"品牌。通过强化管理,严把进人关,加强路政人员培训,完善路政队伍和路政人员考核激励机制,完善硬件设施以工作实效取信于民。2007年重庆市公路局确定每年5月为"路政宣传月",集中开展《市路政条例》

等公路路政管理法律法规的宣传活动。市公路局《重庆市公路路政管理条例》颁布实施五周年主会场宣传活动。各区公路局或由分管领导带队,上门与服务对象进行《市路政条例》宣传座谈,帮助企业解决生存发展与政策法规之间的矛盾,或与政府联合召开了各种形式的路政管理宣传动员会,整个路政宣传月活动声势浩大,宣传措施有力,覆盖面广,取得了良好效果。通过对《重庆市公路路政管理条例》等法律法规的宣传,广大群众尤其是公路沿线居民对公路法律、法规有了更深入的了解,增强了爱路护路意识,减少了人为破坏公路的行为,确保了公路安全畅通。

2. 品牌公路执法文化与企业品牌文化

品牌文化研究产生、发展、成熟于企业管理领域,可口可乐、麦当劳等商业品牌早已为人们所耳熟能详,因此在塑造品牌公路执法文化时要重视对企业品牌文化建设丰富经验的合理吸收和借鉴,将标杆管理等企业品牌文化建设中行之有效的先进管理经验引入到品牌公路执法文化的塑造活动中。

企业家政府之父戴维·奥斯本曾经说过"政府和企业毕竟是根本不同的两种机构组织,二者之间存在着不可逾越的界限:前者是公共机关,后者是经济部门。企业的动力通常来自竞争,政府则来自各种垄断。"但是如果从管理主义的角度出发,管理也可以是一种纯手段性活动,它是具有共通性的,它所包含的一系列基本原则既适合于企业部门,也适合于政府部门。在全球化和信息化大背景下,政府和企业在管理上面对的问题,诸如组织行为、计划与控制,人的管理、信息管理、文化等也大体相同。事实上许多国家政府越来越注意借鉴私营组织的成功管理经验和管理办法,并在实践中取得了很好的效果。比如20世纪90年代以来,美国政府受企业界"重塑管理"运动的影响,进行了大刀阔斧的"重塑政府"运动,改革行政程序和行政方法,使行政管理的效率得到提高,更加贴近公众对公共产品的需求。J·Q·威尔逊在其著作《美国官僚政治》中大量列举了学习企业文化培养方式进行组织文化培养且将其运用美国政府机构行政管理的成功案例,比如以强调"职业规范"而闻名的陆军工程兵部队,以及多种亚文化并存的中央情报局等。因此我们完全可以借鉴企业管理领域成熟的品牌营销战略来打造品牌公路执法文化。

打造品牌公路执法文化时我们要处理好同企业品牌文化的关系,注意好以下几个问题:

1)要确立建设品牌公路执法文化的建设原则

只有在科学理论的指导之下,才能进行正确的品牌公路执法文化建设。由于品牌公路执法文化是公路执法文化的集中体现,对社会经济的影响尤为深远。特别是执法文化,关系到政府的执政能力,涉及法律在社会生活中的运用,事关千万人的切身权益。只有先进的品牌执法文化才能真正对社会发展起到长远、积极的推动作用。我们必须以马列主义、毛泽东思想、邓小平理论、"三个代表"重要思想来做为建设发展公路执法文化的指路明灯,把爱国主义、集体主义、社会主义思想道德作为品牌文化建设的核心。从中华民族一切优秀的文化传统中吸取养分,学习世界上一切的优秀文明成果,不断用与时俱进的创新精神激励自己,用时代精神作为标准去粗取精,去伪存真,吸取一切文化中的精华来成就公路执法文化品牌。要始终在科学理论的指引下坚持前进,才能成为体现科学发展观、符合和谐社会发展要求的公路执法品牌文化。过去我们有很多政府形象塑造,政府品牌营销的宝贵经验,由于没有端正认识,被当作形式主义的浮夸风。我们要从过去的经验中吸取有益的经验教训,应用到公路执法品牌的创建活动中去。

2)领导者品牌文化意识对打造品牌公路执法文化的微观环境有重大的影响

当公路执法机构中高层领导者对于公路执法机构所能提供的服务,对公众的影响力,在行政相对人心目中的位置以及潜在的公众认知有一定了解,并能采用适当的战略将品牌融入执法活动中时,就意味着领导者具有了一定的品牌意识。领导者的品牌意识在公路品牌执法文化建设的过程中起到了很好的示范作用,是铸就强势品牌的坚实的理性基础,领导者的品牌意识在品牌公路执法文化建设的过程中扮演着一个催化剂的重要角色。领导者可以通过正式的奖惩升迁机制来影响执法人员，也可以通过非正式的人际交流，言传身教来表达公路执法文化品牌的内涵。如果领导者对品牌文化加以重视，那么不论采用哪个渠道最后都会在组织内部清晰地传达出这样的声音：什么样的行为是合乎公路执法文化品牌的，哪些行为是受到公路执法文化品牌赞许的，这有利于在公路执法机构中形成上下一致，团结一心的文化氛围。领导者的品牌理念还常常成为执法机构品牌文化建设的核心理念，设计整个品牌文化的发展战略。因此领导者的品牌意识是打造公路品牌执法文化建设环境的重要一环。

3) 执法人员的参与度将决定公路执法文化品牌的建设成败

企业文化品牌的塑造就是一个公路执法机构中所有执法人员价值观整合的一个过程。如果只有领导认为那是品牌，而执法人员并没有相应的品牌意识；如果只是领导觉得重要，而执法人员却对之漠不关心；如果只是领导在拼命讲，执法人员却不去做，那样的东西就根本不能叫做品牌文化，充其量也就是标语口号而已。品牌执法文化的塑造最终依赖于全体执法人员的参与。日本松下集团的创始人松下幸之助先生就曾经说过"事业的成败取决于人"，没有执法人员对公路执法品牌文化的支持，品牌文化的发展战略是无法取得成功的。执法人员自身素质各有不同，不论是年龄、工作经验还是知识结构、业务水平都有着各

自的特点，而且执法人员所属的执法机构也从地域到级别有着更大的不同。因此在打造有"品牌意识"的执法队伍时，要采用因地制宜，因材施教的培育方式，把抽象的品牌理论融入一个个鲜活的案例中去，用事实说话，提高执法人员对执法品牌的认识水平。我们要调动执法人员，特别是一线执法人员的积极性与创造性，把他们的聪明才智都发挥到公路执法文化品牌的创新中去。品牌文化的决定因素是人才，通过对执法人员进行品牌文化教育，增进他们之间的沟通，增强对公路执法文化组织的集体荣誉感。在品牌文化的建设中要打破旧有的条条框框，在这个过程中难免会发生一些失误甚至是错误，要用宽容的心态对待执法人员的这个成长过程，不能因为害怕孩子摔跤就不让他学走路。名剧《等待戈多》中曾经说过一段经典的台词："再尝试，再失败，更好的失败"，只能经历过风雨才能见彩虹，没有人能随随便便成功，我们要放手让执法人员进行品牌建设的实践，从中得到经验与教训，进一步完善公路执法文化品牌建设的理论与实践，打造优质的公路执法文化品牌。

4) 公众对公路执法文化品牌的认同度是评判公路执法文化成功与否的重要标志

任何公路执法活动、政策只有在得到公众理解、顺应公众意愿的情况下才能收到应有的效果，因此，只有公众认同公路执法文化品牌，公路执法文化品牌建设活动才算有成效。首先，要取得公

众的认同就要注意及时对公众进行信息发布,使公众对公路品牌活动有所了解;其次,注意收集公众对公路执法文化品牌建设的反馈意见;最后,注意对公众态度的回应与满足,使社会公众对公路执法文化品牌产生牢固的信赖之情。

5) 科技力量对发展品牌文化建设有重大推动作用

科学技术是第一生产力,是先进生产力的集中体现和主要标志,现代科学技术突飞猛进,特别是以计算机网络与通信技术为核心的新科技的高速发展,给整个社会形态都带来了翻天覆地的巨大变化。科学技术对公路执法也起到了很好的支撑作用,网络带来了公路执法信息社会化、公开化、透明化的趋势,也使公路执法增添日益浓厚的数字化色彩。科技与执法的互动关系已经越来越深,因此公路执法文化品牌的建设也离不开科学技术的支持。科学技术关系着公路执法文化品牌经营管理的各个方面,直接影响着公路执法文化品牌战略的推行。重庆高速公路执法总队在执法工作开展中积极采用科技手段,如养路费电子稽查系统、短信催欠平台、打击非法营运工作应用出租车 IC 信息卡,利用科学手段实现高效便捷的服务作为创建服务品牌的依托。只有科学技术发展了,公路执法文化的品牌才能更加稳固,公路执法文化才能更好地满足公众的需求。

3. 品牌公路执法文化的塑造路径

品牌的创立是一项复杂的系统工程,需要一个从品牌设计、品牌管理、品牌传播到品牌维护的科学系统的塑造路径。

1) 设计公路执法文化的个性品牌

创立品牌公路执法文化的第一步就是形成一个含义清楚,指代明确的符号标记,便于公众识别公路执法文化,把公路执法文化同其他执法文化区分开来,能让公众快速深刻地记住公路执法文化,进而更好地认识公路执法活动。在进行公路执法文化品牌设计的时候,先要找出公路执法文化的特质来设计理念识别系统。而公路执法的执法流程、公路执法的组织策略则是行为识别系统的重要组成部分,通过依法运行严格遵循法定程序的规程进行公路执法活动,不仅贯彻了公路执法文化的理念,也产生了品牌的识别作用。我们的目标是只要一想到程序法定,审慎使用自由裁量权,合理行政这些行为特征就让公众能快速地与公路行政执法文化划上等号。提炼公路执法文化时要强调个性因素,以强调"创新"精神的重庆市高速公路综合执法大队为例,为了降低高速公路的管理成本,减轻行政相对人的负担,经批准成立的高速公路综合执法大队是全国唯一一家对"公路路政、公路运政、交通征稽、交通安全"等进行综合执法机构,将四项帽子合成一顶,具有鲜明的首创精神。创新就成了它与众不同的品牌特质。

2) 善用多种管理方法进行品牌管理

有了精炼直观的标志,还要有一系列的品牌文化战略作为支撑才能打造出优秀的公路执法文化品牌，我们要吸收和借鉴人类文明的各种成果，信赖科技进步，进行标杆管理，导入 CIS 形象识别系统等各种手段，将各方面的资源有效整合，优化配置最后落实到为人民服务这个核心，才能支撑起一个依法行政、合理行政、高效便民、清正廉洁的品牌形象。标杆管理是国外 20 世纪 80 年代发展起来的一种新型管理理念和方法。全球五百强企业中有超过九成的公司在日常管理活动中应用了标杆管理，标杆管理已经是一种行之有效、广受认同的管理方式，它就是要在每一个领域都找到一个最好的做法作为标杆，不断努力向其靠拢乃至于超越标杆。一个组织学习别人的经验时会显著地减少提升学习曲线所需的时间和所做出改进的花费，因此进行标杆管理可以很有效地提高品牌文化创建的效率。首先要在公路执法机构内部确立一套绩效评估的标准体系。休斯说过："评价政府绩效优劣，主要不是看它投入了多少资源，做了多少工作，而是要考察它所做的工作在多大程度上满足了社会、企业、公众的需要"。通过绩效评估标准确立一个公路执法的标杆，然后利用这个标准来分析现有的不足之处，先将所有的潜在问题进行排序，然后对问题的原因进行剖析，确定解决此问题是不是应该用标杆管理。已经确定了标杆需求后，就要寻找出一个业绩最好的执法组织作为标杆伙伴，开展以标杆为目标的不断变革。在这个过程中，要对品牌的标杆管理加以严格的控制，将实施过程与管理目标相对照，通过完善的监督和及时的技术支撑使公路执法文化确实做到不断学习，成为最佳品牌。重庆市开展创建"文明执法队（所）"和评选"十佳路政员"活动，树立标杆，鼓励各级执法部门争创先进就是标杆管理的典型例子。

3）树立公民的品牌意识

通常在对品牌产品不了解的情况下，提高的品牌意识会让人倾向于作出对品牌产品有利的推论，因此提高公众对公路执法文化的品牌意识是十分重要的。社会公众和执法活动的相对人可以通过公路执法部门的执法活动对它自然而然地形成印象，但这种印象是模糊的、零碎的、不完全的，因此要通过一系列的品牌传播活动让公众形成系统全面的品牌印象。首先，加强对公路执法产品的宣传、投放广告让公众对公路执法品牌产生初步的印象。然后，在人们的意识中建立能与公路执法品牌产生联系的事物，能让公众对执法品牌的认知从各个角度得到强化。如果一个公众看到"公路执法"就能联想到"公正"、"效率"，那么对公路执法文化的品牌塑造就是成功的。最后，在公众中形成一个正面的品牌态度。所谓品牌态度就是公众对品牌好的或是不良的反应倾向。品牌态度不仅会改变公众对于一个品牌产品的认识，还会对品牌其他方面的认识产生光环效应，也就是"情人眼里出西施"或是"厌恶和尚，恨及袈裟"。在出现品牌问题时，要重视大众传媒与公共关系的作用,及时地让公众了解公路交通执法品牌的情况,批驳不利于交通公路执法的不实信息,形成公众对交通执法文化的正面态度。

4)维护品牌文化

俗语有云"打江山容易,守江山难"。因此,要重视品牌文化的维护。在公路执法活动中,人民群众就是公路执法者的上帝,因此在执法工作中要时刻关注公众的需要,了解社会需求的变化,要随着经济、社会的发展对公路执法的目标、工作重点做出及时的调整。不断通过科技进步和管理创新提高行政效率,用有限的资源做出更多的成绩,创造更多的价值。完善执法监督和行政救济,保持信访等民众进言渠道的通畅,及时倾听行政相对人对执法活动的评价与建设,使行政相对人的实际需要得到最大的满足。在企业品牌维护中有个著名的定律:250 定律,就是说每一位顾客身后,大体有 250 名亲朋好友。如果你赢得了一位顾客的好感,就意味着赢得了 250 个人的好感;反之,如果你得罪了一名顾客,也就意味着得罪了250 名顾客。这在建设公路执法品牌文化中同样适用,公路执法品牌文化追求的是百分之百的群众满意,不能因为现有的成绩而松懈下来。如果公路交通执法文化品牌不能随着时代进步进行管理创新,机制创新,技术创新的话,那么就可能有被亮黄牌,甚至是红牌的尴尬场面。交通执法文化品牌要始终从满足"顾客需求"出发,一切为了社会公共利

益的实现。这样才能保持文化品牌长期、健康发展。要把对文化品牌的维护与公路执法文化建设的实践结合起来。品牌中所蕴含的文化内涵越是丰富越是长久,越能与人们的思想情感产生紧密关系,显得更有公信力,更容易为人们所接受。

打造公路执法文化品牌的过程就像一只无形的大手,将公路执法机关的所有人员糅和到一个共同的价值观当中,又像一瓶强力胶将全体人员紧紧地黏合在一起,提高公路执法机关的凝聚力。公路执法文化品牌还是一种有效的"软约束"方式,在行政执法机关内部人员间进行沟通和激励,推动执法机关不断进步,提供更多优质的公共产品。一个优质执法文化品牌也代表了公众的信心与支持,能增加公众对行政执法工作的信任与认同,并带动其他行业的服务意识的提高,形成强大的品牌效应,大大丰富公路执法文化的内涵,构成公路行政执法机关的无形财富。

①http://bbs.9811.com.cn/archiver/?tid-13812.html

② http://news.tom.com/1002/3291/2004621-1018781.html

③ http://news.tom.com/1006/20051103-2612039.html

④ http://news.tom.com/1006/20051103-2612039.html

⑤夏勇.中国宪法改革的几个基本理论问题[J].中国社会科学,2003(2):112-124.

⑥张文显.二十世纪西方法哲学思潮研究[M].北京:法律出版社,1996,178.

⑦戴元光 金冠军.传播学通论[M].上海:上海交通大学出版社,2000,40.

⑧戴元光 金冠军.传播学通论[M].上海:上海交通大学出版社,2000,39.

⑨http://www.ctbn.com.cn/News/ShowInfo.aspx? ID=201

⑩http://www.nmgnews.com.cn/information/article/20070322/83563_1.html

⑪http://www.cq.gov.cn/bmfw/fwgs/38554.htm

⑫转引自 玛格丽特·苏丽文.政府的媒体公关与新闻发布——一个发言人的必备手册[M].北京:清华大学出版社,2005.4.

五、文化建设必须是一场革新

(一)改革体制文化

改革体制文化是公路执法文化建设中制度文化建设的重要组成部分。开展公路执法制度文化建设,就是要围绕交通行业建设"创新型行业"的目标,大胆进行制度创新、体制创新和机制创新,实行交通综合执法,这既是近年来公路执法系统进行体制创新的有益探索,也是公路执法系统改革体制文化的发展方向。

为了改革现有落后的交通执法体制,为规范执法扫清体制上的障碍,部分地区进行了交通综合执法改革的探索与实践。2006年,重庆交通部门在高速公路综合执法、区县交通综合执法改革试点的基础上进行了全市交通综合执法改革,实行政策制定职能与监督处罚职能相对分开,即把制定规范性文件和指导性文件、规划协调、行政指导、行政审批、执法监督等职能(以下统称政策制定职能)与实施行政处罚、行政检查、行政强制、行政征收以及部分日常管理等职能(以下统称监督处罚职能)相对分开。按照政策制定职能与监督处罚职能相对分开的原则,在市级将路政、运政、港航、征费稽查、高速公路五个方面的交通监督处罚职能进行整合,交由市交通综合行政执法机构承担。重庆市"主城九区"范围内的交通执法实行以市为主,主城九区以外的其他区县(自治县、市)将路政、运政、港航等三个方面的交通监督处罚职能进行整合,交由区县(自治县、市)交通综合行政执法机构承担。改革后的综合执法机构所有执法人员统一纳入了执法类公务员序列管理,综合执法机构的经费由财政保障。除重庆外,广东正在积极准备实施交通综合执法改革,2006年1月,广东省编委已经批准了《广东省交通综合行政执法方案》,正在积极准备实施。福建省、四川成都市、浙江、河南的一些市、县也正在进行交通综合执法改革试点工作。

交通综合执法试点工作开始运行以来,效果较为明显,达到了预期的改革目的,为进一步规范交通执法行为消除了体制上的障碍。

（二）再造组织文化

组织是由人组成的群体。组织成员在长期共同的工作和生活过程中，必定会相互影响、相互适应、相互调整从而使组织中不同人的认知和行为，产生某些方面某种程度的趋同效应。通过人与人之间这种有意识和无意识的相互影响和相互作用，形成了某些共同的认知和行为倾向，这就是组织文化。再造是指对公共体制和公共组织进行根本性的转型，以大幅度提高组织效能、效率、适应性以及创新的能力。再造公路交通执法组织文化分别从组织战略、组织氛围、组织心理、组织运作和组织行为五个方面来建设。

1. 组织战略

组织文化再造是一个漫长而艰巨的过程，它需要领导、技能、奉献和恒心。组织文化再造首先要有组织战略，组织战略是组织文化再造的基础和灵魂。公路交通执法部门组织文化再造的组织战略包括"5C"，即核心战略（Core Strategy）、后果战略（Consequences Strategy）、顾客战略（Customer Strategy）、控制战略（Control Strategy）和文化战略（Culture Strategy），以下分别说明。

1）核心战略

如果一个组织没有明确的目标（甚至有多个相互冲突的目标），该组织就无法取得高绩效。正如约吉·贝拉曾经说过的那样"如果根本不知道要去哪儿，那么任何一条路都可以带你通往其他不同

的地方"。公路交通执法部门再造组织文化的核心战略就是公路交通执法部门的目标是什么。公路交通执法部门的目标应该定位于服务，服务就是公路交通执法部门的核心战略。重庆市交通行政执法总队直属支队在专项执法活动中，积极实践"执法就是服务"理念，取得了很好的社会效果。

2）后果战略

后果战略就是通过绩效设定后果，使创新者能够从创新中得到应有的好处，鼓励更多的公路交通执法人员加入到创新者的行列。现有的官僚体制给公路交通执法人员提供的工作机制就是循规蹈矩，创新只能带来麻烦，维持现状就可以带来稳定的回报，不管结果如何，公路交通执法人员都可以得到同等的工资。而通过绩效设定后果，公路交通执法人员就可以看到创新带来的收益，增强公路交通执法人员创新的信心。

3）顾客战略

公路交通执法部门的核心战略是服务，把核心战略落实到实际工作中靠的是顾客战略。这里的顾客指的是交通参与者。顾客战略为公路交通执法部门设置必须达到的顾客服务标准，增加了公路交通执法部门改进绩效的压力，促使公路交通执法部门更好地为公众服务。2006年10月重庆市征稽局长寿征费所走访了顺庆公司、渝运集团六分公司等10余家运输企业，诚恳征求服务对象对征稽工作的意见和建议。顾客的意见将促使长寿征费所各项服务工作再上一个

新台阶。

4）控制战略

控制战略的核心思想就是权力下放，把权力下放到基层，基层公路交通执法人员可以尽可能缩短解决问题的时间，提高工作效率。目前的公路交通执法工作机制，环节多，信息传递慢，对于一些疑难突发事件，基层公路交通执法人员由于权限有限，往往不能及时处理。

5）文化战略

文化战略就是在前面四个战略的基础上，使公路交通执法人员形成新习惯，以巩固前面四个战略取得的成果。这些新习惯在公路交通执法人员内心深处慢慢内化，成为共同的行为、情感和心理结构，从而形成新的组织文化。

2. 组织氛围

组织氛围是指在某种环境中组织成员对一些事件、活动和程序以及那些可能会受到奖励、支持和期望的行为的认识。即可描述为同一组织中各成员共享的认知。它是指一种状态，这种状态与组织成员的思想、情感和行为相联系，因此氛围是暂时的、主观的，并经常容易受到有权力和影响力的成员的直接控制。从氛围可看出成员关于组织对其行为和行为潜在结果的预期。组织成员运用这些认知信息去调整其愿望和行为方式。重庆市交委行政执法总队高速公路执法支队，在人性执法与高效执法相互矛盾的讨论中，给予基层执法队员充分的发言权，在支队内部形成了民主的组织氛围。公路交通执法部门组织氛围建设主

要包括以下几方面。

1）树立公路交通执法优质服务的理念

目前公路交通执法中有一些执法人员态度粗暴，语言行为不文明，严重影响了广大公路交通执法者在群众中的形象，甚至还会引发公路交通执法者与行政执法相对人之间的冲突。此问题的关键在于有些公路交通执法者在心中没有树立执法就是服务的理念。公路交通执法单靠广大公路交通执法者一方是不可能顺利完成执法工作的，需要行政执法相对人的配合才能完成。广大公路交通执法者本着服务的宗旨进行执法工作，就能得到行政执法相对人的理解和支持，提高执法效率。当前群众在公路交通执法部门办理有关事项，还存在门难进、脸难看、事难办的现象，这更加表明了加强"执法就是服务"理念宣传的重要性。我国执法人员传统观念中一直存在"重官轻民"的思想，执法人员认为行政执法相对人只是"草民"一个，所有的事都应该听从执法人员的安排，执法人员高高在上，行政执法相对人低低在下。执法人员存在这种思想，在执法过程中对行政执法相对人态度粗暴也就不可避免了。目前全国范围内正在贯彻科学发展观，科学发展观的核心是以人为本，以人为本体现在公路交通执法中就是服务，为经济建设服务，为广大群众服务。在公路交通执法人员中开展执法就是服务的宣传，使广大执法人员领悟执法就是服务的内涵，在内心深处牢牢树立服

务意识。在公路交通执法部门内部通过板报、宣传手册、广播、电视等各种形式，宣传执法就是服务的理念。日常工作重点树立几个优质服务的典型在全行业大力推广，使广大公路交通执法人员在理性认识的基础上有一些感性认识，广大公路交通执法人员可以从身边的榜样中感受到执法就是服务的内涵。在工作中要制定相关的规章制度，例如规范广大公路交通执法人员的行为举止、礼貌用语，规定公路交通执法人员在执法过程中有义务为行政执法相对人讲解法律、法规等。为体现"服务人民，奉献社会"的宗旨，重庆市相关部门先后下发了《重庆市公路路政业务管理办法（试行）》、《重庆市公路路政执法人员"六不准"规定》、《重庆市公路路政文明执法标准》、《重庆市公路路政管理巡查制度》、《重庆市公路路政管理行政许可指南》和《重庆市公路路政行政执法程序图》，并要求各级路政管理机构按要求对外公示，既理顺了上下路政管理机构之间的业务管理、工作制度，更方便了人民群众办事。重庆市高速公路执法支队和重庆市交通台合作，随时通报高速公路的情况，为广大市民提供优质的出行服务。

便民举措诚服拒检车辆

4月20日，高速公路执法支队第一大队第一中队执法人员在执行正常巡逻任务时发现了一辆行驶中的货车具有严重安全隐患，然而该车驾驶员却拒绝停车接受检查。为了保证该车行车安全、消除高速公路安全隐患，执法人员并未采用过激方式，而是尾随该车直至二郎收费站，利用出口计重收费系统进行了超载违法行为的取证。当执法人员作出扣留该车并卸货的处罚决定时，当事人提出此处已距货运目的地隆鑫卸货点不远，坚决要求自行前往卸货。考虑到当事人的实际困难，同时又不能把安全隐患留给城市道路，执法人员向上级领导请示，得到许可后将该车安全监护至隆鑫卸货点。面对执法人员如此尽职尽责的执法工作态度，当事人对自己的行为惭愧不已，不停地表示："这样的执法，我心服口服。"

全面实施违法案件异地处理制度

为进一步提高工作效果效率，切实体现便民、利民的原则，在高速公路执法部门实施异地处理违法行为的基础上，经过认真研究，2006年12月底，重庆市交通行政执法总队下发了《关于异地处理交通违法行为的通知（试行）》，决定在主城九区范围内的交通违法行为试行异地处理。按照该通知要求，直属支队各大队查处的交通违法案件，违法行为人可在指定日期内自行选择到主城区任一执法大队接受处理，各执法大队不得以任何理由拒绝和推诿。此举标志着在执法总队内全面实施了交通违法案件异地处理制度，优化了执法程序，简化了办事手续，切实体现了"以人为本"的执法理念。

2) 创新高效便民的综合执法模式

法律的特征之一是滞后性，法律常

常落后于丰富多彩的现实生活,为了能跟上社会发展,更好地服务社会,就需要不断改进公路交通执法方式。随着我国经济的快速发展,公路交通执法面临越来越多的新情况、新问题,例如超载、车流量快速上升和执法效率低等。公路交通执法分别由路政、运政和稽查三个部门承担。现实生活中存在三个执法部门在同一路段同时执法,造成车辆拥堵,执法效率低。与目前车辆日益增加相比,公路交通执法人员明显感到力不从心,增加公路交通执法人员又受到编制、经费等客观条件的限制。在现有公路交通执法人员基础上提高执法效率,就需要公路交通执法人员开拓思路、创新执法模式。重庆市交通行政执法总队高速公路执法支队全国首创的路政、运政、稽查三合一的执法模式就解决了这一难题,高速公路执法支队执法人员身兼三种执法职能大大提高了执法效率。技术创新也可以提高执法效率,重庆市交通行政执法总队在执法工作中积极采用科技手段,如养路费电子稽查系统、短信催欠平台、打击非法营运工作应用的出租车IC信息卡的应用都取得了很好的效果。为了使公路交通执法跟上社会的发展步伐,要在公路交通执法内部逐渐形成勇于创新、开拓进取的组织氛围。使全体公路交通执法人员在日常工作中解放思想,主动思考问题,解决问题。

公路交通执法内部形成良好的创新氛围需要做好以下几方面工作。首先,对于创新者要允许犯错误。创新就是对未知的领域进行探索,犯错误是在所难免的。如果对创新者因一点错误就一棍子打死,将严重打击创新者的积极性,破坏创新的组织氛围。其次,奖励创新者。对于创新者取得的成绩要给予奖励,以此鼓励更多的执法人员加入创新者的行列,巩固和发展创新的组织氛围。最后,大力宣传创新者的事迹。在公路交通执法内部通过报纸、电视、宣传手册、网络等各种媒体大力宣传创新者的事迹和先进的执法方式,使广大公路交通执法者学有榜样。在宣传各地先进执法方式的同时,各地公路交通执法者也可以互相学习借鉴,通过互相学习、取长补短共同提高公路交通执法水平。2007年1月在湖南长沙召开全国交通征稽工作座谈会。这次会议围绕贯彻落实《国务院办公厅关于在燃油税正式实施前切实加强和规范公路养路费征收管理工作的通知》(国办发〔2006〕103号)和全国公路养路费征收管理电视电话会议精神,研究解决交通征稽工作中存在的热点、难点问题,探讨交通征稽发展的新思路。会议中交通征稽人员互相学习,交流创新执法模式共同提高执法效率。

交流执法经验、促进执法工作

2006年8月11日,由永川市交通综合行政执法大队承办的重庆市区县交通执法大队首次工作联系会在永川召开。长寿、大足、南川、垫江、梁平、双桥、永川等7个已经实施交通综合执法的区县交

148

通局(委)分管领导及交通综合执法机构负责人参加了会议,涪陵、合川、忠县、璧山、万盛等5个即将启动交通综合执法改革的区县交通局(委)分管领导或执法机构负责人应邀参加会议。会议期间,与会单位相互交流了交通综合执法改革经验、通报了开展交通综合执法的进展情况,并对综合执法改革中遇到的各种问题展开了热烈讨论,促进了交通执法工作的开展。

3)培育公路交通执法人员爱岗敬业乐于奉献的创业精神

目前我国有些公路交通执法人员中存在"混日子"的思想,当一天和尚撞一天钟,工作中遇见困难就让,遇见好处就上,没有把公路交通执法当作自己追求的事业。培养公路交通执法人员勇于奉献的精神,首先要从领导干部开始。领导干部要起到模范带头作用,在公路交通执法中勇于奉献,吃苦在前享受在后,给其他公路交通执法人员树立榜样。通过板报、广播、电视等各种新闻媒体,宣传公路交通战线勇于奉献的好典型、好模范、好榜样,使勇于奉献公路交通执法事业的感人事迹深入人心。公路交通执法人员也可以在工作中找到参考目标、学习榜样,在与榜样的比较中找到自己的不足,在向榜样学习的过程中培养自己勇于奉献的精神。通过干部带头、宣传教育,在广大公路交通执法人员中形成一种勇于奉献的组织氛围,使勇于奉献成为广大公路交通执法人员的自觉行为。

执法人员冒险施救驾驶员

2006年7月25日凌晨4时许,重庆市内环高速公路真武山隧道内车辆追尾燃烧,浓烟滚滚,橡胶混合油漆燃烧的气味刺鼻恶心。重庆市交通行政执法总队高速公路支队三大队立即启动隧道突发事件预案。6名执法队员将毛巾用茶水湿润后捂鼻,冒着生命危险摸着隧道壁前行施救,一边指挥被困隧道内的20余辆车及人员撤离到安全区域,一边将2名被浓烟熏昏的货车驾驶员抬出隧道。队员的英勇壮举得到了群众的称赞。重庆市交通行业通过宣传长寿区因公殉职交通执法人员陶永华的英雄事迹,在社会上树立了交通执法人员爱岗敬业乐于奉献的光辉形象。

4)打造团结协作的公路交通执法团队

现实生活中有些复杂情况单靠一个部门是解决不了的,往往需要几个部门之间的协作配合。目前公路交通执法队伍中存在一些不团结协作的现象,有些部门或执法人员之间相互不配合工作。有些工作在各部门或执法人员之间相互推诿踢皮球,这种不团结协作的行为严重影响了执法效率。公路交通执法是一个整体,各部门及全体公路交通执法人员应树立全局观念,一切以公路交通执法安全、公平、高效为宗旨,在公路交通执法人员中应加强整体观念和整体利益高于部门利益与个人利益的宣传。当部门利益、个人利益与整体利益相冲突时,部门利益和个人利益应让位于整体利益。各级领导干部应在各种场合不断地向全体公路交通执法人员宣传团结协作精神。应在公路交通执法内部树立几个团结协作的典型，大力宣传这些部门和个人的事迹，号召全体公路交通执法部门向他们学习。在向先进典型学习的过程中，慢慢培养公路交通执法人员团结协作的精神。团队建设的主要形式有以下两种：第一种，群体诊断会议，这一形式的目的在于识别团队当前存在的问题；第二种，团队发展会议，团队发展会议是指在组织发展专家的帮助下，团队学习识别、诊断、解决问题的过程。在加强公路交通执法部门内部团结协作的同时，公路交通执法部门也应该与其他执法部门开展协作，促进公路交通执法工作的开展。重庆市交通行政执法总队与市运管局共同制定《交通行政执法机构与道路运输管理机构业务协办规则（试行）》；与市公路局共同制定《交通行政执法机构与公路管理机构业务协办规则》；与市港航局通过会议纪要的形式，形成水上交通行政执法工作协调机制；与市交运集团在汽车客运站运输安全监管工作上加强协作，形成了会议纪要，并落实交通协管人员制度，维护汽车客运站的秩序和安全；与市公安出租汽车治安管理办公室、市公安交通管理局建立了工作联络机制。例如2006年4月13日上午9时许，渝遂高速公路西永至土主，未开通路段发生一起交通事故，造成1人死亡，2人重伤。重庆高速公路执法支队第三大队积极与沙区交警支队、当地政府、派出所沟通、协调，妥善处理了事故。

交通、公安协作执法，共同打击非法营运车辆

4月17日，针对重庆市磁器口地区非法营运车辆猖獗扰乱正常客运秩序的实际，重庆市交通行政执法总队直属支队沙坪坝大队联合110巡警集中开展了一次夜间突击整治行动。联合执法队分成4个执法组，分赴沙坪坝至磁器口沿线重庆三中、欣阳广场、重庆七中及磁器口4个检查点，并将沙坪坝至磁器口沿线4个岔路口完全封锁，形成两个包围圈，防止非法营运的客车从沿线岔支道逃逸。区政法委书记、区交委余主任、总队谭卫总队长等领导亲临现场指挥，共查扣超许可事项从事道路客运经营的旅游客车2台，未取经营许可擅自从事道路客运的下线中巴车2台，不按核定线路营运的大客车1台，严厉打击了沙坪坝至磁器口一线非法营运的势头。

3. 组织心理

所谓组织心理就是研究个体、群体与组织关系，探讨什么样的社会心理环境，有利于激发个体动机达到组织目的。

俗话说，一个和尚挑水吃，两个和尚抬水吃，三个和尚没水吃。这种现象所反映的本质是个人责任弱化，每个人付出的心理努力下降，出现组织惰化的心理倾向。组织心理惰化是管理领域的顽疾，它可导致人心涣散。如何克制组织心理惰化的现象，是摆在公路交通执法部门面前的重大课题。组织心理建设，

公路交通执法部门可以从以下两方面入手。

1) 落实交通执法岗位激励机制

如果组织内任务分派不清晰，人们忙于"搭便车"将导致惰化心理倾向。按岗设人，工作任务量化，从制度上打破依赖心理。操作技术层面，工作任务量化最为关键，避免苦乐不均，这对管理层提出了较高的要求。实际工作中应对每个公路交通执法人员的工作尽可能的量化，同时制定严格的奖惩制度，对完不成任务者按章处罚，对表现优秀者按章奖励，奖励既有精神奖励也应该有物质奖励。

2) 激发公路交通执法人员组织自豪感

在公路交通执法工作中，公路交通执法人员如果对自己所从事的公路交通执法工作从内心深处有一种自豪感，认为自己所从事的公路交通执法是一项光荣的事业，那么公路交通执法人员就会产生积极向上的工作热情，从而全身心的投入工作。各级公路交通执法部门应通过报纸、电视、网络等传媒，树立一批公路交通执法人员的典型形象，使奉献、创新、廉洁、高效的优秀公路交通执法人员形象深入人心，得到群众的认可，在表扬先进的同时，其他公路交通执法人员也会产生自豪感。重庆市交通行政执法总队按照《重庆市公路路政文明执法标准》和《重庆市高速公路文明执法标准》，以积极开展评选"十佳文明路政执法队员"和"高速公路十佳执法队员"为契机，

树立公路交通执法模范，培育公路交通执法人员的自豪感。公路交通执法人员的自豪感不是天生就有的，而是靠长期培育的。对公路交通执法人员自豪感的培育必须注重平时的积累，应当经常举办各层次的培训班，加强各级公路交通执法人员自豪感的培育。公路交通执法部门的各级领导应利用一切机会向广大公路交通执法人员灌输公路交通执法自豪感。公路交通执法人员通过点点滴滴、日积月累最终在内心深处认可公路交通执法是一项光荣而神圣的事业，由衷地产生一种自豪感，这种自豪感将激励公路交通执法人员积极进取、勇于奉献。重庆市交通行政执法总队高速公路支队第三大队勤务组队员王宏，对自己从事的交通执法工作充满了自豪感。正是这种自豪感，王宏面对工作敢想、敢干，特别能吃苦。只要是有利于高速公路交通安全管理的，他什么办法都能使出来，有一种拼命精神，春运40天一直战斗在高速公路执法一线。对工作中有损于公路交通执法形象的执法人员一定要严肃处理，因为这将降低公路交通执法人员的自豪感。例如2005年9月18日发生在山西清徐县境内路政执法人员在未出示任何证件、不留下任何扣车手续就强行扣车、打人致伤的恶性事件，严重损害了路政执法形象。

3) 培养公路交通执法人员组织使命感

使命管理是西方学者在探索21世纪管理的过程中提出的一种新理论，它

要求管理者把规定组织的使命看做是最根本、最重要的决策，以便为组织发展指引方向，为组织成员提供值得追求的目标，同时把组织成员塑造成具有使命感的人。组织的生存能力在很大程度上取决于它的使命是否具有吸引力。组织的诱因中包括组织目标的吸引力，它必须能使人们感觉到个人的目标能够从中得到实现。因此，组织的缔造者和领导者的首要任务就是要搞清楚组织的价值和意义，为组织规定一个能够产生足够凝聚力的使命。使命管理要求把教育看作管理的基本职能，通过让组织成员认识到组织的价值和自身价值，产生对工作的使命感。组织领导者必须认识到教育的作用：一是通过组织使命的规定，给人们提供一种理想，鼓励人们把他们的专业知识用于对人类有价值的事业上；二是通过教育使组织使命贯彻到成员的心中，变成员工自己的人生追求，从而在整体与个体之间创造出高度的和谐。为此，组织领导者必须"修身"，"正己"，为人师表，真正树立起"以人为本"的价值观。

4）培育公路交通执法人员组织归属感

公路交通执法组织归属感是指公路交通执法人员，在同所在公路交通执法组织长期互动交往过程中，产生的乐于将个人生命融入组织的比较稳定的态度与情感。它是公路交通执法人员长期的、全面的、自觉主动的工作积极性的积淀、凝聚与升华。公路交通执法组织归属感包括公路交通执

法人员对公路交通执法组织的发展目标、管理模式、组织文化、与其他成员之间的关系的认知、情感、行为等一系列的心理过程。其本质就是公路交通执法人员对公路交通执法组织发展与个人价值追求相互融合的一种态度体验，并做出一定反应的心理倾向和行为取向，它能满足公路交通执法人员在其自身发展过程中渴望与组织及其成员之间相互交往合作、共同成长的心理需要。在公路交通执法管理中，公路交通执法组织归属感不仅是公路交通执法组织赖以发展的动力平台，而且也是公路交通执法人员发展的内在动力，对公路交通执法人员的成长具有强烈的激励、导向作用。培养公路交通执法组织归属感的方法如下：第一，确立多元化发展目标，培养公路交通执法人员对组织的自豪感。第二，提高公路交通执法组织领导素质，培养公路交通执法人员对组织的信赖感。2007年2月17日，大年三十晚上，为督促指导高速公路安全管理工作，执法总队谭卫总队长、康方川政委和王小宇副总队长与高速公路支队有关领导及部门负责人一道赶赴内环、渝邻、成渝、渝武高速公路等春运检查（服务）站点检查指导了安全管理工作，对一线执法人员进行了亲切慰问，极大地鼓舞了士气，增加了执法人员的组织归属感。

4. 组织运作

组织运作的目的在于尽可能地减少支出，提高效率。公路交通执法部门作为一个组织理所应当遵循此法则，公路交通执法为了减少支出，提高效率可以从以下几方面入手。

1) 组织扁平化

扁平化,就是增大管理宽幅,减少中间层次,促进信息的传递与沟通。扁平化组织往往将组织分为各个较小的分权单位,从而削减组织的纵向管理层次,使组织结构图看起来更"扁平",整个组织也变得更加灵巧。公路交通执法组织应尽量减少中间环节,使组织向扁平化发展,减少不必要支出的同时提高执法效率。重庆市人民政府按照国务院《全面推进依法行政实施纲要》关于深化行政执法体制改革的精神,根据《国务院办公厅转发中央编办关于清理整顿行政执法队伍实行综合行政执法试点工作意见的通知》(国办发〔2002〕56 号)等有关规定,按照政策制定职能与监督处罚职能相对分开、权责一致和精简、统一、效能的原则,将原属重庆市公路局、重庆市道路运输管理局、重庆市港航管理局、重庆市交通征费稽查局履行的行政监督处罚职能和重庆市高速公路行政执法总队承担的综合执法职能进行重新整合、配置,组建的综合行政执法机构重庆市交通行政执法总队,隶属于重庆市交通委员会,并统一行使交通监督处罚职能,减少了管理层次,提高了执法效率。

2) 组织弹性化

这是一种动态的组织结构。弹性化,就是指组织为了实现某一目标而把不同领域具有不同知识和技能的人集中于一个特定的动态团体之中,共同完成某个项目,待项目完成后团队成员各回自己部门。在公路交通执法组织体系中往往存在一些临时

性机构,这些临时机构一旦完成临时任务往往继续存在下去。长此以往临时机构越来越多,造成机构臃肿、人员过多、人浮于事、效率低下。临时机构一旦完成临时任务就应该解散,临时机构人员还回到各自原单位。

3) 组织虚拟化

组织虚拟化是指组织将大部分不具优势或较不重要的业务活动"虚拟"出去,组织只保留协调、控制和资源管理活动。公路交通执法部门应该把一些不重要的业务活动转让给社会其他组织承担,这样可以减少不必要的费用,提高工作效率,集中精力干好本职工作。例如可以把公路交通执法部门的门卫转给保安公司承担,把公路交通执法部门的内部食堂业务外包给专业餐饮企业,这样既可以降低费用,又可以提高公路交通执法工作的工作效率。

4) 组织网络化

组织网络化可以降低办公费用,提高办公效率,增加办公透明度减少以至消除暗箱操作,提高公路交通执法廉洁性。通过网络把不同地点的公路交通执法部门联系在一起,不受时间、空间的限制,达到信息共享。公路交通执法部门内部人员通过网络可以对公路交通执法部门的整体情况有一个全面的了解,还可以增加各级公路交通执法部门之间的交流沟通,有利于公路交通执法部门之间的团结协作。重庆市交委利用网络把机关的所有计算机连成网,实现办公网络化自动化,节约了经费,提高了办

公效率。

5. 组织行为

组织行为是指人们作为组织成员时表现出来的体现在个体、群体、组织三个水平上的行为。组织行为强调的是人作为组织成员表现出来的行为。如果一个组织每个成员的组织行为都和组织的发展方向一致,那么这个组织的目标就会容易实现。公路交通执法部门的组织行为建设可以从以下5个方面入手。

1)学习

学习是我们经常提起和熟悉的名词,在组织行为学中,"学习"一词还有更多的内涵。杨锡山在其著作《西方组织行为学》中认为"学习是人们经过练习而获得的、带有永久性的行为改变"。学习在改变人的行为方面起着重要的作用,公路交通执法部门要想使全体公路交通执法人员的行为和组织目标保持一致,就要改变公路交通执法人员中的一些不良的行为。改变公路交通执法人员中的一些不良的行为,可以通过以下途径。第一,体验法。体验法的核心内容是:人要丰富自己的知识,改变自己的行为,先要丰富自己的体验。这就要求各级公路交通执法人员一定要深入执法一线,建立丰富的感性认识。第二,交流法。交流法认为人的很多知识来自于别人的教导和指点。交流法的核心内容是:要丰富自己的知识,改变自己的行为,先要丰富自己的人际学习网络。公路交通执法部门要给公路交通执法人员创造良好的沟通交流环境,使公路交通执法人员在

交流的过程中不断修正自己的行为,最终和组织的目标保持一致。

重庆交通行政执法总队高速公路支队在日常工作中重视执法人员的学习。2007年4月为实现当年30%的骨干人员达到"三懂三会",提高一线执法人员综合能力。支队采取三项措施加强业务学习:一是编印《2006年交通安全管理资料汇编》,作为队员业务培训的主要学习资料;二是安排机关业务处室人员到大队讲解业务文件,就文件执行中的问题与队员进行深入交流;三是在"五一"节后组织业务知识摸底考试,对不合格者将暂停执法资格。业务学习后,一线执法人员的综合执法能力得到了明显的提高。

2)工作激励

要想使公路交通执法人员能够积极、创造性、全心全意地工作,就必须有相应的工作激励制度。激励制度在实际工作中主要有以下原则。第一,物质激励与精神激励相结合的原则。物质激励是提高公路交通执法人员积极性很重要的一个方面。在中国这样一个发展中国家,公路交通执法人员关心物质待遇是十分正常的。马克思指出:"人们为之奋斗的一切,都同他们的利益有关"。邓小平同志也指出"革命是在物质利益的基础上产生的,如果只讲牺牲精神,不讲物质利益,那就是唯心论"。当然,仅有物质利益显然是不够的。根据马斯洛的需求层次理论,"人的需求分为生理需求、安全需求、归属与爱的需求、尊重的需

求、自我实现的需求五个层次"①。物质是人们较低层次的需求,当这一层次需要得到相对满足后,人们就会重视其他方面的需求,总希望得到社会和组织的尊重、重视和认可。因此,在实际工作中,要将物质激励与精神激励二者有机地结合起来。第二,内在激励与外在激励相结合原则。外在激励以传统的物质刺激和精神刺激为手段,赫茨伯格提出的双因素理论认为,外在激励对人的激励作用是有限的,而人们对工作本身的兴趣以及从中得到的快乐才对人具有根本性的激励作用,这就是内在激励。因此,公路交通执法部门应尽量把内在激励与外在激励结合起来,从而取得最大的激励效果。2006年12月7日,重庆交通行政执法总队高速公路支队第一大队召开侦破"10.24"重大逃逸案件表彰会。会上,一大队对参与"10.24"重大逃逸案件侦破的三中队队员王英杰、郭光银、刘斌等三名同志予以通报表彰奖励。在对王英杰、郭光银、刘斌等三名同志表彰的同时,对其他公路执法人员也起到了激励作用。

3)领导效率

领导是任何社会组织中一种特别重要的活动。传统的管理理论认为领导是一个人或集体利用组织赋予的职位和权力,动员和率领部署实现组织目标的活动②。领导效果是领导者、被领导者、组织环境等因素交互作用的结果。在实际生活中,人们往往对领导效率和效能进行考评。公路交通执法领导效率考评指

标主要有,用人效能、决策办事效能、时间效能和对组织的整体贡献效能。考评原则有统一规范原则、贡献为主原则、客观公正原则和民主公开原则。考评方法有目标考评法、员工评议法、定量分析法和比较考评法。对交通执法部门的领导加强考评,是改进执法工作的重要途径。

引入引咎辞职 强化领导责任

重庆市高速公路执法支队首次将引咎辞职制度引入春运安全管理中,以杜绝队长不负责任或疏于管理的现象。于2007年2月初下发的《春运安全管理工作方案》规定:春运期间,发生死亡10人以上的交通事故,大队长(中队长)应引咎辞职;发生死亡5人以上的交通事故,大队长应作出书面检查;因漏检漏查等原因发生重大交通事故的,负有责任的主办人员将被严肃处理。

4)群体沟通

沟通作为人类的基本行为,是人类社会不断发展、进步的动力因素之一。沟通一词含有告知、散布消息的意思,是人们思想、观点、情感、态度等信息的相互交换和传递。③美国学者桑德拉·黑贝尔斯在其最新的《有效沟通》一书中,将沟通定义为"沟通是人们分享信息、思想和情感的任何过程。这种过程不仅包含口头语言和书面语言,也包含形体语言、个人的习惯和方式、物质环境,即赋予信息含义的任何东西。"④目前学术界通用的群体沟通的定义为:用任何方法或方式,在两个或两个以上的主体传递、交换

或分享任何种类的信息的任何过程。组织内的正式信息沟通，按其流向可划分为上行沟通、下行沟通和平行沟通三大类。[5]公路交通执法部门应加强上述的三类沟通，保持沟通的有效性。在公路交通执法部门有效的沟通可以产生健康的凝聚力，使公路交通执法人员拥有共同的目标和统一的行动。

5) 变革与发展

组织变革与发展研究是第二次世界大战以后，特别是近二三十年以来发展起来的一个新领域。组织变革从理论上可以定义为：组织用系统思想加以指导后发生的一些变化。组织发展是指一种有计划、有系统地诊断组织变革的需要，制订改革计划，并动员各方面力量和资源以实现组织变革的活动。组织变革的程序如下：

(1) 分析与确定问题。

(2) 组织诊断。

(3) 计划并执行组织变革。

(4) 组织变革的效果评估。

组织发展是指根据内外环境变化，改进和更新组织的过程。组织发展的目的，在于提高组织的效率，促进组织健康地发展，使组织具有明确的目标、合理的结构、适宜的决策水平、畅通的沟通渠道、和谐的人际关系以及开放的组织活动等。

（三）革新机制文化

公路执法机制指的是公路执法体系内部元素的功能和相互关系，泛指公路执法系统的组织或部分之间相互作用的过程和方式。公路执法机制文化是经过公路执法机制长期运作和发展而形成的，包括公路执法机制的传统、演变和蕴涵在机制中的价值观念、思维方式、伦理道德、管理方式、执法技巧、法律制度等内容。

公路执法机制文化包含四个要素：

(1) 公路执法体系内部元素的作用方式及其规律。

(2) 外部因素的作用方式。

(3) 外部因素对公路执法过程的影响。

(4) 公路执法体系运动的表现形态。

通过对执法体系4个方面要素的考察，我们会发现目前公路执法的某些政策、举措存在很多问题的原因是没有对事物的内在变化规律搞清楚，也没有认真考虑出台的措施对要解决的问题会产生什么样的影响，只是凭主观的愿望或想当然地做出决策。公路执法机制文化建设就是要在整个公路执法系统工程中革新过去曾经引导公路执法走向成功，但现在却阻碍公路执法系统向前发展的旧文化。

革新公路执法机制文化，应该综合考虑以上四个方面的要素，把工作重点放在对执法体制内部要素的作用方式及其规律的研究上，同时充分考虑外部因素可能产生的影响和后果。重塑公路执法机制文化应主要从激励机制、监督机制、评价机制和责任机制几个方面进行革新。

1. 激励机制

新时代的公路执法要求管理者加强组织与个人之间的思想交流，重新开启公路行政法律关系个人主体的心灵，建立一个和谐、良好的激励机制。从公路执法激励诱导因素的性质来看，激励主要有四种方式：荣誉激励、物质激励、职位激励和人格激励。

革新激励机制需要注重这四种激励方式的科学运用。在公路执法领域，最直接、最基本的激励方法就是物质激励。虽然今天人们的物质生活水平已有显著提高，金钱与激励的关系逐渐呈弱化趋势，然而物质需要始终是人的第一需要。公路执法部门安排尽职尽责、执法业绩显著的人员去旅游，给先进工作者发送奖金，向模范遵守公路交通法规的公路使用者赠送纪念品等，都是屡试不爽的物质激励方式。荣誉激励、职位激励与物质激励不同，它们是对个人精神的满足、能力的肯定和人格的信任，它的激励作用虽不如物质激励那么有形，但更能激发个人的积极性，对公路执法文化的良性发展更有推动意义。所以，革新激励机制的一个工作要点就是改变偏重物质激励的传统做法，把荣誉激励和职位性激励放到应有的重视高度。

革新激励机制的另一个工作要点是人格激励。以人为本的公路执法理念要求公路执法部门既要尊重执法人员，又要尊重公路使用者，关心他们的需求，体察他们的内心世界，拉近组织与组织成员、公路执法者与公路使用者之间的心理距离，避免情绪上的对立。如果组织注重在人格上尊重个人，给予他们必要的肯定和鼓励，无疑能够激发执法人员的工作热情，鼓励公路使用者自觉遵守公路交通法规。作为一种激励方式，人格激励的价值在于它有助于营造活泼、融洽的组织氛围，培养人本、和谐的公路执法文化。

2. 监督机制

公路执法监督是指各类监督主体依法对公路执法部门、法律法规授权的组织及其工作人员的执法行为实行监察、督促、督导的活动。公路执法监督机制的内容不仅包含人人必须遵守的公路管理法律法规和制度，而且应该包括各种监督的主体、手段和方法。

目前我国公路执法监督机制存在着许多不容忽视的问题：重视突击性监督，忽视常态性的监督；重视合法性监督，忽视合理性监督；重视实体监督，忽视程序监督；重视事后监督，忽视事前监督；重视内部监督，忽视外部监督，尤其没有充分发挥新闻监督作用。依法强化对公路执法部门及其工作人员行政执法活动的监督检查力度，是法制监督的一项极为迫切的要求。

公路执法应由事件管理向预防管理转变，所以公路执法监督的理念也要随之改变。公路执法监督机制建设首先应坚持民主原则、权责统一原则和法治原则。就目前的情况看，革新公路执法监督机制应主要从三个方面着手：

1）扩大监督主体范围

在目前的行政权力监督体系中,公路执法监督主体有很多,但法定监督主体只有权力机关、行政机关和司法机关,社会组织和社会公众的监督权无从实现。社会组织监督、社会公众监督和媒体监督的实质是社会对公路执法人员的监督,总体上属于社会监督,主要形式包括新闻报道、举报、信访、申诉和控告等。社会监督相对于一般意义上的法定监督更能反映公路行政的真实问题,对于公路管理政策的未来走向更具有启发意义,所以公路执法在强化法定监督的同时,须加强社会监督。

2)建立公路执法监督网络

政务公开和电子政务是服务型政府和有效政府建设的重要内容。为保证公路执法监督信息的全面收集,公路执法部门应建立完备的监督信息收集和反馈系统,开展数据处理软件的研发设计,保证信息采集的广泛性和针对性,提高信息处理效率。

3)推进监督规范化

目前,公路执法监督规范化的重点是社会监督规范化。一方面,立法机关、行政机关或公路执法部门应出台公路执法监督规范和相应的实施细则,明确公民举报、上访、控申的权利、义务以及应负的法律责任,规定合理办理期限,建立严格的保密制度;另一方面,为保障公民参与监督的权益,公路执法部门要科学设置举报电话、信箱等便民设施,对打击报复监督人的行为,依法追究行政责任、民事责任,直至刑事责任。

3. 评价机制

评价机制既是现代科学管理的一个重要方法,也是一种先进的以绩效为工作衡量标尺的目标管理机制,它在公路执法文化建设中具有至关重要的作用。公路执法评价机制是以一定时间、空间内所取得的最终执法成果与预期执法目标的对比关系为主要考评依据的目标导向责任制度。

传统的公共行政基本上以投入为政策取向,只问投入(包括各种形式的资源),不管结果(社会效益或行政绩效)。在过去的公路执法实践中,评价机制在增强工作计划性、调动执法人员积极性、提高领导管理水平和工作效率、改善公路执法部门工作纪律和作风等方面产生了积极效应。然而,当代社会已经今非昔比了,公众越来越关注公路管理政策与执法行为的合法性、合理性和有效性,注重根据绩效标准来评价公共行政的实践,所以,公路执法部门不能再单凭通过自己所控制的资源和完成的工作量来衡量组织的执法能力,而应通过其实现的符合公众或社会需要目标的执法结果来判断执法工作的价值;不能再单纯控制费用开支,而应着眼于创造大于投入的公路交通产品与服务。

针对我国公路执法存在的问题,有必要对原有评价机制进行改革和完善:

1)建立公众参与的评价机制

以往的公路执法评价主要是行业评价,而社会评价和公民评价大多是有名无实,法治国家的民主要求和以人为本的管理理念要求公路执法部门打破自我评价的封闭性,向社会敞开言路,这样才有益于建设公路执法的大众文化。

2)建立规范的评价指标体系

目前,公路执法部门的执法绩效评价主要是通过固定的成本、技术和项目管理指标进行过程评价,而对执法效益的评价明显不足,评价缺乏科学、统一、完整的指标体系。公路执法需要建立一套科学合理的公路执法绩效评价分类体系(应包含对执法人员的人格评价),它是对执法进行综合、立体评价的要求。

3)建立专门的绩效评价工作机构

为了使公路执法绩效评价工作真正成为对公路行政决策和执行的监督和制约,需要建立专门的各级公路执法绩效评价机构,对国家和地方公路执法绩效进行统一标准下的评价。

4. 责任机制

公路执法责任机制是以责任承担义务确保公路行政权力被正确行使的约束机制,是以执法岗位责任和工作目标为核心的工作考核制度。在公路执法部门内部实行执法责任制,有利于提高公路执法部门及其工作人员的法律意识、责任感和自觉性,遏制有法不依、执法不严、违法不究的违法现象,促进公路管理依法行政。

公路执法责任制的核心内容是根据国家交通管理法律法规确定公路执法部门的行政职能,结合现行公路管理法律、法规、规章的具体规定或通过加快公路管理立法,建立完善的公路执法责任体系。比较适合公路管理现状的公路执法责任体系是以公路管理部门行政首长责任为核心的执法责任体系,该体系把公路执法责任层层分解,落实到公路执法部门内部各工作部门和各层级的执法人员,明确执法目标、执法权限、责任范围和责任性质,配有相应的考核标准和奖励办法,并将考核结果与执法人员的任用、公务员考核、单位年度考核结合起来。

为了有效追究公路执法过程中执法主体的过失责任和过错责任,提高公路管理依法行政水平,应建立刚性的公路执法责任机制。这一责任机制的运行可从三方面落实:

(1)落实公路执法部门内部监督机制,即层级监督和个案监督。

(2)完善公路执法评议考核制。

(3)建立公路执法个人过失责任、过错责任追究制。

(四)构建法治文化

传统的人治文化产生于专制政治,早已经不适应现代民主政治的要求。党的"十五大"提出"依法治国,是党领导人民治国的基本方略"以及"建设社会主义法治国家"的战略目标,国务院印发《全面推进依法行政实施纲要》,在全国依法行政电视电话会议上温家宝总理强调"全面推进依法行政,努力建设法治政府",其实质就是用先进的法治文化取代传统人治文化。法治文化的核心理念就是将法律作为社会生活的最高权威,将法律奉为各种社会行为的最高准则。法治文化是构建公路执法文化不可或缺的一部分。公路交通执法是一个复杂的系统工程,构建法治文化也是一项系统的工作。构建交通执法法治文化就像指挥一个盛大的交响乐团,必须要各个乐章有序衔接,不同乐器相互配合才能奏出和谐的音乐。根据事物发展的科学规律,应主要从4个方面着手,通过各个部分的配合进行交通执法法治文化的建设:

(1)进行目标定位,确立好公路交通执法文化中法治文化的发展目标。

(2)要依据科学战略塑造好公路交通执法形象,将公路交通执法文化形象作为打造法治文化的载体。

(3)通过对外传播使法治文化的意义得以形成和保持,进一步巩固法治文化的社会基础。

(4)通过不断的信息反馈与行为修正,维护法治文化的优良形象。

1. 形象定位——确立法治文化的目标

中国有一句古训:"凡事预则立,不预则废。"因此,在进行活动之前进行一定的准备工作是十分必要的,特别是构建法治文化这样十分复杂的社会实践活动更需要提前进行全方位的精心定位。

构建法治文化的核心是整合公路执法理念,通过对公路执法形象进行目标定位,化虚为实形成一个具有较高包容度、和谐度的法治文化核心理念。首先,我国处于全球化的进程中,本土公路执法法治文化在与全球化浪潮进行对接和转换的过程中肯定会产生一些冲突,因此在公路执法的过程中必须关注国际上先进的法治文化成果及其对中国法治文化的影响。公路执法人员要积极主动地通过各种渠道和形式了解国外公路交通执法的最新动态,自觉以全球化的视角来审视中国本土遇到的执法难题,比如国外行政程序法典化[⑥]浪潮、公共行政改革运动兴起等问题都值得引起中国公路执法人员的关注。要注意,我们的执法文化否定对国外执法手段的机械照搬照抄,肯定在全球视野下对域外法治成果进行的创造性转化。其次,我们不能忽视法治文化与和谐文化间唇齿相依、不可分离的紧密关系。法治文化是和谐社会建设的一部分,与和谐文化在目标上具有根本的一致性。[⑦]人民群众的生活离不开衣食住行的一个"行"字,公路交通的安全畅通是社会安宁、经济发展的重要保障,是和谐社会的重要依托。重庆高速公路支队将公路执法文化的理念概括为"立足体制,执法为路,执法为民",很好地说明了法治文化能有力推动和谐文化的发展。首先,法治文化为和谐社会提供了制度设计,然后通过这些体制的支撑与约束,执法者能更好地化解矛盾,使社会处于和谐安宁之中。其次,法治文化起到了保护国家合法路权,保护公民合法权益的作用。新加坡国父李光耀说过"有恒产者有恒心",法治文化通过对产权的保护,提高了人民群众对社会建设的信心,实现了对和谐的追求。

合理的预先定位活动可以提高交通执法活动的效率。合理的定位可以有效避免执法依据不配套的尴尬场面，促进可操作性的法律、法规及行政规章的出台。通过定位好形象，避免交通执法工作的盲目性，使交通执法工作少走弯路，提高执法活动的目的性，从而提高人民群众的满意度。

通过设计，推行视觉识别系统（VIS）完成形象定位工作，提高公路执法部门的识别度。建立 VIS（视觉识别系统），就是依据公路执法部门的理念、素质、方针、管理策略等信息，进行视觉的形象塑造，设计出既能代表公路执法部门的法治精神，又能通过视觉特征进行传递的识别性形象。通过 VI 形象设计和 VI 形象的传递，使公路执法部门快速地向社会输送法治信息与公路执法文化，提升公路执法部门在社会上的知名度。

2. 形象塑造——践行法治文化的理念

公路执法形象是法治文化的载体，而公路执法的法治文化形象主要是依靠公路执法实践活动来形成的。因此我们要加强执法队伍建设，通过提高执法能力形成依法行政、执法为民的良好形象。

公路执法法治形象建设并不是一件轻而易举的事情。它既要求政府对自身的实力有着清醒了解，还要适应现实的不断发展。重庆交通行政执法总队高速公路支队在执法活动中不断修正自身形象，丰富执法形象的内涵。他们将目标定位为建设一支"忠诚、坚韧、执著、纯洁"的高速公路综合执法队伍。经过对社会主义荣辱观的学习，对公路执法形象提出了新要求。以"八荣八耻"为主要内容的社会主义荣辱观，是新形势下推进精神文明建设的强大思想动力和重要指导方针。高速公路支队根据时代要求，将公路执法形象进一步细化为"以忠诚事业为荣，以背离事业为耻；以坚韧不拔为荣，以轻言放弃为耻；以执著奉献为荣，以争名夺利为耻；以廉洁公正为荣，以腐败失职为耻；以锐意创新为荣，以因循守旧为耻；以勤俭节约为荣，以铺张浪费为耻；以勤奋好学为荣，以不懂业务为耻；以辖区畅通为荣，以事故频发为耻"，具有公路执法文化特色的荣辱观。加强队伍建设，完善队伍和人员的考核激励机制，进行标兵评比，实施人性化服务，并将所有的执法依据、执法程序、处罚（收费）额度等都通过多种途径向社会公开。对于重大的执法活动、重要的管理信息都事前通过媒体、互联网向社会公告。从 2002 年起推行公路行政执法责任制，明确权责关系，在工作上形成协作机制，避免了因职责不清或衔接协调不好而出现工作脱节或相互扯皮的问题，从而有力地强化了公路交通领域的行政执法工作，得到了人民群众的肯定。

山东省交通厅加强交通文化建设，则致力于树立"责任为民、管理亲民、服务便民、执法爱民"的良好社会形象。通过大力加强行风建设，树立行业良好形象。以交通机关、交通执法和服务窗口为重点，通过政风行风的改进，塑造让人民群众满意的形象。

塑造公路执法形象是一个长期的系统工程，主要从两个方面入手，即强调按法律文本执法和按法律精神执法。

按法律文本执法是法治文化的基本要求。但在生活中往往存在一些认识上的误区，人们往往将按法律文本执法视为冷冰冰地机械适用法律，其实按法律文本执法并不排斥，相反十分欢迎执法者的人性化操作。

温情执法凸显人性光辉

公路执法的一大特点就是露天执法，执法时经常会遭遇恶劣的气候条件，面临着天气变化大，灰尘较重等困难。号称三大火炉之一的重庆夏季气温较高，路面温度高达60度。重庆市高速公路执法支队二大队针对实际情况在对违章驾驶员进行处罚时，将学改结合，以改促学放在首位，改变过去纠处车辆违法行为时，让违法当事人站在车外等候，自己在空调车内填写违法通知书的做法。一反常规，执法人员在车外开罚单，而请交通违法者回自己的车上享受清凉。⑧用人性化的行动充分注解了依法律文本执法的丰富内涵。

公路交通执法是一线执法，往往面临各种复杂问题、情况，要求执法人员能用执法智慧、执法艺术加以化解。比如在治理超限超载的活动中，部分驾驶员对治超工作的不理解和受个人经济利益的驱使对治超工作不理解不支持，存有抵触情绪，夜间冲卡现象时有发生，严重威胁执

法人员的人身安全。重庆建立了11个部级规范化治超检测点，通过加强源头治理，杜绝以罚代管、以赔代卸，减少承运人因多次被罚而产生的抵触情绪。

而按法律精神执法，就是依据法所蕴含正义、平等、自由、秩序等价值开展执法活动。法的这些价值是法的灵魂，是制定法律的基础，通过立法机关制定的成文法必须体现法的精神、法的价值。法律在一定时期内必须保持稳定，不可能经常变动，它如果频繁变动将会给社会带来不稳定，影响人们对自己行为合法性的判断。而现实社会是千变万化、丰富多彩的，法律的稳定性决定法律不可能跟上社会的发展。制定法律的严格程序决定法律总是在新问题出来后，经过一定时间的归纳总结，再制定法律来解决问题，法律的滞后性决定法律不能有效地解决社会上出现的新问题。法律是人制定的，人不是万能的，每个人都有知识上、经验上、实践上的缺陷，这决定了人不可能制定出一部包罗万象、十全十美的法律。在现实社会中遇到特殊情况按照法律不能有效地解决问题时，就应当按照法律的精神解决新问题。因此，首先有必要组织学习法律的基本价值原则等基础法律知识。在全国公路执法系统内部经常性的开展学习法律基本知识的活动，领导干部要带头学习。通过让广大公路执法人员学懂吃透法律的基本原则，深刻理解这些原则的内涵；把法律原则和现实生活中的新情况联系起来，活学活用解决现实中出现的问题。

在学习中要注重交流,全国各地的公路执法人员在执法过程中会遇到各式各样的新问题。大家在学习过程中把这些问题列举出来进行讨论,既能增加感性的认识,又能对抽象的法律原则有更深的理解。其次,由于法的特征之一是抽象性,语言和文字的模糊性、歧义性使公路执法人员对法律条文的理解有深有浅各不相同。公路执法人员对法律条文理解的较浅,在实际运用中解决问题的能力就比较弱。公路执法人员对法律条文理解的较深,在实际运用中解决问题的能力就比较强,能解决社会生活中出现的新问题。为了能深刻领会公路交通法律法规,可以请有关专家就公路交通法律法规的立法精神、立法意图举行专题讲座,组织全体公路执法人员学习。不同地区,不同部门的执法人员间进行正式,或非正式的交流,提高交通执法工作中的统一性,减少执法工作中的不确定因素。

3. 形象传播——巩固法治文化的基础

公路执法形象既是公路执法文化的载体,也是公路执法文化的映射,它蕴含了公路执法文化也展示了公路执法文化。这就需要我们建立一套有效的视觉识别系统(VIS)。公路执法文化视觉识别系统是依据公路执法部门的理念、素质、方针、管理策略等信息,通过具体符号的视觉设计传达出来,并标准化地表现出来。研究表明,80%的信息是由视觉接收的,因此VIS运用视觉信号,直接进入人脑,给人留下对公路执法部门的深刻印象,就像看到白宫会想到美国政府一样。视觉识别系统包括基本要素和应用要素两部分,其中基本要素包括执法部门名称、执法部门标志、标准字、标准色、标志造型等;应用要素包括执法人员服装、执法部门标志、执法车等。以前由于国家对公路执法人员服装、执法车等没有作统一的规定,全国各地公路执法人员服装、执法车的颜色、式样等标志不统一,这不仅在一定程度上造成了管理上的混乱,也使老百姓分不清楚,严重影响了公路交通监督检查工作的正常进行。

从2003年1月1日起,全国公路监督检查专用车辆的车身颜色就全部统一为上白下橙黄,车身两侧统一喷印"中国公路"文字标识,示警灯为红、黄、蓝三色。这将使公路交通行政执法更加正规化、规范化、标准化和法制化。车身的基本颜色为白色,代表公路交通监督检查工作的公开、公平、公正和廉洁,同时,白色提示执行监督检查的有关人员要提高工作的透明度,切实做到"政务公开、执法公示"。车辆下身的颜色为橙黄色。橙黄色是全国交通系统的行业色,目前全国公路养护人员的作业服装以及公路沿线道班房外墙的颜色都是橙黄色,因此,将橙黄色作为监督检查专用车辆的特别色,一方面能够体现交通系统的特点,与公路沿线其他从业人员协调一致,强化行业凝聚力;另一方面也能够起到警示作用。考虑到红、黄、蓝是世界流行的交通控制灯的三种颜色，为体现交通的特点，交通部将公路监督检查专用车辆的示警灯设定为红、黄、蓝三色固定式排灯。其中，红色表示禁止、停止的意思；黄色表示注意、警告的意思；蓝色表示遵守、通行的意思。三种颜色组成的示警灯，正好符合公路交通监督检查工作的实际需要。此外，在排灯中间还统一装备了圆形红底白色的公路路徽，一是体现公路部门的内涵与形象，二是体现与公安部门警车标志灯具的区别。

在各级公路执法人员纪律规范中都有对着装的严格规范，要求履行监督处罚职能的交通行政执法人员按照规定，穿着配发的统一制式服装，严格按规定佩戴帽徽、肩章、臂章、编码、胸徽和执法证件。对帽徽、臂章、肩章、编码、胸徽、执法证件、反光背心、头盔、白色外腰带等专用标志，也有严格的佩戴要求，充分说明各公路执法过程中统一形象的重要性。

传播的本质在于不同主体间的信息交换，传播不仅在组织与其他团体、组织甚至社会的关系上演了重要的角色，是一个非常重要的社会过程，它还伴随了组织文化萌芽、生产、成熟的全过程。组织传播学者丹尼斯 K·姆贝认为："意义是在传播中产生的。这就是说，意义既不是通过传播而传递的，也不是个人的解释或在社会相互作用之外的客观存在的实体产物。在一个组织的情境中，传播是意义得以形成并随着时间而沉淀积

累的过程"[9]，对传播在组织文化形成过程中的意义作了高度评价。

在进行文化传播，塑造交通执法形象的路线图上，我们有一大法宝可以使用，即善用媒体积极进行社会互动，提高交通执法在人民群众心目中的认同度和美誉度。通过大众媒体弘扬主旋律，报道先进人物及先进事迹能树立出公路执法的好形象。

文化传播增进执法 活动的社会认同

2005 年 4 月 3 日，重庆市高速公路执法支队队员张宇在处理一起货车超载引发的事故中，被另一辆超载货车冲入事故封闭现场撞击牺牲，市交委发出了向张宇学习的号召。2005 年重庆市高速公路行政执法总队的李望斌同志被评为"交通部十佳执法标兵"、全国交通系统青年岗位能手，重庆市第九届"五四"青年奖章获得者。通过大众媒体向全社会报导公路交通执法者的动人事迹，树立公路交通执法"执法为民，服务发展"的良好形象，引导全社会形成坚持以人为本，树立和落实科学发展观，进一步形成崇尚先进、学习先进、争当先进的良好风尚。2007 年 1 月 23 日，为进一步贯彻落实《国务院办公厅关于燃油税正式实施前切实加强和规范公路养路费征收管理工作的通知》（国办发〔2006〕103 号）文件精神，重庆市交通征稽局召开了专题新闻发布会。这次与出席重庆市交通征稽局亲密接触的有新华社重庆分社、重

庆卫视、重庆晚报、重庆交通台等十多家新闻媒体。

对交通执法信息的传播让民情民意有了更多的表达空间，有力地对公民进行了法治教育。随着我国公民参政意识和法律素养的提高，越来越多的公民愿意参与到公共政策的制定和执法行为的监督中来。比如《中华人民共和国物权法》在制定过程中就面向全社会征求意见，公民不仅提出不同看法、意见，更多的还在其后附加了立法建议，通过互联网参与立法者占绝大多数，大量有分量的立法建议都首先在互联网上进行公开发布。互联网作为重要的新兴传播方式给交通执法法治文化的传播路径带来了很大的影响。对交通执法信息的传播让民情民意有了更多的表达空间，有力地对公民进行了法治教育。

携手打造360°信息公开

重庆市征稽局曾与重庆晚报社合作，通过网络聊天方式进行公路养路费征管政策咨询、答疑的宣传活动。重庆市高速公路执法大队就设立了重庆市高速公路执法信息网对公路交通中的各种信息进行实时通报，为群众提供咨询服务，并设立违章专题，及时发布违章信息供行政相对人查询。高速公路执法大队一直在推行政务公开，并且走在了行业前列。对所有的执法依据、执法程序、处罚的收费额度等都通过多种途径向社会公开。对于重大的执法活动、重要的管理信息都事前通过媒体、互联网向社会公告，打造全方位的信息公开。

4. 形象维护——保持公路执法法治文化的先进性

1) 重视日常积累

交通执法是日常性工作，要保持交通执法的法治形象重点在于平时一点一滴的积累。1999年以来为了响应"政府上网工程"，不少地区都实现了市、县、乡三级政府上网。但是设立网站容易，保持网站却不容易。很多政府网站都存在着网站无法打开的问题，可以打开的网站多数内容简单，质量不高，信息严重滞后。各级政府网站纷纷设立了"领导信箱"处理民众反映的民生问题，但实际上形同虚设，很多来信都是石沉大海。我国在电子政务建设上进行了巨额投入，但是这些沉睡的网站浪费了宝贵的资源，不能满足人们的需要。"政府网站沉睡"现象充分告诫我们要时刻保持为人民服务的观念，不断提高政府工作效率，不能一曝十寒。公路交通的各类网站要保持活力，及时更新。公路交通的各类信息发布系统要协调统一，形成有效率的发布机制。

2) 形成完善的危机应急制度

在发生公路危机事件时，公路交通的执法能力就被推到风口浪尖，成为各方追问的焦点。唯有平时形成法治文化氛围和完善制度才能化解危机，保持公路交通执法的法治好形象。比如在孝感化学品泄漏事件、江西高速公路连环相撞事件发生之后，正是由于相关的危机预案，和平时很好的训练才能快速反应，使危机事件的伤害后果减至最轻。

迅速反应　应对危机

2007年4月达渝高速公路上一运输油品车与一小轿车碰撞发生燃烧使交通中断,在接到警报后重庆高速公路执法支队及时启动交通管制的预案,关闭省际交界的收费站,进行路网电脑提示,在第一时间通过电台滚动播出交通管制状况,并派遣执法人员及时对路上车辆进行疏导和分流,避免车辆盲目掉头发生事故。这一系列漂亮而利落的危机应对方式,使得交通事故的发生率降到了最低。而且在事件发生后,各级交通执法部门再次积极进行信息通报,预防类似事件的重演。

3)严格自我要求,加强社会监督

一些地方的执法人员出于面子、政绩等考虑,不愿意本地区、本部门的问题被曝光,不能正确对待来自社会特别是媒体的批评意见,认为批评报道会损害执法部门的"形象"。要转变这种错误观点,正确对待社会监督,正如太阳有黑子但无损于太阳的光明一样,不能因执法活动中存在着一些不是很尽如人意之处就否定执法活动的成就。交通执法部门的工作职责、执法人员职业道德规范等均需上墙公示、设立举报箱、投诉电话,接受社会的监督。对社会舆论揭露出的问题做到不护短,不文过饰非,不讳疾忌医,而是苦练内功,积极寻求问题的解决。只有转变观念,正确面对来自社会特别是媒体的监督,才能保持好公路执法部门的好形象。

重庆市交通行政执法总队高速公路支队通过将执法部门的工作职责、执法人员职业道德规范等上墙公示,聘请行风监督员,设立举报箱、投诉电话,接受社会的监督。并对高速公路上的驾驶员进行随机访问,请他们填写调查问卷,得到他们对高速公路执法情况的反馈。对执法人员考核时采用量化考评责任制,将外部随机抽查的结果与内部考评相结合。

5. 严格执法与人性执法的平衡

公路执法是公路行政部门的职能活动,更是一门管理艺术。长期以来,由于片面强调"执法必严,违法必究",执法标准整齐划一,导致执法手段缺乏灵活性,执法人员和执法相对人的个性特征得不到足够的重视,导致执法的目的不是为了人,而是为了法。建设服务型政府的思想要求公路执法部门在执法过程中既要做到严格,又要体现人性,在严格执法与人性执法之间谋求平衡。在公路执法中,如何既讲原则,又做到灵活、因势利导,严格执法且又不失人情味,达到人性化执法与严格执法的有机统一,是新形势下公路执法人员面临的一个新的课题。

所谓"人性化执法",是指执法人员在遵守公路行政管理法律法规的前提下,从细节上体现对人们的交通文化观念、交通价值观、交通历史传统、交通习惯和交通道德标准的尊重和关注,充分维护当事人合法的公路权益,正当有序地进行理性化、非歧视性的执法活动。它集中表现为公路执法过程中的人文关怀,表现出理解、尊重、关爱和帮助,实质上就是以人为本,促进公民法律意识的增强,提高执法质量和效果,这是执法的深化和完善,是执法技巧、管理模式、服务方式等发生变化的外在体现。公路行政执法人员与公路行政管理相对人在公路执法过程中处于不平等地位,如果执法人员在执法过程中没能从内容和程序上保障管理相对人的合法权益,没能让相对人在执法过程中体会到管理者的"公平和正义",和谐交通、和谐社会将被大打折扣。这种所谓的"严格执法"的表现方式虽不尽相同,但本质上都是没有寓执法于服务之中,采用简单甚至粗暴的执法手段处理公路行政事务。公路行政人性化执法就是把"人性化"管理理念带入到公路执法工作中,在人性中体现严格,在严格中体现人性。

公路执法既要严格,又追求"人性化",二者并不矛盾,是一个问题的两个方面,公路执法文化建设的一个重要内容就是探索严格执法与人性化执法的最佳结合点,力求达到严格执法的威慑力与人性化执法的感召力的统一。公路执法首先要严格,体现出执法的刚性,这是人性化执法的前提和保障,否则,人性化执法就会沦为随意执法;人性化执法则强调尽量为当事人的人身权利和财产利益着想,特别是在人格上尊重他们,这是严格执法的服务宗旨之所在。没有人性化执法,严格执法将会招致公路执法相对人乃至全社会的心理抵触,进而动摇法律的权威性。所以,公路行政应在严格执法与人性化执法之间找到适当平衡点,不可极端化行事。

但是,人性化执法不是人情化执法。人情化执法是对法律法规的极端蔑视,是对法制尊严和权威的亵渎,是公共权力私有化的直接表现。为防止人性化执法被人情化执法代替,为促进公路行政人性化执法的真正实现,还要创造一个良好的执法环境,这是发展人性化执法的前提条件,其中最主要的就是全民法治意识、道德观念和文化素质的普遍提高以及依法执法原则的贯彻落实。相对于一度过分强调的严格执法,人性化执法在公路执法领域还没有引起足够重视,目前,人性化执法建设应重点确立和完善以下几项制度:

(1)宽严适当的自由裁量标准。

(2)与自由裁量标准相适应的责任制度。

(3)较为灵活的考评制度。

(4)公民对公路执法的知情权和监督权保障制度。

(五)重塑伦理文化

伦理是指人与人相处应遵守的道德和行为准则,是人们共同认可的社会行为规范,它起着维护社会公共秩序和约束人们社会行为的作用,又内化为人们的内在操守和准则,促进人的全面完善和发展,具有调节人们的社会行为、管理社会的职能。伦理文化又称伦理道德,是中国传统文化的主流。从黄帝、周公、孔子,到汉代儒学、宋明理学,其核心组成部分都是伦理文化。伦理文化以人为本,强调个人道德修养,延伸到社会、国家,成为调节各种人际关系的纽带,以达到社会安定、和谐的目的。

我们提倡重塑公路执法伦理文化,塑造"人本、公正、文明、清廉"的公路执法职业伦理,通过行政执法规则的制度伦理、行政执法行为的过程伦理与行政执法的职业伦理来构建和重塑中国当代行政执法的伦理体系。在法律与伦理两种规范的互动张力与和谐平衡中达成严格执法、公正执法和文明执法的愿景,最终实现依法行政的人本价值的回归。

1. 行政执法规则的制度伦理

不以规矩无以成方圆。公路执法活动必须在一定的规则下进行,公路执法部门要制定出各项规章制度,将一些重要的制度法制化、伦理化。制度是规范的集合,是对人的行为实施规范和约束的准则。它在设立时就蕴含着一定的伦理精神,这就是制度伦理。

我们可以按照制度规则的存在形式把制度分为正式制度和非正式制度。正式制度是指人们有意识创制的、具有强制力的一系列法律、法规和政策例如公路行政执法制度。非正式制度是指人们在长期交往中形成的、包括具有持久生命力的文化传统、道德观念、伦理规范、风俗习惯和意识形态等因素。当我们探讨制度的伦理意蕴时,往往指的是正式制度,正式制度对于个人的道德选择和道德生活来说,是一个预设的前提,具有先决意义,良好的执法秩序的建立与巩固,首要的是制度正义,或叫制度符合伦理道德。制度本身的伦理性是伦理建设的起点,公平正义的行政执法规则的制度伦理建设是公路行政执法工作正常开展的必要前提,而文化的培养又是比制度更为重要的,当大家都自觉形成良好的文化观念时,就根本不需要制度来严格规定,没有良好的文化做基础,再好的制度也形同虚设。

2. 行政执法行为的过程伦理

行政执法活动不仅强调执法结果,更强调执法过程。公路执法过程就是由执法人员的执法行为贯彻始终的,应以人为本、服务群众贯穿于执法工作全过程。

公路执法过程中,情理法的冲突往往成为公正执法的一大障碍。常见的是人情化执法普遍,人性化执法不足。人情化执法,是公权力私有化的直接表现,凭关系、讲人情可以网开一面,甚至是不执行法律法规的规定。人情化执法是对法律法规的极端不尊重,是对法制尊严、权威和统一的亵渎。人性化执法不能用人情化执法替代,人性化执法应体现制定并执行自由裁量权基本标准制度,统一处罚尺度,并在程序上充分保障人民群众的知情权和监督权。

不是亲人,胜似亲人

2007年2月18日是农历正月初一,重庆市交通行政执法总队直属六大队的干部职工代表来到綦江县人民医院,看望了因在近期交通事故中受伤而无法返乡过年的外地当事人,为他们送去了一片执政为民的浓浓暖意。其中,来自甘肃省的货车驾驶员刘渊,在2月6日因疲劳驾驶导致车辆擦刮护栏,造成本人右腿骨折,无奈之下只得把妻子从千里之外的家乡接到重庆照顾自己,小两口身在异地他乡,初一一早就迎来了意料之外的问候。面对执法人员的关怀,刘渊感动得泣不成声,连声说"好人啊! 我躺在这儿过年,公司和车主都不管我,倒是你们还能想起我这个给你们添麻烦的人,我对不起你们,你们放心,我以后一定按规矩跑车,再也不干违法的事情了。"

法律、法规、规章制度是不讲人情的,任何人在法律面前一律平等。正式的法律、法规、制度一经制定,就要求人们去严格执行,无论是执法者还是守法者在行政活动中都必须以法律、法规、规章制度为准绳。当法律和人情发生冲突时,应当提倡在不违反法律的前提下人性化执法。

3. 行政执法的职业伦理

行政执法者的职业道德对全社会具有示范性,行政执法涉及的是社会公共事务,它的管理相对人涉及各行各业和广大公众。因此行政执法的职业道德要求及践行情况对其他行业产生显著的示范作用。培根认为:"一次不公的判断比多次不平举动为祸尤烈,因为这些不平的举动不过弄脏了水流,而不公的判断则把水源弄坏了。"[⑩]可见官员不遵守法律,公众必将效仿,导致整个社会无正义可言。行政执法者的职业道德的示范性对行政执法者提出了更多的道德要求,行政执法应具有更强的道德意志力和道德判断力。

不卑不亢,人性执法

2006年6月22日,一辆川S牌照广本轿车无有效养路费缴讫证行驶在公路上被重庆市交通行政执法总队直属支队八大队查获。"这是我们局的党委书记,他爱人到外交部有紧急公务,我们正赶着去机场,能不能不暂扣车辆",执法现场,驾驶员着急的解释着。执法人员:"对不起,无有效养路费缴讫证不能行驶公路,车辆我们要依法暂扣,但我们会先用执法车送你们去机场办事……","我也是搞执法工作的,今天缴了罚款,心服,没想到重庆交通执法人员的工作做得这么细,这么有人情味"。事后,坐在这辆车上的女士深有感触的说到。

拾金不昧,高尚情操

2006年11月16日13时30分,一名叫杨利的女士专程从永川赶到三中队,特意向队员张永赠送了一束鲜花和一面"拾金不昧、高尚情操"的锦旗,她同时也给中队写了一封热情洋溢的感谢信。杨女士说,2006年10月28日17时30分许,她驾车不慎在永川供电所附近把装有价值2万元的3份收款单据、1.6万元存款的2个银行存折、2张银行卡、驾驶证、门市钥匙、现金4800元等物品的挎包给弄丢了。在她急得思想快崩溃的时候,突然间接到一个电话叫她千万别急,告知包被捡到了,马上到永川市广电局外认领。她迅速赶到广电局从一个大高个那领回了自己丢失的包,而且包中物品完好无损，为表达谢意，她立刻拿出1000元现金和买来烟酒酬谢，均被他婉言谢绝了。多次问他姓名，他都推脱不说。他临走时还嘱咐她，以后千万不要再发生类似事件了，驾车一定要注意安全。

像这样的场景在执法过程中还有很多很多，它们似一面镜子，将"严格执法，热情服务"的职业操守呈现在群众面前，公路执法队员们用实际行动谱写了一曲以人性执法促和谐社会之歌。

（六）创新管理文化

创新公路执法管理文化不仅要吸收国外现代管理理论的科学部分，更要吸取和提炼中国古代思想家丰富的管理思想和中国优秀管理实践家的成功经验。创新公路执法管理文化应从以下几方面入手。

1.预防管理

为保障公路执法工作有效开展，改变执法难，难执法的现状，我们认为有必要在公路执法管理中引进预防性管理理念。提前介入，事前预防控制，不仅可以减少矛盾，而且可以降低执法成本，有效提高公路执法效率，从而保障各级公路完好、安全、畅通。

所谓预防性公路执法管理就是公路执法部门通过事前采取的一系列措施和手段，使相关单位和人员了解法律，遵法守法，尽量使公路交通违法行为不发生或使损失降到最低。做好事前宣传、事前了解、事前控制，减少各方无谓损失，

达到文明执法、执法为民，才是建设服务型交通行业的真正目的。在公路执法部门开展预防管理，可以从以下几个方面入手。

1）加强宣传引导，坚持预防为主

宣传贯彻公路交通法律法规是公路执法部门的神圣职责，也是"依法行政，执法为民"的具体要求。充分利用新闻媒体的优势，灵活运用新闻报道、专题专栏等多种形式进行宣传报道。做好宣传工作，可以提高沿线单位、群众、过往驾驶员的法律意识，减少违法行为的发生，同时使得沿线政府部门更加了解公路执法工作，进而自觉遵守公路法律法规。公路执法管理部门还应当积极主动地与地方政府、部门联系，多向他们宣传公路相关法律法规，沟通和协调公路执法过程中遇到的难点问题，引起政府的重视、提出切实可行的方案，提高公路执法效率。

2）建立群管网络

建立群管网络是预防性公路执法的一种很有效的形式，对公路交通违法行为有较好的预防性作用。要充分发挥群管网络作用，必须进一步建立科学、完备、高层次的群管网络，形成上至省政府，下至各市、县、乡政府及相关部门，与各级公路执法部门层层对应的群管约束机制。要使群管网络真正发挥作用，首先必须完善、细化各级政府公路执法的职责，其次协调解决好公路执法部门与地方政府部门的衔接配合问题，避免公路执法部门孤立地开展工作。

连徐路政支队预防性路政管理实践为做好预防性管理工作

江苏省高速公路路政总队连徐路政支队聘请了沿线责任心强的乡村干部、村民担任义务路政员,请他们对建筑控制区、桥涵通道、附属设施等进行巡视监督,遇有违法现象进行善意制止并向路政大队报告。他们还聘请养护保洁人员和排障人员担任义务路政员,加强对养护和排障工作的监管。同时,建立了举报奖励制度,对维护路产路权、举报不法行为的有功人员进行表彰和奖励,有效地加强了高速公路管理工作。

2006年,连徐路政支队结合高速公路沿线的实际情况和季节特点,在年初制定了预防性管理工作计划,有步骤地开展贯穿全年的5项集中预防整治工作,取得了明显的效果。3月份土木建筑工程增多,支队开展了建筑控制区的宣传预防整治工作,走访过程中散发宣传单2万余份,张贴通告2000多份;6月夏收、10月秋收季节,占路堆物现象较多,支队分别在5月和9月,提前1个月组织走访、广播、散发宣传材料、张贴通告等形式的宣传月活动,并在6月和10月集中开展堆积物集中整治工作;其他时间里,支队还分阶段开展超限运输整治、施工路段管理,非公路标志整治等专项整治活动,大大提高了路政管理效率,保障了高速公路的完好、安全和畅通。

3)树立超前意识,加强源头管理

公路执法部门按照各自工作职责加强与客(货)运企业、危险(剧毒)化学品运输企业、学校、幼儿园等协调,监督相关单位加强交通安全生产管理,指导车辆单位建立健全内部安全管理各项规章制度,落实交通安全责任制。

山东省治理车辆超限超载运输的关口前移,由路面检查向货物运输源头延伸,交通部门将对年道路货物运输发送量20万吨以上的货运站场实施现场管理,严禁超限超载车辆驶出货场。2006年省交通厅、公安厅、工商管理局等5部门制定了《山东省道路货物运输源头管理办法》。办法规定,港口、火车站、汽车货运站场、沙石料场、盐场、工矿企业等道路货物运输的装载起运现场为货物运输源头单位。交通部门将对年道路货物运输发送量达20万吨以上的源头单位,派驻源头管理人员实施现场管理,对年发送量5万吨以上、不足20万吨的实行巡查管理。现场管理人员对进场装载的营运车辆和驾驶人员检查营运资质,禁止非法运输经营业户和无道路运输经营许可证、非法改装、"大吨小标"、偷逃交通规费的车辆以及不具备从业资格的驾驶人员在场内从事道路货物运输经营活动,并监督称重、装车,制止超限超载车辆驶离货场。对装载货物符合规定的车辆,由管理工作人员出具全省统一的规范装载证明。对于持有证明的车辆,路面检查执法人员目测不超限的要立即放行;目测超限并经检测严重超限的,要查清车主、货主和源头管理机构的责任。属车主责任的,特别是中途加装货物超限的,要从重处罚,并抄告源头管理机构;属货主责任的,根据《中华人民共和国道路运输条例》有关条款处罚;属源头管理机构责任的,通告源头管理机构派出机关追究源头管理工作人员责任。

4)加强路面管控

加强路面管控,严厉查处交通违法行为,把危险消灭在萌芽状态。公路执法部门要认真履行职责,严格依法管理,加大对交通违法违规行为的执法力度,迅速形成严管高压管理态势。

2. 绩效管理

把绩效管理引入公路执法管理体系中目的是增强公路执法人员的服务意识,提高公路执法人员的执法效率。绩效管理是运用科学的方法、标准的程序,对公路执法的实绩和结果做出正确客观的评价,在此基础上采取有效的措施,对公路执法的绩效进行改善和提高。

现阶段我国各级公路执法部门的绩效指标示标要做到四个体现:一要体现科学发展观的要求。要坚持以人为本,既要有经济指标,也要有社会发展和环境建设的指标;既要考核已经表现出来的显绩,也要考核潜在绩效;既要考虑当前,也要考虑未来。二要体现职能转变的要求。绩效评估主要评议公路执法部门该做的事,评议公路执法部门履行法定职责的程度,公路执法部门越位、错位的工作不能纳入绩效范畴。三要体现当代绩效管理的理论和实践成果。四要体现我国的国情。我国地区差别很大,不同层级、不同地区的公路执法部门绩效指标的设计也要体现其特点。

我们可以把目前国际上企业界通行的 SERVQUAL 绩效评价标准,引入到公路执法绩效管理中,做有益的尝试以提高执法效率。SERVQUAL 是 1988 年由研究服务质量评价的三位专家塞斯莫尔(Zeitharn1)、贝利(Berry)和帕若萨若门(Parsurama)提出来的一种质量评价的方法。它是在塞斯莫尔等人 1985 年提出的"顾客感知服务质量(Perceived Service Quality)的高低取决于服务过程中顾客的感觉(Perception)与对服务的期望(Expectation)之间的差异程度",这一理论的基础上形成的。SERVQUAL 实质上是一个衡量顾客对服务质量感知的标准,包括"公司在承诺的时间提供服务"、"公司应当了解顾客最感兴趣的东西"等 21 个指标,而这 21 个指标又被归纳为服务提供者的可感知性、可靠性、响应性、保证性和移情性五个属性。在公路执法绩效管理中,可以将 21 个指标转换为:

1)可靠性

(1)公路执法部门承诺了在某个时间内做了某事,事实上就是如此。

(2)当公众遇到问题时公路执法部门尽力帮助公众解决。

(3)公路执法部门应该自始至终提供良好的服务。

(4)公路执法部门应在承诺的时间提供服务。

(5)公路执法部门应通报开始服务的时间。

2)反应性

(1)公众期望公路执法人员提供迅速及时的服务。

(2)公路执法人员总是乐意帮助公众。

(3)公路执法人员无论多忙,都应及时回应公众的要求。

3) 保证性

(1)公路执法人员的行为举止应是值得信赖的。

(2)公路执法部门应是可信赖的。

(3)公路执法人员应总是热情对待公众。

(4)公路执法人员应具有充足的知识回答公众的问题。

4) 移情性

(1)公路执法部门应对少部分处于特殊情况的公众给予个别照顾。

(2)公路执法部门应有执法人员给予公众个别的关注。

(3)公路执法部门应该了解公众感兴趣的东西。

(4)公路执法人员应了解公众的需要。

5) 可感知性

(1)公路执法部门应该有现代化的设备。

(2)公路执法部门设备的外观应吸引人。

(3)公路执法人员应穿着得体,外观整洁。

(4)与所提供服务有关的资料应齐全。

(5)公路执法部门应当有便利公众的工作时间。

3. 服务承诺制管理

推行承诺制,符合公众意愿,符合市场经济讲效率、讲质量的原则,也符合国内行政改革的潮流。在公路执法领域构建服务承诺制可以从以下几方面入手。

1) 制定明确清晰的服务标准

本着执法就是服务的理念科学制定各类服务标准。服务标准首先要明确清晰写出服务的具体内容,服务内容分为几大类,每一类又分为若干项。服务内容的每一项都要尽可能的量化,不能只是定性地写出公路执法部门为群众提供哪些服务,一定要量化每项服务,使广大群众能有具体的量化指标来衡量公路执法部门提供的服务。例如办事手续"一次讲清"、办理手续"一个窗口服务"、有关部门"一条龙办公",规定具体的礼貌用语和详细的便民措施。量化公路执法部门提供的服务可以促进公路执法部门不断提高服务质量,服务于社会经济发展。

2) 执法信息公开,接受社会监督

公路执法应最大限度地向社会公开,接受社会监督。公路执法人员不应匿名,都要佩戴有自己名字的徽章,所有机构都要在办公室展示出自己的服务标准,公布方便使用的投诉程序,甚至要公布负责处理投诉官员的名字、地址和电话。承诺部门都要随时向公众提供充足、准确的信息,接受公众和舆论监督。

4. 公民参与机制管理

将公民参与作为现代公共管理不可分割的有机组成部分是一个比较新的思想或观念,是20世纪末的管理创新。改进公路执法管理必须取得民众的关注与参与,民众的关注与参与必定能有效地改进公路执法管理。

听证是公民参与的重要方式之一。

听证在公路执法中的应用是交通行政处罚听证程序，具体内容如图 7-1 所示。

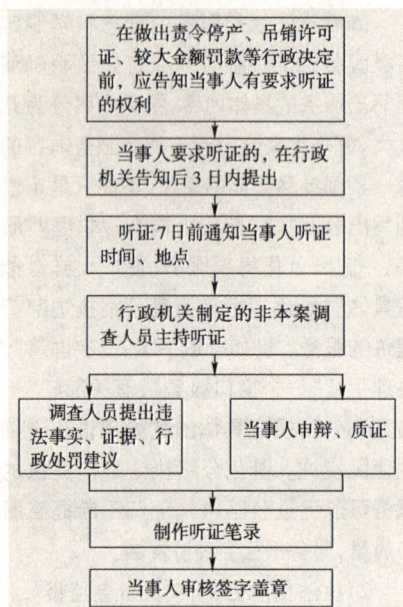

图 7-1 听证程序

5. 流程再造管理

把流程再造引入公路执法部门，主要是为了降低费用，提高公路执法效率，增强服务意识，更好地为社会经济发展服务。重庆市交通行政执法总队优化程序四项制度，对在公路执法部门内部开展流程再造做了有益的尝试。公路执法部门进行流程再造时应遵循：合法性原则、创新性原则、绩效原则、便民原则等基本原则。政府流程再造的根本目的是"便民、利民"。在流程设计中应尽量实现"全程代理"和"并联式"服务，以部门职能整合或通过授权组建跨职能的联动团队，压缩决策——执行间的传递过程，减少公众往来于各职能部门间的消耗，为公众提高公平、公正、公开的服务。

公路执法部门的执法流程如图 7-2～图 7-7 所示：

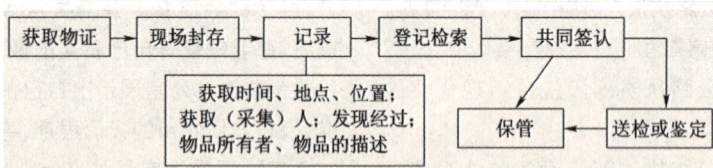

图 7-2 物证保全简图

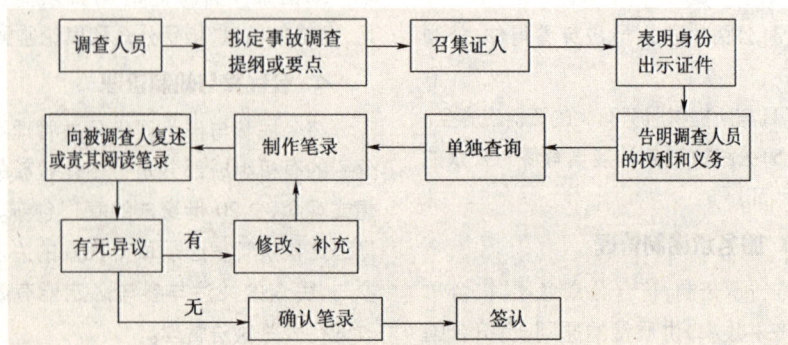

图 7-3 查询证人简图

```
                          ┌─────────────────┐
                          │  交通事故现场处理  │
                          └─────────────────┘
                                                    ┌──────────┐
                                                    │ 一般程序  │
                                                    └──────────┘
                          ┌──────────┐
                          │ 简易程序  │
                          └──────────┘
```

1. 未造成人身伤亡，当事人对事实及成因无争议的，可以即行撤离现场，自行协商赔偿事宜
2. 仅造成财产轻微损失，并且基本事实清楚的，当事人应当撤离现场再自行协商

当事人对事实及成因有争议不即行撤离现场

当事人自行撤离现场后，经协商未达成协议的或者伤情轻微，对事实及成因无争议但是对赔偿有争议的

当事人应当填写发生事故的时间、地点、天气、当事人姓名、驾驶证号、联系方式、机动车牌号、保险凭证号、事故形态、碰撞部位、赔偿责任人等内容的协议书或者文字记录

执法人员应当填写发生事故的时间、地点、天气、当事人姓名、驾驶证号、联系方式、机动车牌号、保险凭证号、事故形态、碰撞部位等，由当事人签名后，责令当事人撤离现场，恢复交通。对拒绝不撤离现场的，予以强制撤离

当事人应当向执法人员提供有当事人签名的事故文字记录材料。执法人员予以记录，由当事人签名

当事人均以办理机动车第三责任强制保险的，可以根据记录事故情况的协议书向保险公司索赔

当事人也可以自行协商处理损害赔偿事宜

执法人员根据当事人的行为对发生交通事故所起的作用以及过错的严重程度，确定当事人的责任，当场制作事故认定书

当事人共同请求调解的，执法人员应当进行调解，并在事故认定书上记录调解结果，由当事人签名，交付当事人

不适用调解的，执法人员可以在事故认定书上载明有关情况，将事故认定书交付当事人

执法人员应当按照相关规定，对当事人实施的违法行为作出处罚决定。适用当场处罚的，应当制作"简易程序处罚决定书"，并交付当事人。需要采取扣留车辆或者扣留机动车驾驶证强制措施的，应当制作"行政强制措施凭证"，并交付当事人

不适用调解、调解未达成协议及调解生效后当事人不履行的，当事人可以向人民法院提起民事诉讼

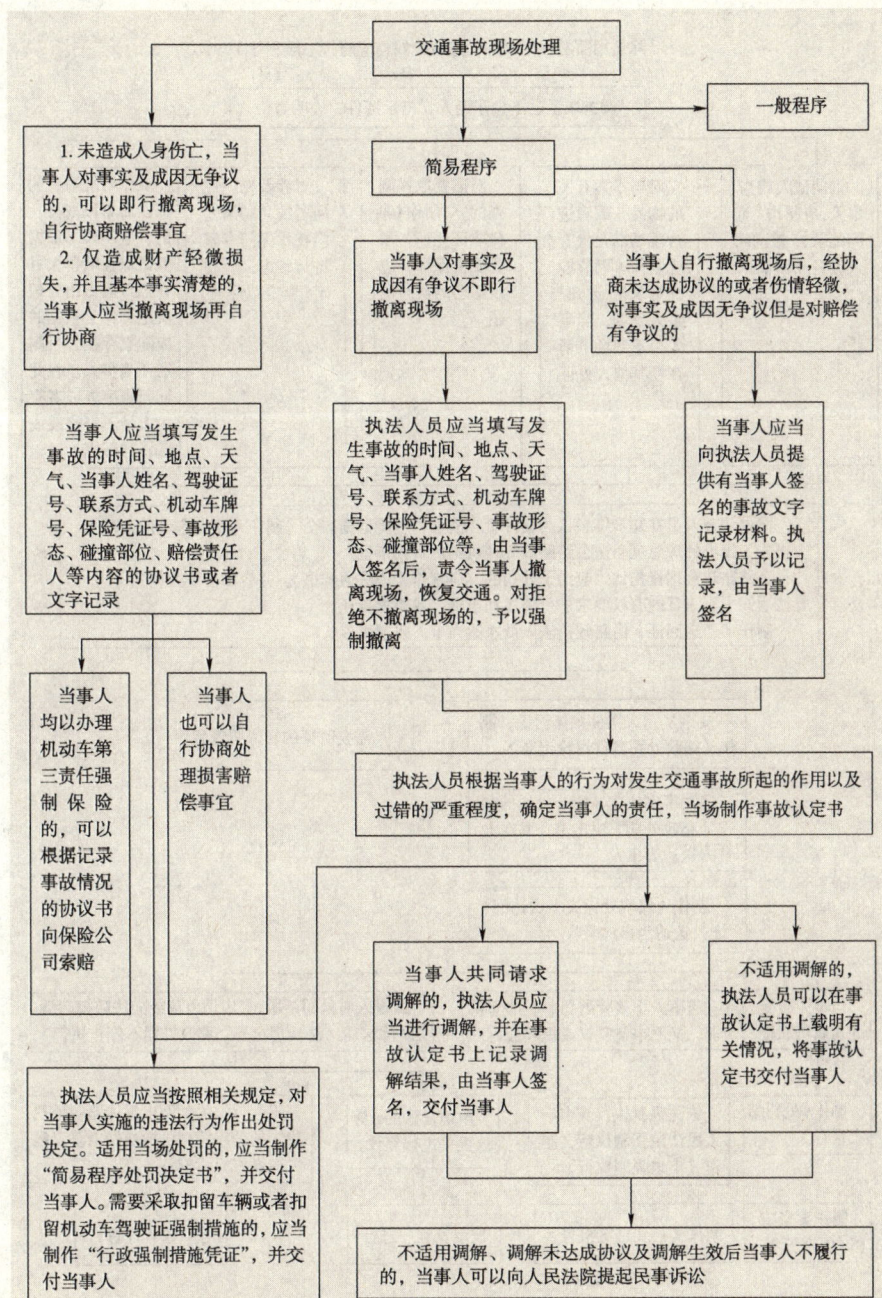

图7-4 交通事故现场处理(简易)程序图

（除适用简易程序以外的路政处罚均应履行一般程序）

调查取证、不少于两人，出示证件，表明身份

询问证人或当事人，应制作《询问笔录》，被询问人签名或盖章	对与本案有关的物品，或者进行现场勘验检查，应制作《勘验检查笔录》。通知当事人到场，当事人拒不到场可请在场其他人见证	对需要取样调查的，应制作《抽样取证凭证》需要妥善保存，应该退还的及时退还	对涉及专门性问题的，聘请专门技术部门专家进行鉴定，应制定《鉴定结论书》	证据可能遗失的或以后难以取得的，应制作《证据登记保存清单》，并在七日内做出处理决定，作为根据的应随案存档，否则退还当事人。在此期间当事人或者有关人员不得修改或者转移证据

案件调查人员在初步结果认为案件事实清楚，主要证据齐全，制作《路政违法行为调查报告》提出处理意见，送公路路政管理机构负责人审批。

公路路政管理机构认为应给予处罚的，应制作《违法通知书》。并告知当事人收到《违法通知书》三日内有权要求进行陈述和申辩，或要求听证。

制作《送达回证》由路政执法人员送达当事人或亲属签收

复杂、重大案件集体讨论，制作《路政处罚案件讨论记录》	需要听证的转入听证程序

违法事实成立，应予处罚的制作《路政处罚》决定书，并在七日内送达当事人

制作《路政处罚文书送达回证》送达当事人验收

当事人接受处罚履行职责	当事人不接受处罚，不履行职责，又不申请复议或提起公诉	当事人对处罚不服，申请复议或向法院提起诉讼（除法律／法规规定外，路政处罚不停止执行）	
制作《处罚结案报告》	依法强制执行或申请人民法院强制执行，制作《申请强制执行》	申请复议的，复议机关进行复议	提起诉讼的，做出具体路政处罚决定的公路管理机构或做出复议机关应做好应诉准备
制作案宗归档(保存五年)	制作《处罚结案报告》	按复议程序进行	按诉讼程序进行

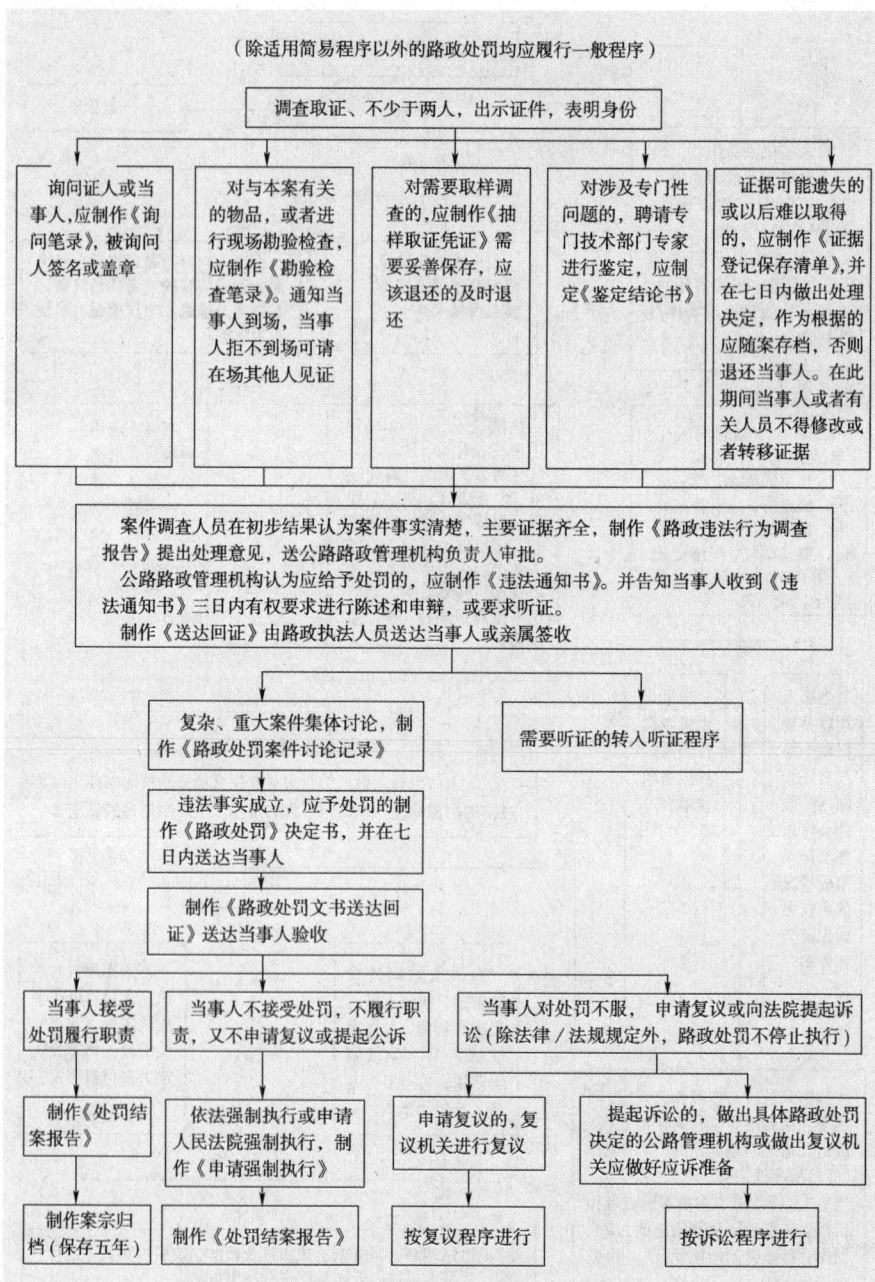

图7-5　路政案件处罚(一般)程序图

176

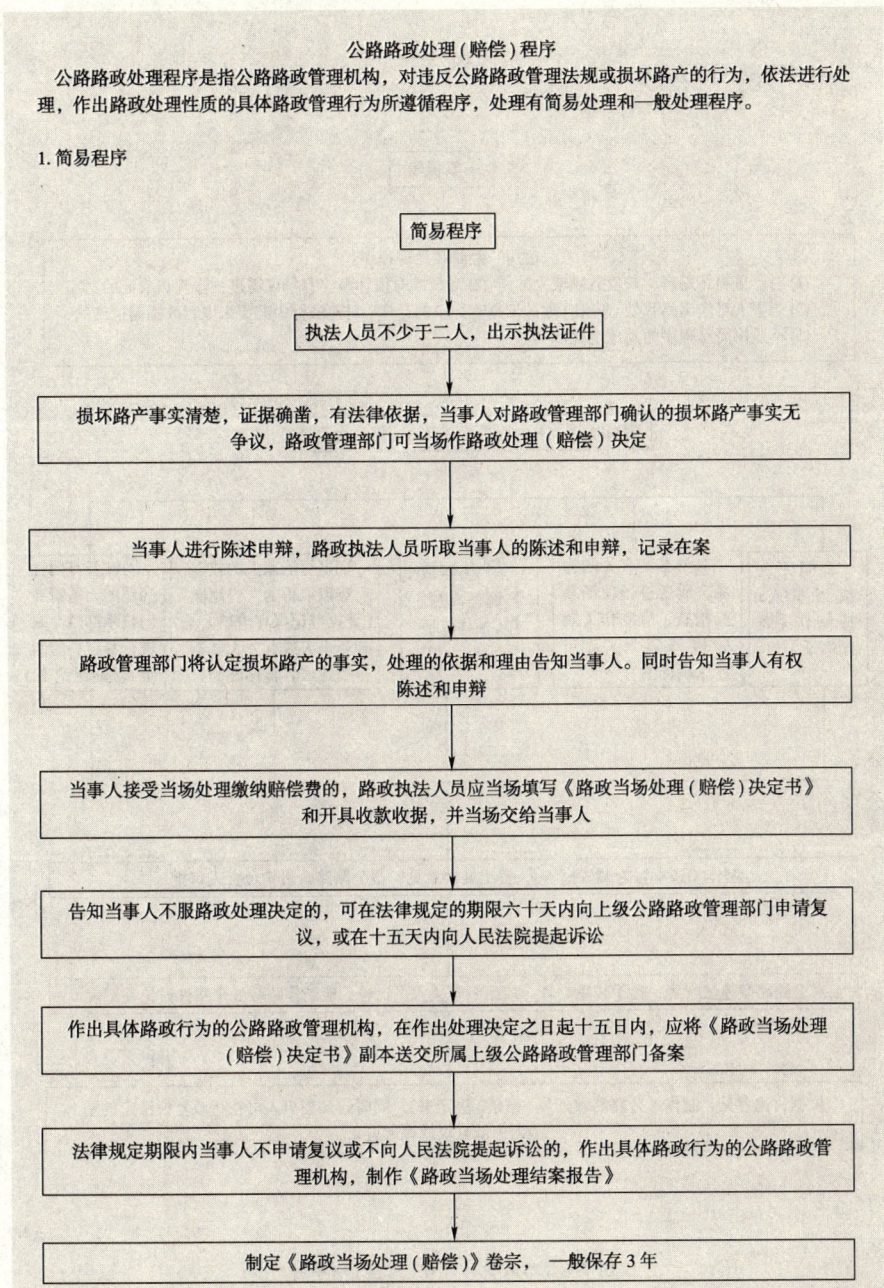

公路路政处理（赔偿）程序

公路路政处理程序是指公路路政管理机构，对违反公路路政管理法规或损坏路产的行为，依法进行处理，作出路政处理性质的具体路政管理行为所遵循程序，处理有简易处理和一般处理程序。

1. 简易程序

```
            ┌──────────────┐
            │   简易程序    │
            └──────┬───────┘
                   │
            ┌──────┴─────────────────┐
            │ 执法人员不少于二人，出示执法证件 │
            └──────┬─────────────────┘
                   │
```

损坏路产事实清楚，证据确凿，有法律依据，当事人对路政管理部门确认的损坏路产事实无争议，路政管理部门可当场作路政处理（赔偿）决定

当事人进行陈述申辩，路政执法人员听取当事人的陈述和申辩，记录在案

路政管理部门将认定损坏路产的事实，处理的依据和理由告知当事人。同时告知当事人有权陈述和申辩

当事人接受当场处理缴纳赔偿费的，路政执法人员应当场填写《路政当场处理（赔偿）决定书》和开具收款收据，并当场交给当事人

告知当事人不服路政处理决定的，可在法律规定的期限六十天内向上级公路路政管理部门申请复议，或在十五天内向人民法院提起诉讼

作出具体路政行为的公路路政管理机构，在作出处理决定之日起十五日内，应将《路政当场处理（赔偿）决定书》副本送交所属上级公路路政管理部门备案

法律规定期限内当事人不申请复议或不向人民法院提起诉讼的，作出具体路政行为的公路路政管理机构，制作《路政当场处理结案报告》

制定《路政当场处理（赔偿）》卷宗，一般保存3年

a)

图 7-6

2. 一般处理(赔偿)程序

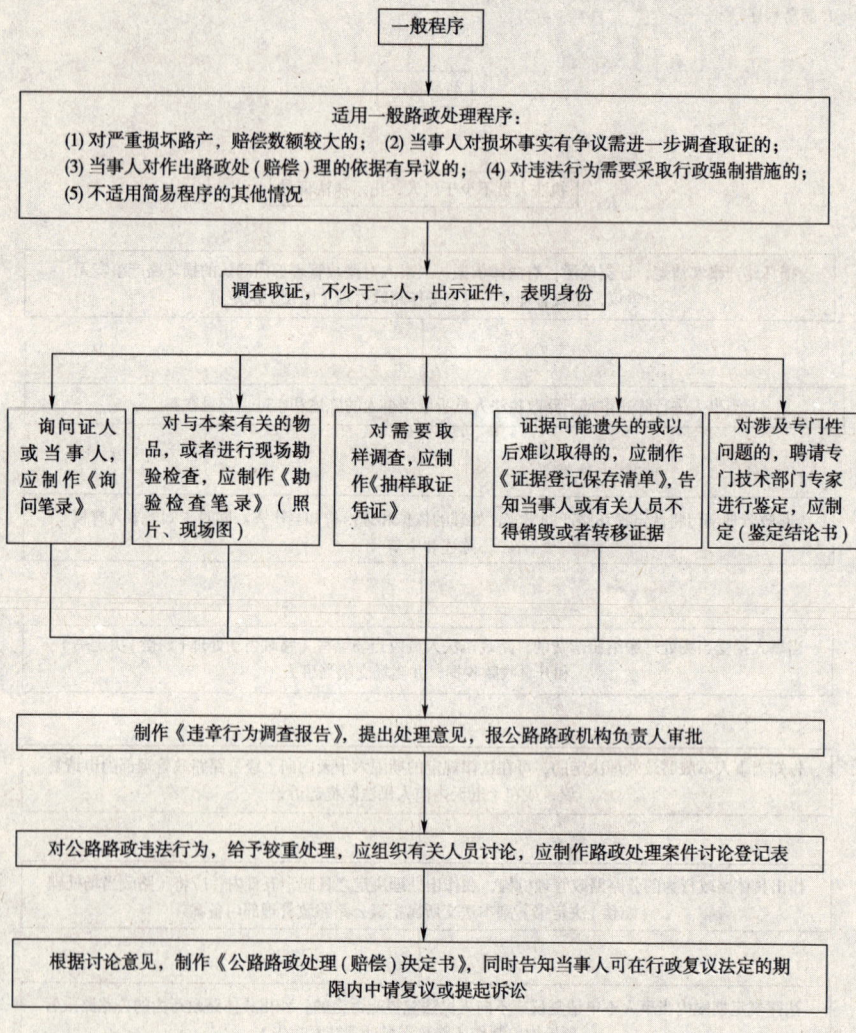

一般程序

适用一般路政处理程序：
(1) 对严重损坏路产，赔偿数额较大的； (2) 当事人对损坏事实有争议需进一步调查取证的；
(3) 当事人对作出路政处(赔偿)理的依据有异议的； (4) 对违法行为需要采取行政强制措施的；
(5) 不适用简易程序的其他情况

调查取证，不少于二人，出示证件，表明身份

| 询问证人或当事人，应制作《询问笔录》 | 对与本案有关的物品，或者进行现场勘验检查，应制作《勘验检查笔录》(照片、现场图) | 对需要取样调查，应制作《抽样取证凭证》 | 证据可能遗失的或以后难以取得的，应制作《证据登记保存清单》，告知当事人或有关人员不得销毁或者转移证据 | 对涉及专门性问题的，聘请专门技术部门专家进行鉴定，应制定(鉴定结论书) |

制作《违章行为调查报告》，提出处理意见，报公路路政机构负责人审批

对公路路政违法行为，给予较重处理，应组织有关人员讨论，应制作路政处理案件讨论登记表

根据讨论意见，制作《公路路政处理(赔偿)决定书》，同时告知当事人可在行政复议法定的期限内申请复议或提起诉讼

b)

图7-6 路政案件处理(赔偿)程序图

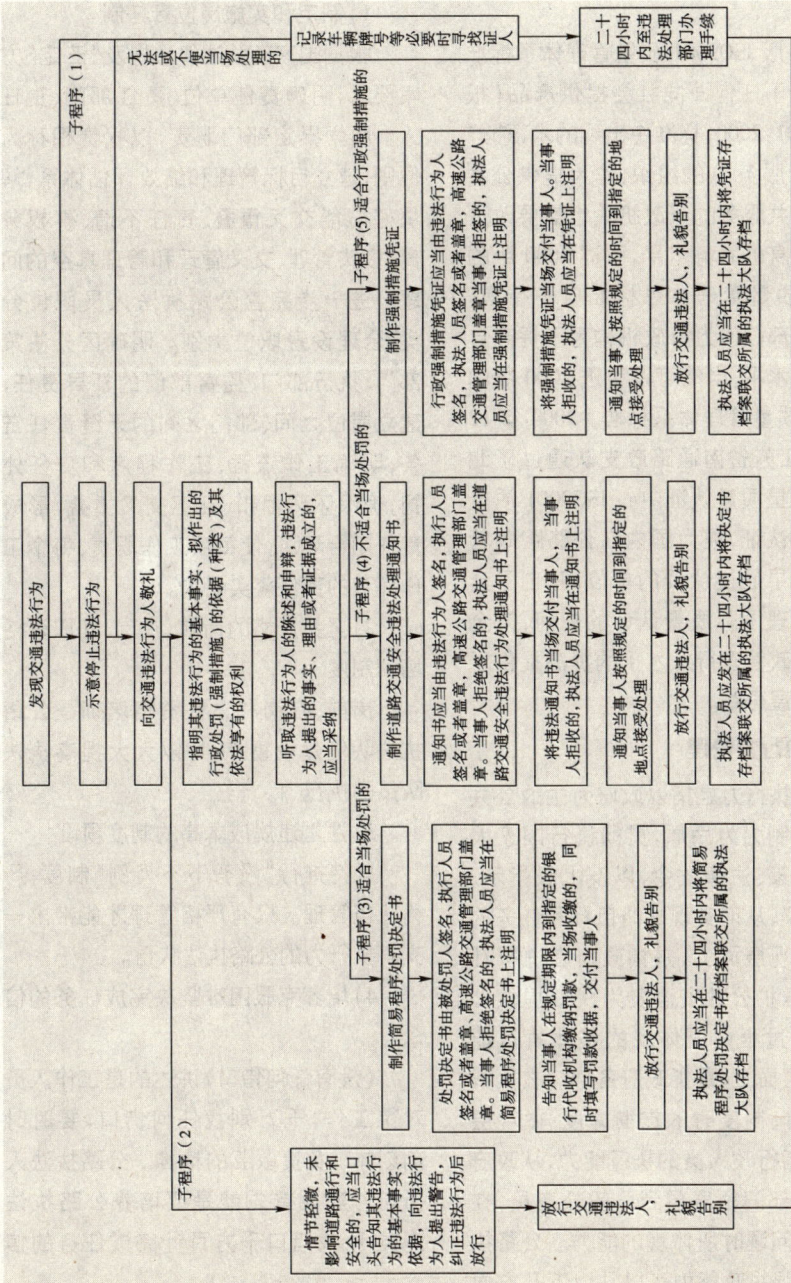

图7-7　交通违法现场处理程序图

发现交通违法行为

示意停止违法行为

向交通违法行为人敬礼

子程序（1）
无法或不便当场处理的

记录车辆牌号等，必要时寻找证人

二十四小时内至违法处理部门办理手续

指明其违法行为的基本事实，拟作出的行政处罚（强制措施）的依据（种类）及其依法享有的权利

听取违法行为人的陈述和申辩，违法行为人提出的事实、理由和或者证据成立的，应当采纳

子程序（2）
情节轻微，未影响道路通行和安全的，应当口头告知其违法行为的基本事实、依据，向违法行为人提出警示，纠正违法行为后放行

放行交通违法人，礼貌告别

子程序（3）适合当场处罚的
制作简易程序处罚决定书
处罚决定书由被处罚人签名、执行人员签名或者盖章、高速公路交通管理部门盖章，当事人拒绝签名的，执法人员应当在简易程序处罚决定书上注明
告知当事人在规定期限内到指定的银行代收机构缴纳罚款，当场收缴的，同时其写罚款收据，交付当事人
放行交通违法人，礼貌告别
执法人员应当在二十四小时内将简易程序处罚决定书存档案联交所属的执法大队存档

子程序（4）不适合当场处罚的
制作道路交通安全违法行为通知书
通知书中应当由违法行为人签名、执行人员签名或者盖章、高速公路交通管理部门盖章，当事人拒绝签名的，执法人员应当在道路交通安全违法行为处理通知书上注明
将违法通知书中当场交付当事人，当事人拒收的，执法人员应当在通知书上注明
通知当事人按照规定的时间到指定的地点接受处理
放行交通违法人，礼貌告别
执法人员应当在二十四小时内将决定书存档案联交所属的执法大队存档

子程序（5）适合行政强制措施的
制作强制措施凭证
行政强制措施凭证应当由违法行为人签名、执行人员签名或者盖章、高速公路交通管理部门盖章，当事人拒绝签名的，执法人员应当在强制措施凭证上注明
将强制措施凭证交付当事人。当事人拒收的，执法人员应当在凭证上注明
通知当事人按照规定的时间到指定的地点接受处理
执法人员应当在二十四小时内将凭证存档案联交所属的执法大队存档

6. ISO9001:2000 质量认证体系管理

2000 版 ISO9001 质量管理体系标准可以适用于任何面向社会提供产品（根据 ISO9001:2000，标准中出现的术语"产品"也指"服务"）的组织，作为提供公共产品和公共服务的行政机关也需要改进和提高自身的服务水平，引进 2000 版的 ISO9001 质量管理体系标准自不待言。公路执法部门作为行政机构为了提高自身的服务水平，当然可以引进 2000 版的 ISO9001 质量管理体系标准。2004 年 12 月 2 日，江苏省南通路政支队通过了北京大陆航星质量认证中心 ISO9001 质量管理体系认证，成为国内在公路路政管理行业最早通过认证的单位，开创了全国路政管理国际质量认证的先河，为全国公路路政管理行业水平的提高提供了很好的发展思路。

7. 执行力管理

行政执行力是指以政府为主的公共部门以强制力为后盾，贯彻执行国家大政方针政策、法律法令，以及上级指示、决定、决议，从而实现战略目标和任务的能力。宏观层面上，是指政府在进行社会管理、维护公共安全及为民众提供公共服务的过程中所体现的整体执行能力；中观层面上，是指政府各部门在执行政策、方针、制度时的贯彻力度；微观层面上，是指行政人员的执行能力，从政府决策者到部门领导再到一般公务员，在面对执行问题时所体现的能力。公路执法部门增强执政能力可以从以下几方面入手。

1）制定和实施岗位责任制

根据国家有关法律法规及"三定"方案要求，明确责任单位、责任部门、责任人。科学界定部门职责，以权责相称为原则，建立目标管理和绩效评估体系，解决好职能交叉重叠、责任不清、事权分离、多头管理、交叉管理和管理真空的问题。进一步完善公路执法人员职位分类，合理设置职位类别。明确区分决策部门、执行部门、监督部门的领导责任，建立岗位之间、部门之间的无缝责任链条，明确工作流程、工作程序和责任处罚，确保环环相扣，互不交叉重叠，形成责任闭合环路，使每项工作职责、每个工作环节的责任落实到人。

2）坚持严格的岗前、在岗、任职资格培训制度

岗前、在岗和适任资格培训是公路执法队伍建设重点，可以大大提高执法队员的执行力。

3）注重违规成本高的制度预设

坚持推行"没有下不为例"制度，严格队伍管理。只有严格管理才能带出一支有执行力的公路执法队伍。

4）培养克服困难坚决完成任务的信念

《没有任何借口》讲述的是工作人员对待工作，千万别找任何借口，要时时刻刻体现负责敬业的精神。公路执法人员能力建设首先就是要培养公路执法人员，不找借口千方百计完成任务的信念。

8. 危机管理

危机管理包括危机公关和处置突发事件两个方面。突发事件是指突然发生,造成或者可能造成重大人员伤亡、财产损失、生态环境破坏和严重社会危害,危及公共安全的紧急事件。公路执法部门主要面对的是突发群体性事件、突发灾害性天气、突发重大交通事件等,公路执法部门应不断增强危机管理能力,加强危机管理。

(七)发展网络文化

从狭义上来说,网络就是指在一定的区域内两个或两个以上的计算机通过连接介质,按照网络协议进行的连接,以供用户共享文件、程序、数据等资源的一种组织形式。而广义的网络除了包括狭义上的网络内涵,还应该包括人际网络——人与人之间进行信息交流的关系网。我们这里探讨的网络文化,不仅指计算机网络文化,也包括人际网络。

1. 构建公路执法互联网信息平台

随着社会经济的快速发展、车辆的日益增多,公路执法部门的执法工作愈来愈繁忙,每天需要获取和处理的信息量与日俱增,公路执法部门可以建立网络开展网络办公,这样既可以节约费用又可以提高效率。同时由于网络文化的开放性、平等性、包容性、个人化的特点,决定了互联网可以作为公路执法部门与社会其他部门、广大群众交流的平台,及时获取最新、最有效的执法信息,以便调整相关政策、执法重点,为社会提供更好的执法服务。

20世纪90年代以来,伴随着信息技术、网络技术的飞速发展,信息化成为各国普遍关注的一个焦点。在国家信息化体系建设中,政府信息化又成为整个信息化中的关键。行政执法网站的建设是电子化政府建设过程中的重要一环,它在提高行政执法效率、降低执法成本、打造"阳光政府"、改善民众与执法部门之间的关系等方面都发挥着极大的作用,目前南京、北京等城市的交通执法网站建设处于全国领先的地位,但是仍然存在许多不足之处和有待改进的地方,总之,公路执法网站的建设是一个漫长的过程,不可能一蹴而就。

1)公路执法网站的功能

(1)有助于信息发布、提高行政效率、降低执法成本。过去普通老百姓难以和政府充分地互动,很重要的原因是双方处于信息不对称状态,一般来说,政府掌握了整个政务活动80%的信息,公众最多了解不到20%,这就使得社会公众无法和政府实现真正有效的沟通和双向互动,也提不出更多的意见。现在人们通过公路执法网站这个平台获取包括执法机构、部门职能、法律法规、办事程序在内的海量执法信息,就可以和公路执法部门实现互动,可以自由表达对政府工作的意见和建议,为社会公众和公路执法部门之间进行双向互动提供了重要渠道。同时,通过公路执法网站的构建,利用网络这个平台可以大大提高执法部门的行政效率,缩短了执法部门办事的时间,提高了执法部门的工作效率,降低了执法的行政管理成本,而且具有特色的"一站式"、"一网式"等服务提高了公众对执法部门的满意度,改善了执法部门与公众的关系。

(2)有利于打造"阳光政府"。打造"阳光式"、"透明"的政府是电子政务最核心的价值目标,而且一个政府只有具备了公开、透明的属性,具备了阳光政府的外在形态,老百姓才有可能了解你、认识你,才有可能打破以往那种信息严重不对称的状态,这也是公路执法网站建设追求的目标。

(3)有助于提高民众的参与意识、表达意识。公路执法网站的开通和运行,在某种意义上说,为普通民众参与管理公共事务、公路交通事务提供了一种全新的手段和工具。一方面普通民众可以借助公路执法网站获取大量的执法信息,同时也可以依托这个网络平台直接参与一系列有关公路交通事务管理的建言、乃至决策活动,表达自己对一些重大问题的看法和观点,这对发挥人民群众当家做主的主体地位作用、培养民众的参与意识等,无疑会产生深远的影响。

2)公路执法网站建设的不足

(1)"以公众为中心"、"以人为本"等服务理念的缺乏。公路执法网站建设一定要体现以公众为中心,要以老百姓获取信息方便为准则,而不是以执法部门发布信息方便为准则,是站在老百姓角度思考还是站在政府角度思考,这是非常重要的问题。因此在现实中应该避免这样的现象:重视政府对社会的监管,而忽视政府对社会提供的有效服务,重视政府提供内部的信息化建设,而忽视政府对公众的信息化服务。

(2)配套法律法规制度的缺乏。在公路执法网站建设中,少数地方、少数部门有重基础设施建设,轻制度和法律法规建设这样一种倾向,从公路执法网站建设的实践来看,这种倾向是很危险的,甚至有可能导致严重的后果。比如在一些地方,虽然执法网站已经构建起来,可以利用网络直接为公众提供服务,但是由于受到法律法规的限制,多数还只能采取"双轨制"的方式进行管理和运行,这不仅增加了行政执法成本,而且执法效率也没有得到提高,给老百姓和执法人员带来很多不必要的麻烦。将于2008年5月1日起施行的《中华人民共和国政府信息公开条例》虽然在一定程度上对电子政务的建设起到了指导作用,但是相关配套的公路执法信息法律法规仍然缺乏。鉴于此,在推进公路执法网站建设的战略过程中,要同时把公路执法网站的环境建设、特别是法律法规环境建设放在重要地位,高度重视,否则就会直接影响已经构建起来的执法网站的应用,也将使其很难真正发挥其应有的作用。

2. 拓展公路执法人际网络

所谓人际网络,实质上就是为达到特定目的,人与人之间进行信息交流的关系网,人际网络分析在公路执法活动中的应用,大大提高了公路执法活动的科学性、特殊性和价值性。

1)公路执法人际网络的功能

(1)获取公路执法信息的需要。人是重要信息和一手信息的主要来源,但是这并不就是说,在人际网络中,人是信息的唯一来源,其实,网络的结构本身也是重要的信息源。例如公路执法部门与广大市民之间的互动就反映了公路执法部门与市民之间的紧密关系,进而对于公路执法活动将会产生重要影响。

(2)谋求发展与达成共识的需要。对于公路执法人员而言,在公路执法部门内的发展空间取决于对该部门的贡献大小,同时也取决于公路执法人员在整个部门及其执法活动中所扮演的角色。公路执法人员必须能够协调各种人际关系,对外要与有关的组织和人员进行联系接触,对内要联系上下级和同级,有效沟通才能与别人达成共识,工作效率才能得到更大的提升,才能更好地服务社会。

2)拓展公路执法人际网络的类型

(1)公路执法人员与执法对象之间的人际网络。公路执法人员的执法活动,不仅仅牵扯到执法对象个人,每个执法对象后面都有一个家庭、一个人际圈子,关系很多,执法人员间接地与执法对象身后的这些人发生着某种关系,执法人员的执法行为对社会有着极大的影响。因此,公路执法机构和人员必须对社会的要求作出及时的和负责的回应,在必要时还应当定期地、主动地向社会了解情况,解释公路执法政策,回答社会普遍关心的问题,慎重实施每一次执法活动,保证执法活动的公平、及时、有效。

(2)公路执法队伍内部的人际网络。公路执法队伍是一个群体,每一个执法队员并不是孤立的个体,必然与其他执法队员有着各种各样的联系,执法队员之间经常交流经验、共享信息、互相学习、互相竞争,只有充分拓展公路执法队伍内部的人际网络,在执法队伍中真正树立起团队精神,作为一个群体存在的公路执法队伍才能发挥最大的作用。

(3)公路执法部门与当地政府、公安部门、环保组织等之间的人际网络。仅仅通过公路执法部门的执法活动,不可能解决发生在公路上的所有问题,必然需要其他一些部门、组织的协调配合。

(4)公路执法部门与电视、新闻报纸、广播电台等宣传媒体之间的人际网络。公路执法部门不仅要在道路上做好本职工作,更要参与到交通宣传活动中去,传递交通信息,宣传交通文化和安全知识,为广大老百姓提供多种交通服务,这样才能更好地改善社会对公路执法部门的传统观念、看法,提升自身形象。

①[美]马斯洛.马斯洛人本哲学[M].刘烨译.北京:九州出版社,2003.46-50
②竺乾威,邱柏生,顾丽梅.组织行为学[M].上海:复旦大学出版社,2002:179
③竺乾威,邱柏生,顾丽梅.组织行为学[M].上海:复旦大学出版社,2002:130
④王雁飞.管理心理学[M].广州:华南理工大学出版社,2006:300

⑤王雁飞.管理心理学[M].广州:华南理工大学出版社,2006:308

⑥章志远.现实困境与路径选择:中国行政法学研究之省思.(人大复印资料11)

⑦"法治文化与和谐社会建设"网上座谈会. http://www. people. com. cn/GB/32306/54155/57487/5100298.html

⑧ http://www. cqgs. org/Article/dj/xjjy/200607/312. html

⑨胡河宁.组织传播[M].北京:科学出版社,2006.

⑩培根.培根论文集[M].北京:商务印书馆,1985:193.

第八章 文化最生动的特征——行动

一、基本原则

（一）公路执法文化建设的指导思想

指导思想，实际上是根据战略定位考察约束条件及战略运作方式。但是这个指导思想和原则要有高度，要能体现公路执法系统未来一个时期的战略意志，能充分体现公路执法发展战略中各项子战略的要求。只有体现了公路执法的战略意图和思想，高度才能上去。

公路执法文化建设的指导思想是：以中国特色社会主义理论为指导，认真贯彻落实党的"十七大"精神，按照落实科学发展观、建设现代交通运输业、实践社会主义荣辱观、建设社会主义和谐社会的要求，围绕交通发展大局及其中心工作，进一步加强公路执法系统的精神文化、制度文化和物质文化建设，大力弘扬行业精神，着力健全管理制度，努力提升行业形象，为公路执法良性发展和交通又快又好发展提供强大的精神动力、有力的制度保障和良好的环境条件。

公路执法文化建设的指导思想主要

要把握好三个方面的内容：一是以科学发展观统领公路执法文化的发展，二是把握好市场经济条件下的文化体系运作机制，三是充分体现可持续发展的要求。

在这里，科学发展观将作为贯穿公路执法文化总体方案的一条红线，统领交通行业文化的建设工程。科学发展观体现在进行公路执法文化建设的过程中要突出科学，要用科学的方式达到发展的目的。市场经济和可持续发展，一个是运行机制或运作方式，一个是约束条件，尽管两者的内容是很宽泛的，但落实到公路执法文化的建设中就非常实际和具体了。

（二）公路执法文化建设的基本原则

1. 坚持文化建设与公路执法发展相适应

公路执法文化建设要以促进公路执法发展为出发点，根据公路执法发展所处阶段及其主要任务，结合各部门、各单位实际工作面临的主要问题和突出矛盾，以发掘先进典型、弘扬行业精神，健全管理制度、激发内在活力，改善工作环境、提高工作效率为切入点，有针对性地开展精神文化、制度文化和物质文化建设,运用文化的力量促进各项工作的发展。

2. 坚持整体推进与重点建设相协调

构成公路执法文化的各种文化要素是一个有机的整体,相互之间关系密切。精神文化是物质文化和制度文化建设的思想基础,制度文化是物质文化和精神文化建设的制度保障,物质文化是制度文化和精神文化建设的基础条件。各部门、各单位开展文化建设要注重构建完整的文化体系,继续发扬公路执法系统艰苦奋斗、讲求实效的优良传统,重点加强精神文化和制度文化建设。

3. 坚持自上而下与自下而上相结合

公路执法文化是由公路执法系统各部门、各单位领导人倡导并推动建设,中高层管理者接受并贯彻执行,广大干部职工认同并自觉遵守的价值理念,领导干部的重视和广大职工的参与是文化建设取得进展的关键。各级政府交通主管部门要高度重视文化建设,大力推动各执法部门、单位开展文化建设,广泛发动干部职工参与文化建设,自下而上地发掘和提炼具有本部门、本单位特色的文化价值元素,构建交通行业具有深厚群众基础的共同价值理念。

4. 坚持继承传统与创新发展相统一

公路执法文化形成于公路执法发展的实践,并随着公路执法的发展而发展。

中国是一个具有悠久历史的文明古国,其独具特色的传统文化与现代社会的科学思想相结合,在改革开放以来公路执法发展的各个领域不断地孕育了与时俱进的价值理念,创造了丰富多彩的文化成果,这是新时期进一步发展公路执法文化的重要基础。在新的历史时期,公路执法文化建设要按照建设现代交通业的要求,推陈出新、革故鼎新,充分继承公路执法传统文化的合理成分,广泛吸纳行业内部外部文化建设的优秀成果,以继承求发展、以创新促发展,不断丰富公路执法文化的科学内涵,不断增强公路执法文化的时代特征,大力发展具有鲜明的行业特点和时代特征的公路执法文化。

二、总体目标

(一)公路执法文化建设的总体目标

公路执法文化建设,应当立足于公路执法系统发展的实际,审视工作中存在的不足和问题,以积极的方式介入公路执法的日常运转,在精神、制度和物质等几个方面为公路执法系统的健康发展提供帮助,全面提升公路执法的效率,实现公路执法的良性发展。

公路执法文化建设的总体目标为:在一定时期内(5年左右的时间),初步建立起符合社会主义先进文化前进方向,具有鲜明时代特征和行业特色的公

21世纪交通文化建设研究与实践

路执法文化体系。通过公路执法文化建设，提炼出公路执法系统核心价值观，明确执法理念，规范执法行为，创公路执法服务品牌。通过公路执法文化建设，树立公路执法系统的良好社会形象，营造团结和谐、充满活力的良好氛围，增强执法系统凝聚力和影响力。

（二）公路执法文化建设的主要任务

公路执法文化建设，是交通行业文化建设的重要子课题之一，是交通行业精神文明建设的重要组成部分，是行业精神文明建设的拓展、升华。

公路执法文化建设，将主要在价值、制度、载体三个方面开展工作。

1. 价值方面

价值方面建设主要包括：总结、提炼公路执法价值观、公路执法伦理、公路执法精神，开展多种形式的宣传教育活动，实现执法主体与执法对象良好沟通与互动，深入开展执法系统精神文明建设，加强公路执法系统先进典型的培养和宣传，引导公路执法文化产品的创作等方面。具体来说，包括以下几个方面：

（1）精神文化是公路执法行业的核心价值理念和核心文化。因此，应总结、提炼具有行业特色的公路执法核心价值观、执法理念、执法精神，以建设更安全、更便捷、更通畅、更经济、更可靠、更和谐的公路交通体系。

（2）开展多种形式的宣传教育活动，

对公路执法的核心价值观、执法理念、执法精神进行宣传，增强公路执法系统的凝聚力和战斗力，使广大干部职工始终保持奋发有为、昂扬向上的精神状态。

（3）发展和完善主体性政府公共关系，即从政府的角度来探讨政府组织如何开展公共关系的，如何处理和应对公路执法中与公民、法人及其他社会组织的关系和矛盾，并且拓展社会利益表达的渠道，扩大公民参与的机会，以实现良好的沟通与互动。

（4）深入开展公路执法系统精神文明建设，为促进公路执法事业发展，构建和谐交通提供精神动力和智力保证。

（5）加强公路执法系统先进典型的培养和宣传，以科学发展观为统领，以宣传学习社会主义荣辱观为主线，以全国先进典型代表为榜样，针对时代需求，紧扣发展脉搏，不断培养树立公路执法系统的新典型，更好地发挥典型的带动和示范作用，促进公路执法事业的发展。

2. 制度方面

制度包括正式制度和非正式制度，制度方面建设内容主要包括公路执法的制度创新、体制创新和机制创新，转变政府职能；完善公路执法的职业道德规范、岗位行为规范、文明服务标准；建立健全职工培训制度，加大培训力度，提高执法队伍素质等方面。

（1）研究公路执法的制度创新、体制创新和机制创新，转变政府职能；开展现有制度清理工作，完善综合执法制度，规范公路执法程序，健全公路执处罚听证制度、建立行政执法责任制，落实公路执法评议制度（包括内部评议、社会评议、专家评议）、实现行政执法公开化：信息公开制度、教示制度、听证制度；完善行政执法救济渠道。

（2）完善公路执法的职业道德规范、岗位行为规范、文明服务标准等，组织编写执法文化手册，建立科学、规范的内部制度体系（如借鉴 ISO9001：2000 质量管理体系、TQM 全面质量管理制度等），以加强督促检查，实施科学严格的公路执法绩效评估与考核制度，有效地引导职工思想，规范职工行为，并努力将各项制度转化为自觉遵循的行为准则。

（3）结合公路执法的实际情况，着力培育公路执法特色文化，既要注重体现和谐、服务、以人为本的价值理念和职业道德的要求，又要体现公路执法自身的特性和生产经营、管理工作要求。

（4）提高执法队伍素质。执法队伍素质的高低直接关系到执法活动是否体现公路执法文化的服务性、人本性和和谐性。因此，应加强执法队伍建设，提高人员进入执法队伍的文化素质门槛，并通过强化培训，提高现有执法人员的素质，从而提高执法水平。

3. 载体方面

载体方面的任务是：推行公路执法系统形象统一战略，统一规范执法队伍的执法用语、着装、标志、执法工具（含通讯工具、交通工具等），配置先进的执法技术设备，开展公路执法信息化建设，努力用高新科技手段来提升公路执法的效率和水平；保障公路执法经费，广泛开展公路执法文化体育活动，引导公路执法文化产品的创作等。

（1）根据事业发展的需要和经济条件的可能，逐步推行公路执法系统形象统一战略，开展公路交通行业徽标征集和评选活动，展示公路执法系统的良好形象。

（2）统一规范执法队伍的执法用语、着装、标志、执法工具（含通讯工具、交通工具）等，使公路执法行业拥有像公安部门等一样的特有标识系统，成为一个具有代表性的独立的执法行业。制定本系统行政执法人员的文明用语，严格执行国家有关执法着装的规定，正确使用行政执法标志、装备，做到文明执法、礼仪执法。

（3）改善工作环境和工作条件，统一规范公路执法系统工作场所、指示标志、公示栏、宣传牌、主要办公用品的外观，统一标准字、标准色等，给公路执法人员创造更好的工作环境和条件，以激发其内在的更大的工作积极性和热情。

（4）开展公路执法信息化建设，努力用高新科技手段来提升公路执法的效率和水平，着力进行公路执法的网络化建设，（如建立专门的交通行政执法网），以更快的速度为公民提供执法服务和对公民的行政执法诉求给予最快的回应。

（5）保障公路执法经费。全面推行公路执法所需正常经费由财政全额保障体制。严格实施"收支两条线"，管理及收缴分离、罚缴分离制度，实现公路执法权力与责任挂钩、与利益脱钩。严禁通过罚款、收费创收。

(6)引导公路执法文化产品的创作。严格按照交通部的《交通文化建设实施纲要》的要求,组织实施"五个一工程",包括形成公路执法文化建设理论与实践的研究成果,创作一批公路执法文化文艺作品等,全面增强交通文化的吸引力和感召力,提高交通行业的软实力。

(7)广泛开展公路执法文化体育活动。加强公路执法文化基础设施建设,包括体育场、阅览室、活动室等文化场所。组织开展形式多样、职工喜闻乐见、健康有益的文化体育活动,丰富广大干部职工的精神文化生活,提高广大干部职工的身心素质。

三、实施步骤和基本要求

(一)实施步骤

公路执法文化建设,是一项系统工程,难以一蹴而就,更非功利急务,首当戒浮戒躁。在工作中,坚持按照科学合理的步骤不断推进,不断细化过程督导、强调求真务实、力避贪功取巧,是确保公路执法文化建设取得成效的关键。

开展公路执法文化建设,可以按以下五个步骤进行:

(1)要根据交通文化建设的总体部署,制定工作计划和目标。

(2)深入开展调查研究,根据各自实际,确定公路执法文化建设项目。

(3)提炼公路执法精神、核心价值观

和执法理念等,进一步完善规章制度,优化内部环境,导入视觉识别系统,进行公路执法文化建设项目的具体设计。

(4)采取学习培训等多种宣传方式,持续不断地对职工进行教育熏陶,使广大职工认知、认同和接受执法系统核心价值观念。

(5)对公路执法文化建设情况进行总结评估,及时完善,巩固提高。

(二)基本要求

交通执法文化的建设,要立足长远,可分步展开,不能操之过急,需要按以下要求进行。

1. 先小后大

先小后大就是将公路执法文化建设的总体目标分解,在实现的定量或定性要求上能够体现出先小后大的特点。因为,文化建设前期目标如果过小,可能不利于今后其他目标的实现;过大则体现个出循序渐进的特点。

2. 先易后难

先易后难就是将公路执法文化建设的总体目标分解,在实现的定量或定性要求上能够体现出先易后难的特点。因为,文化建设前期目标如果过于容易实现,可能会使行业上下产生麻痹思想;过于艰难则容易使文化建设举步维艰,进而动摇和丧失信心。

3. 局部为先

建设公路执法文化,首先要实现的是局部目标,以点带面,层层推进,可以积累经验,稳步推进。

四、保障机制

建立保障机制,既是全面深入推进公路执法文化建设的重要条件,也是公路执法文化建设的重要内容。保障机制主要包括:组织保障机制、长效运行机制、绩效评估机制以及配套的激励机制等。建立这些机制,旨在促进公路执法文化建设的快速、健康和持续发展。

健全有力的保障机制体系是确保公路执法文化工作持久、深入发展的根本保证。保障机制主要包括:组织保障机制、绩效评估机制、经费保障机制以及人才保障机制等。通过建立健全公路执法文化保障机制,为推动公路执法文化建设提供强大动力和重要保障。

(一)组织保障机制

公路执法文化建设是一项系统工程,只有在交通部的统一领导下,通过交通系统的共同努力,才能得以顺利发展并逐步成为社会主流文化的重要组成部分。为此,各级交通部门要把公路执法文化建设作为社会主义先进文化建设的一项重要内容,切实加强组织领导,纳入工作日程,统筹考虑,合理安排,全方位予以推进。

(1)建立公路执法文化联系会议制度,进一步建立健全有纪检、监察、组织、宣传、人事、司法、文化以及各新闻媒体等单位参加的公路执法文化建设联系会议制度,特别是要把文化主管部门及文

联和各文艺家协会、学会吸纳进来,并根据各单位的职能特点明确其在公路执法文化建设工作中的职责和任务。

(2)成立公路执法文化建设领导小组或公路执法文化建设办公室,加强组织协调,抓好公路执法文化建设的总体谋划以及督导检查和考核等工作,认真总结经验教训,及时提出加强和改进公路执法文化建设工作的意见和建议;其他职能部门要各司其职,协调联动,既要保质保量的完成联系会议制度明确的工作任务,又要与本职业务工作相结合,主动地、创造性地开展公路执法文化建设工作,攒指成拳,形成公路执法文化建设工作的整体合力。

(二)经费保障机制

公路执法文化建设,无论是在"硬件"上,还是在"软件"上,都需要一定的资金投入。没有经费的保障,公路执法文化建设就会变成"无米之炊"。

当前,公路执法文化建设经费投入机制尚未建立,各项活动的开支主要是以临时申请的形式取得。特别是基层自有资金十分有限,公路执法文化建设的投入只能争得上级主管部门的支持。是否投入、投入多少往往决定于领导的重视程度。这就造成了公路执法文化建设经费投入的不固定性,致使出现了重前期投入而轻后续发展以及地区间建设水平参差不齐等问题。

为此,推进公路执法文化建设,必须建立健全经费保障机制。首先要由公路

21世纪交通文化建设研究与实践

执法文化建设领导小组和办公室按照量力而行的原则，逐年度提出公路执法文化建设经费使用计划，报同级党委政府同意后，列入政府财政预算安排。其次要设立公路执法文化专项基金，对公路执法文化建设给予推动和保障。

（三）人才保障机制

文化人才队伍是文化建设事业的主体，推进公路执法文化建设，必须充分调动各级文艺团体和广大文艺爱好者的积极性、主动性，使他们自觉投身到公路执法文化建设中来。同时，要切实加大培养选拔力度，造就一批热爱公路执法文化、乐于奉献、敢于实践的公路执法文化建设骨干，充分发挥他们在公路执法文化建设中的主力军作用。采取举办专题培训班或委托大专院校培训等方式，培养造就一支公路执法文化行政人才队伍，以保证公路执法文化建设的正确方向，更好的驾驭公路执法文化建设的发展。要加强对文化艺术人才的培育，在不断提高其业务素质的同时，引导他们逐步提高对公路执法价值理念的理解和对公路执法文化建设的认知，从而造就一支公路执法文艺人才队伍，为开展丰富多彩的公路执法文化活动，增强公路执法文化的生机与活力奠定坚实基础。

五、绩效评估

公路执法文化是执法人员的一种精神上的集中反映，完全依赖于某个方面的定量分析法得到的结论往往和现实有较大的差距，不能够得到较客观的分析结论。因此采用定量效果与定性效果相结合的方法进行测评与考核，综合得到的结论将最接近公路执法文化的真相。

1. 成立专门的测评机构

建立专门的政治上独立的绩效评估机构，配备专业的评估人员。如成立专门的绩效评估委员会，成员可由人大代表、政府代表、专家学者、普通公民等各界人士参加。

2. 确定测评目标和内容

公路执法文化建设是采用可操作性方法，选取具有易得性和可信性的测评指标，对公路执法文化建设情况进行检讨和分析，对公路执法价值理念的培育情况和公路执法制度和公路执法环境、设施设备等物质文化建设情况测评能够检验与评价，总结公路执法文化建设过程中的得与失，为进一步完善公路执法文化建设方案，提供决策性依据。

3. 确定测评纬度

公路执法文化是个复杂的系统，为了真实、客观、完整、准确地反映公路执法文化的整体水平，需要选取一些能够全方位、多角度反映公路执法文化建设水平的主要因素作为测评要素，采用问卷调查、抽样访谈、专题研讨、市场调研等方法，从组织机构、运行机制、价值理念、建设实践和建设效果等五个纬度进行测评。

4. 测评周期

公路执法文化建设测评周期应定期开展,公路执法文化建设领导小组可每年12月举行,各省市公路执法文化建设办公室可每月下旬举行。

5. 测评信息获取处理

通过个人访谈、专题研讨、问卷调查和公路执法文化建设工作目标考核获取信息。

6. 撰写测评报告

测评报告是对公路执法文化年(月)建设情况进行总结和评估,内容包括:建设成果、存在问题、建设重点、建设难点、方案措施等内容。公路执法文化建设绩效测评体系见表8-1。

公路执法文化建设绩效测评体系　　　　　表8-1

测评项目	测评指标	测评内容	权数	测评方法
一、组织机构	1. 领导机构	设置有领导小组	4分	审核材料、听取汇报
	2. 办事机构	设置有专门的办事机构	3分	
	3. 条件保障	配备工作人员和物质条件	3分	
二、运行机制	1. 建设计划	制定了建设计划或纲要	6分	审核材料、听取汇报
	2. 建设方案	制定了建设方案和项目	6分	
	3. 工作机制	建立了培训、示范、督查等机制	6分	
三、价值理念	1. 精神文化	统一、认可、适用、有特色	8分	审核材料、听取汇报、问卷调查
	2. 制度文化	统一、认可、适用、有特色	8分	
	3. 物质文化	统一、认可、适用、有特色	8分	
四、建设实践	1. 精神文化	建设项目得到实施	8分	审核材料、听取汇报、问卷调查
	2. 制度文化	建设项目得到实施	8分	
	3. 物质文化	建设项目得到实施	8分	
五、建设效果	1. 导向与约束作用	提高了员工的使命感和责任感	8分	审核材料、听取汇报、问卷调查
	2. 凝聚与激励作用	提高了员工的凝聚力和战斗力	8分	
	3. 外塑与发散作用	提升组织的影响力和竞争力	8分	

21世纪交通文化建设研究与实践

附录　公路执法文化建设先进典型特写

近年来,全国各地公路执法系统紧紧围绕交通"三个服务"的中心目标,积极开展公路执法文化建设的有益探索,取得了可喜的成绩,山东、广东及重庆等省公路执法系统是其中较为典型的代表,特别是"重庆模式",已成为全国交通执法系统的品牌。

一、纪律严明的山东省交通稽查总队

山东省交通稽查总队成立于1996年,下属有18个交通稽查支队、132个县(市、区)大队,拥有4500多名交通稽查队员,其组织机构分布图见附图1。以"政治坚强、业务精通、作风严谨、纪律严明"的16字为建队方针,山东省交通稽查总队积极开展稽查文化建设。

为了建立一支禁得住考验的文明、威武之师,山东省交通稽查系统着重加强执法队伍的组织文化建设,编著了《交通稽查规范化建设工作制度》等行为规范,内容包括岗位职责、管理制度和工作规范三方面,涵盖了有效投诉当面道歉制度、管理岗位无缺位制度、首问负责制、

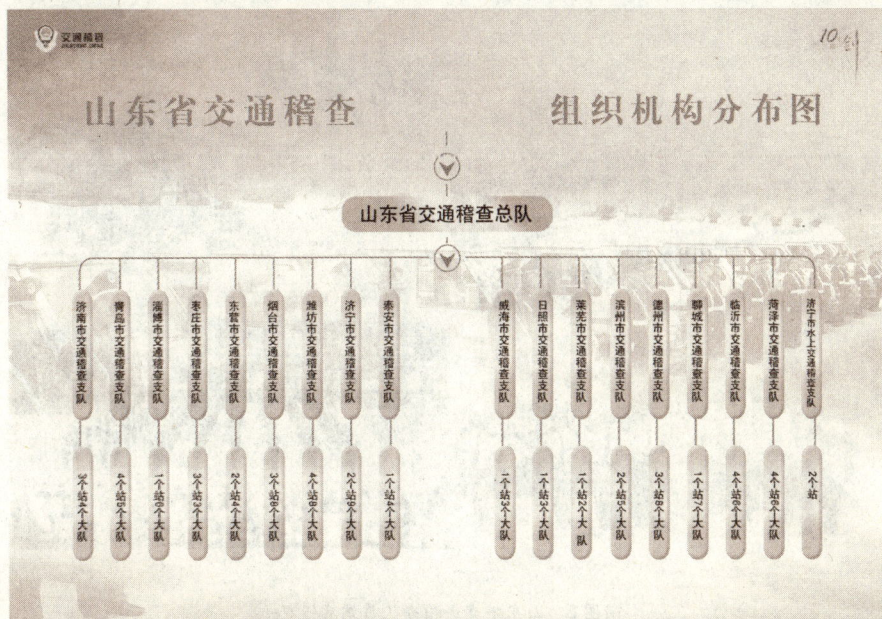

附图1　山东省交通稽查组织机构分布图

收费公示制度、限时办结制、定期走访制、执法公示制、交通稽查执法责任制、行风建设、廉政建设责任制、交通稽查人员"十不准"和七条禁令等管理制度,以及交通稽查人员守则、交通稽查人员着装仪容风纪的管理规定、违章登记、处理工作守则、交通稽查人员文明服务用语、服务禁语、21字现场服务规范、交通稽查上岗执勤动作规范等行为规范。同时通过歌曲《交通稽查之歌》,向外宣传了交通稽查队员肩负着交通稽查这一神圣使命,树立了交通运输线的卫兵形象。

山东省交通稽查系统为了更好地为人民服务,奉献社会,还要求执法队员具有更高的个人素质,因此,山东省交通稽查系统非常重视执法队伍建设,在2001年以来开展了"强素质,树形象"工程,通过个人素质提高,促进整个队伍素质提升,树立学习、进取、奋进、创新的行业形象。山东省交通稽查队员练兵情况见附图2。

山东省交通稽查总队通过稽查文化建设,涌现出了一批先进个人与事迹,全省交通稽查系统先后有160人受到省级以上表彰奖励。17个支队和40多个大队(站)多次被评为省级"青年文明号"或"文明示范窗口"(附图3),山东省交通稽查系统于2002年率先在全省交通系统被命名为"省级交通文明行业",并于2003年被交通部授予"全国交通文明行业",交通稽查成为全省交通系统一面旗帜。

附图2　山东省交通稽查队员练兵情况

附图3　山东省交通稽查队伍建设硕果累累

二、装备精良的广东省交通厅综合行政执法局

2007年,广东省对执法机构进行了重组,成立的广东省交通厅综合行政执法局承担原来公路路政、道路运政、水路运政、航道行政、港口行政、交通规费稽查六大执法职能,改变了原来公路、交通、航道、港务等部门各管一块的现状,统一了行使辖区内道路运政、公路路政、水路运政、航道行政、港口行政、交通规费稽查等方面的监督检查、行政强制、行政处罚等职能。广东省的机构改革精减了队伍,统一了执法主体,提高了交通执法效率,降低了执法成本,解决了多头执法、重复处罚、执法扰民等问题,开创了交通执法新局面。

广东省在执法技术创新应用上也走在了全国前列,广东省交通执法物质文化以信息化建设为突破口,提高执法现代化水平。其中以广惠高速公路路政信息化建设最为典型。广惠高速公路路政大队是广东省公路管理局派驻广惠高速公路的交通执法队伍,具体负责广惠高速公路全线153公里的路政管理工作。为了通过高新技术、信息化手段来提升路政工作的科技含量、规范路政行政执法行为、提高路政工作效率、促进路政队伍技术素质的改善,提高工作效率和服务水平,广惠高速公路路政大队在信息化方面进行了不懈地探索与实践,分别建立了路政移动办公系统、路政管理系统和路政政务网。

（一）路政移动办公系统

建立以路政外业勘查执法工作为中心的路政移动办公系统,路政移动办公系统软件要安装在 PDA 掌上电脑里,由路政队员在路政巡查及事故现场时带在身边使用,处理路政日常巡查工作中要处理的巡查记录、路政案件现场处理、路产损失情况登记、道路事件状况信息采集等主要内容,满足路政外业务的需要。

（二）路政管理系统

建立以路政管理机构内部网络协同工作为中心的信息运营中心(附图4),主要满足路政业务的日常办公自动化、路政工作状况的查询、各类数据的统计分析等;利用 GIS 地理信息系统实现图形化的查询分析,丰富管理手段;集成中心现有的模拟视频监控图像资源,为路政人员畅通道路、救援调度服务;利用网络技术实现中心内部各业务部门,公司各级管理部门的协同网络办公。

附图4 广州市交通信息运营中心

（三）执法专用车

执法专用车(附图5)装备了电脑、复印机、传真机、摄像机、照相机、录音机等专用设备。广州、江门、佛山等市交通部门还研究改装了运政执法中巴,将执法办公室搬到车上,装备电脑、摄像、影印、电话、传真等现代化执法设备,进一步提高了执法办事效率。

附图5 广东省公路执法车

（四）路政政务网

建设以政务公示为中心的面向社会的路政政务网，以高速公路路政管理的相对人、路政管理领导、路政管理人员为服务对象，完成法律、法规要求路政管理公示的义务，并为相对人提供网上申请行政许可的"窗口"。使公众可以在此网络系统了解高速公路路政管理的各种信息（包括天气、路况），可以在此网络系统学习使用高速公路的知识。

（五）GPS 卫星监控系统

茂名市交通局制定了《危险化学品运输车辆安装 GPS 监控系统方案》，要求所有危险化学品运输车辆都安装 GPS 卫星监控系统。同时，建立了"茂名市营运车辆 GPS 卫星监控中心"，对入网营运车辆实行全方位的监控。通过运输企业和交通部门的双重监控，危运车辆超速超载和不按规定线路行驶等违规行为大为减少，有效地预防了道路交通安全事故的发生。自 2005 年 10 月推广应用 GPS 卫星监控系统以来，该市没有发生危运车辆重特大交通事故。

（六）对危运车辆实行 IC 芯片管理

为加强危运的源头管理，规范危险化学品生产、储存、销售企业的充装行为，杜绝无牌无证、假牌假证、报废失效和无危运资质车辆进入茂名市道路危险化学品运输市场，茂名市交通局制定了《茂名市危险化学品运输车辆使用电子 IC 芯片试行方案》，免费为已经通过核实认定的危运车辆配发电子 IC 芯片。从 2006 年 3 月 1 日起，危险化学品储存、销售、充装企业安装配备 IC 芯片读写机，对危运车辆 IC 芯片的数据进行确认后，才按确认的数据进行装载。实行 IC 芯片管理后，认证手续由书面证件方式改为电子认证方式，提高了危化品充装企业对危运车辆的识别能力，堵塞了无牌无证、假牌假证车辆充装危险货物的漏洞，有效遏制了非法营运车辆和不符合充装条件的车辆上路，减少了安全事故隐患。

三、独具特色的"重庆模式"

2005 年 6 月 29 日，重庆市交通行政执法总队挂牌成立。这在全国省级交通行政部门中既是第一个，又是目前唯一的交通综合执法机构。该机构的设立，表明了重庆市的交通行政执法改革走在了全国的前列，是全国交通系统综合行政执法的一面旗帜。"重庆模式"，已成为全国交通执法系统的品牌。

（一）历程

重庆模式的确立，经过了课题调研、专家论证、政府决策、地方立法这样一个过程。

1993 年 4 月，成渝高速公路尚在建设之中，重庆市交通局根据国办发

[1992]16号文件精神,邀请市委和市政府研究室、市法制局、市经委、重庆公路科研所的领导和专家,共同组成"成渝高速公路重庆段管理体制"的课题研究组,超前对重庆段的管理体制进行研究。课题组收集了国内外高速公路管理工作的大量资料,并对国内的沈大高速公路、京津塘高速公路、西临高速公路、宜黄高速公路、昌九高速公路的管理工作进行了实地考察。经过对各地现行管理体制的认真分析比较,本着"精简、统一、效能"的原则,课题组从高速公路及其管理的特殊性等多方面进行研讨和论证,最后提出了关于实行"统一管理,综合执法"管理体制的报告。

1993年11月,课题报告通过了市科委组织的专家评审,并获得了重庆市1994年"软科学研究二等奖"和"科技进步二等奖"。

1994年4月,重庆市政府决定采纳专家们的意见,以重办函[1994]32号文件,就成渝高速公路重庆段试运行期间的管理体制作出了规定,"在成渝高速公路全线未开通前,由交通部门实施统一管理,综合执法试点"。

1995年6月,在成渝高速公路即将全线贯通之时,四川省政府又以川府函[1995]171号文件作出了明确规定,重庆段"仍按重庆市实行'统一管理,综合执法'的形式继续试行"。

1998年3月成为直辖市后,重庆市第一届人民代表大会常务委员会第八次会议听取并审议了重庆市交通局受重庆市人民政府委托所作的《关于重庆市高等级公路、建设和管理情况汇报》,并按照"建立办事高效、运转协调、行为规范的行政管理体系"和《行政处罚法》相对集中处罚权的要求,市人大常委会通过了《关于加快高级公路建设和加强高等级公路管理的决议》,在全国率先以地方立法的形式确立了"重庆模式"。

1998年11月,根据重庆市人大的决议,重庆市人民政府发布了《关于加强渝长高速公路管理的通告》,将"统一管理,综合执法"的管理模式由成渝高速公路推广到渝长高速公路。

1998年12月,重庆市成渝高速公路行政执法大队更名为"重庆市高等级公路行政执法大队",对建成通车的高速公路继续实行"统一管理,综合执法"的管理模式。

1999年12月,重庆市人民政府发布了《关于加强渝涪高速公路管理的通告》,又将"统一管理、综合执法"的管理模式由渝长高速公路推广到长涪高速公路。

2001年5月,重庆市人民政府发布了《关于加强高速公路管理的通告》,以政府规范性文件的形式,进一步完善了"重庆模式"。

2002年6月,根据渝编〔2002〕52号文件批复,重庆市高速公路行政执法总队成立。

2005年6月21日,市政府下发了《关于在全市交通领域实行综合行政执法试点工作的意见》(渝府发〔2005〕61

号）。同年 6 月 29 日，重庆市交通行政执法总队挂牌成立（附图 6），定格了一顶"大檐帽"实施交通综合行政执法的局面。

附图 6　重庆市交通行政执法总队成立宣誓现场

（二）访谈

成立直辖市 10 年来，重庆市交通的巨大变化是令全市乃至全国人民有目共睹的。同时，重庆市还在交通综合行政执法方面进行了有益的探索，在全国率先成立了交通行政执法总队，成为全国交通系统的一面旗帜。

为什么要率先成立交通行政执法总队？它能给重庆的社会经济发展带来有哪些好处？带着诸多疑问来到市交通行政执法总队，总队长谭卫一一解答了这些问题。

1．一顶"大檐帽"执法

"这实质上是交通执法体制的一次深刻改革。"谭卫解释说，也就是将原来在高速公路、稽征、运管、港航和路政上分别执法的五顶"大檐帽"合成一顶，"我们交通行政执法总队就成了这顶'大檐帽'。"

谭卫介绍说，其实，重庆市的交通综合行政执法试点由来已久，早在 1994 年成渝高速公路建成通车起，市政府就决定高速公路管理采用综合执法模式，对高速公路的路政、运政、稽征以及交通安全执法这四个方面实行"统一管理，综合执法"，历时十三年成效显著，得到了交通部和社会各界的充分肯定。与多头管理体制相比，其体制创新的主要成效可以概括为"两降低两提高"。即"降低了高速公路交通安全事故发生率，保护了国家路产；降低了行政管理成本。提高了高速公路行政管理效率，解决了推诿扯皮的弊端；提高了高速公路使用和营运的综合效益。

于是，在高速公路综合执法试点成功经验的基础上，市政府按照国务院《全面推进依法行政实施纲要》关于深化行政执法体制改革的精神，根据《国务院办公厅转发中央编办关于清理整顿行政执法队伍实行综合行政执法试点工作意见的通知》(国办发〔2002〕56号)等有关规定，按照政策制定职能与监督处罚职能相对分开、权责一致和精简、统一、效能的原则，将原属市公路局、市道路运输管理局、市港航管理局、市交通征费稽查局履行的行政监督处罚职能和市高速公路行政执法总队承担的综合执法职能进行重新整合、配置，从而组建隶属于市交委并统一行使交通监督处罚职能的综合行政执法机构。

据悉，到目前为止，在全国省级行政部门中，重庆市交通行政执法总队依然一枝独秀。

2. 一张"网络"管理

"市交通执法总队成立后，统一管理的优势就充分显现出来了。"谭卫深有体会地说，通过把行政执法职能有效组合，打破了以前"画地为牢"弊端，综合执法的优势十分明显。

据介绍，实施交通综合执法后，行政许可与监督处罚部门相对分离，两者既相互促进，又相互制约，因此迫切需要交通执法机构与行业管理部门建立协调运行机制，同时也需要与公安、法院等单位建立良好的联系机制，特别是与公安部门的协作，更有利于借助公安部门的强制手段，加大交通执法力度，共同打击交通违法行为，维护社会稳定，营造交通良好秩序，促进交通和谐发展。对内，该总队还与三个行业管理局、区县交通局建立了协调运行机制，有利于互相增进了解，互相沟通情况，互相支持工作，共同促进交通行业发展。就这样形成了一张内外结合的"网络"，在管理上形成了强大的合力。

形成一张网后，他们还经常与公安等执法部门一起开展"联动执法"、"联合执法"等行动，在打击非法营运以及整治"白板车"等方面效果显著。又如在交通征费管理上，他们建立年审协查、边区协作等机制，开展"大战一百天"、"秋风行动"等各类专项追欠打逃行动，效果明显。据统计，去年全市车辆入籍缴费率、实征率较上年分别上升1.2%、0.42%，"三费"征收增加额度突破2个亿，同比增长17.3%，再创历史新高。

3. 一个"拳头"发力

"我们本着精简、统一、效能的原则完成了机构组建，这完全改变了过去执法队伍多、执法力量分散的状况。"谭卫形象地说，就好像以前是五根手指在抓交通执法，像挠痒一样不痒不痛，并且这样往往会出现因执法分散所造成的处罚标准轻重不一、多头执法、多层执法，甚至重复执法等体制性障碍的弊端。

从2006年正式启动综合执法以来，他们对路政、运政、征稽、港航和高速公路管理五个执法门类进行有效整合，统一了执法主体，"就好像是五根手指握成了拳头，执法的力度显然加强了。"这不仅降低了执法成本，还树立了交通执法部门良好的社会形象。

为集中"拳头"的力量，他们还规范了执法行为，提升了执法形象。对执法文书、执法标识进行了统一规范，制定了统一的执法标准，实行一支队伍统一上路，基本确保了交通行政执法管理制度化、规范化，得到了社会各界的充分肯定。

据了解，实施综合执法后，主城区交通执法机构由31个减至12个，执法人数由1000多人减至365人，执法成本降低50%以上。同时将人员纳入公务员编制，由财政解决经费和着装等问题，彻底改变了过去靠罚款养人的不良现象，确保了交通执法队伍建设的可持续发展。

相关链接：市交通行政执法总队下设直属支队、高速公路支队（原市高速公路行政执法总队）、交通征费局（原市交通征费稽查局）3个直属单位。其中，直属支队下设1个直属大队、1个水上执法大队、9个执法大队，主要负责主城九区交通行政执法工作；高速公路支队下设7个大队；交通征费局下设万州、涪陵、黔江3个征费处和21个直属征费所。

（三）消息

1. 预防为主，交通安全管理取得新成绩

交通执法总队成立以来，按照"安全第一，预防为主，综合治理"的方针，认真落实了交通安全管理责任制，切实加强了交通安全监管，使重庆市的交通安全管理工作迈上了一个新的台阶。

首先是进一步创新高速公路交通安全管理模式。他们坚持重点违法行为查处，加强处罚执行力度，加强安全源头管理，加强与高速公路公司协作，加强交通事故倒查等"一坚持四加强"，逐步形成了"驾驶员—运输企业—货运场站"安全互控机制，增强了交通运输企业承担安全生产责任的主体意识，充分调动了各方面加强安全管理的积极性和主动性。高速公路路况、交通安全设施得到有效改善、通行环境更加安全，超速超载等违法行为明显减少，特大交通安全事故得到有力控制。

据统计，"十五"期间，全市高速公路交通安全事故在车流量增加28倍的情况下，高速公路平均百公里死亡率为17.9人，每年都较好地控制住了市政府下达的事故死亡指标，处于全国高速公路安全管理较好水平。

其次，重点加强了水上交通安全监管和道路运输安全监管。特别是加大了对主城区地方管辖的重点水域、重点船舶、重点时段和重点环节的监管预防力度，交通执法总队成立之年实现了主城九区地方管辖水域水上交通无人员伤亡事故的目标。

通过这些措施，目前执法质量显著提高。据悉，去年仅有六起复议案件，有三起被复议申请人主动撤销，三起维持原行政处罚决定，在行政诉讼中无任何败诉案件。

2. 重拳出击，专项整治显神威

交通执法总队成立后，虽然机构和

人员都较大幅度地减少了，但是在执法力度上并没有削弱，反而是大大增强了执法效能，有效解决了交通行业中出现的突出问题。

2007年以来，在执法总队的总体部署下，主城区各执法大队紧紧围绕交通工作中心、围绕服务于地方经济发展，重点开展了公路养路费追缴专项执法、水上交通专项执法、主城区客运市场联合执法和出租汽车专项整治等专项执法活动，有效遏制了"白板车"、"三无车"、"克隆车"、"下线车"等从事非法营运的现象，维护了主城区客运市场秩序稳定，保护了合法经营者的利益。

据统计，2007年共查处各类违章案件47221件，同比增17.5%，全年共查处非法营运车辆1023台，集中销毁车辆78台；在公交体制"双改"工作中，与公安交警部门开展联合执法活动，严厉查处了"双改"未达标的公交车辆，以及未按批准线路、路号、站点、班次、时间等违反道路运输法律法规的行为，同时对未实施"双改"的公交车辆实施暂扣，确保了公交"双改"工作顺利进行。"双改"期间，共出动执法人员3220人次，检查客运车辆9238台次，查处各种违法行为1892件次。

3. 狠练内功，打铁还靠自身硬

总队组建后，怎样才能把交通综合执法试点搞好？

"我们靠的是队伍。"总队长谭卫表示，队伍建设始终是他们工作的主线，是确保交通综合执法试点成功的根本保障。

据介绍，他们把"政治建队、人才兴队、科技强队、文明聚队、廉洁树队"作为建队方针，把建设一支廉洁公正、业务精通、素质过硬、纪律严明的交通行政执法队伍作为根本要求，把培育"团结拼搏、敢为人先、负重自强、攻坚克难"执法精神作为建队灵魂，努力实现总队队伍建设健康、科学向前发展。

落实到具体工作中，他们首先是加强政治业务能力建设。特别是对新进人员和执法人员，他们坚持先培训、后上岗的原则。据统计，2007年，全队共举办121次执法业务培训，培训人员3130人次，并对培训合格的执法人员颁发了执法证件。其次是加强队伍正规化建设。他们统一研制了《交通违法行为通知书》、《督察立案登记表》等38种执法文书，制定完善了如《总队干部管理暂行规定》等一系列规章制度，特别是借鉴部队和公安的管理经验，他们还建立了内部督察制度，2007年共出动督察人员335人次，展开督察120余次，检查勤务937人次。通过严格管理，违章必纠，违纪必查，目前总队已辞退4人、取消执法资格的2人、暂停执法资格的5人。

他们还认真组织干部职工开展了学习《党章》和"八荣八耻"社会主义荣辱观活动。为磨砺队伍斗志，他们还经常组织职工到人才市场去体验求职的经历、到煤矿去体验矿工的生活、到监狱去接受警示教育等活动。

此外，他们还采取上挂下派、异地交流、内部轮岗等方式，全面提升干部多方面工作能力，对30多名干部进行了轮岗交流。同时，他们积极开展了"执法为民、树行业新风"、青年岗位能手、"巾帼建功"等活动，向社会公布文明示范"窗口"。

"我们将用五年的时间，打造一支廉洁公正、作风优良、业务精通、素质过硬的交通行政执法队伍，不仅要让政府和老百姓满意认可，而且还要使我市交通综合行政执法这支标杆在全国交通系统立得稳、站得住。"谭卫自信地说。

（四）亮点

执法是一项原则性极强、铁面无私的工作。然而，在采访中，重庆市交通行政执法总队的队员们讲述的一件件感人的故事，无不令人感受到他们的执法如家人一般的关爱。附图7～附图9展现了重庆交通执法队员的风采。

附图7　重庆交通行政执法队员执法风采

附图8　重庆交通行政执法队员风采

附图9　重庆交通行政执法队员在引导盲人乘车

1."我保证以后再也不违章超载了"

周先生怎么也不能忘记2007年7月13日晚上,当时,他驾驶运煤车在渝邻高速公路上因超载被查处,在接受处罚后却无钱缴纳罚款,高速公路支执法人员樊晓斌了解这一情况后,立即将自己的钱借给周先生缴纳了罚款,对此,他十分感动,并再三表示自己今后不会再违章超载了。

"执法的目的是为了教育违法者。"总队长谭卫表示,他们一方面厉行法治,维护法治的严肃性,另一方面积极推行情感纠违,重点是从爱护、尊重和体谅百姓的角度出发,充分尊重管理对象,牢固树立亲民、为民、爱民意识,在严格执法的同时,坚持用宣传教育和耐心细致地思想工作纠正违章、违法行为,始终做到态度谦和、语言文明,就能让违法者心悦诚服,让旁观者受到启发教育。

2."感谢你们保障了母子平安"

2008年1月18日凌晨,高速公路支队七大队辖区因大雾弥漫实施交通管制后,获悉一名即将临盆的孕妇正受困于

收费站外,大队领导立即改变交通管制方案,并派出2辆巡逻车护送运送孕妇车辆前往垫江医院,整个过程仅用了10分钟。次日上午,这名孕妇的父亲特意给七大队打来电话,称他的女儿已经在垫江医院顺利生下了小孩,他激动地说:"是你们保障了母子平安,我代表全家人向给我们提供帮助的执法队员表示深深的感谢。"

"便民利民、奉献爱心是搞好执法工作的根本要求。"据介绍,总队始终坚持"执法工作服务人民、执法工作为了人民"的执法理念,下大力为广大人民群众办实事、办好事。他们处处为老百姓着想,为减少当事人为缴纳罚款来回奔波而推出的联网异地处罚制度,为方便车主缴纳养路费而推出的网上审批、联网征费、银行代收费制度,受到了当事人的高度赞扬。在2007年百年不遇的旱灾中,全体执法人员还积极参与抗旱救灾,以实际行动确保人民群众生命财产安全,受到了市委汪洋书记的高度评价。

"利用自身优势,随时为广大人民群

众排忧解难。"他们这样倡导,也是这样在行动,2007 年 12 月 29 日,两名在开县某单位实习的重庆电力学校学生在与抢匪搏斗中被刺数刀身受重伤,须急送重庆中山医院抢救,获悉情况后,高速公路支队五大队、七大队、二大队随即派人巡查路面,清除路面障碍,用巡逻车引道,将救护车接力护送出高速公路,使重伤学生得到了及时救治。

3. "我们执法的目的是教育违法者,服务老百姓"

"处罚不是目的。教育违法者,服务老百姓才是我们执法的真正目的。"这是在采访中,记者听到执法队员说得最多的一句话。

据了解,交通行政执法总队成立以来,就先后出台了《重庆市交通行政执法总队人性化执法十条规定》、《重庆市交通行政执法总队优化执法程序四项制度》等十多个有关人性化执法的制度规定,并落实到具体执法工作中,比如,对于涉及"三农"问题、"绿色通道"、急救以及其他紧急情形的违法行为人(车辆),经查证属实的,应在登记后,予以放行,其违法行为根据情节另行处理。又如,他们还特别规定,对进城务工人员、低收入家庭等弱势群体以及初次入渝的外籍车辆等的交通违法行为,采取教育警告为主,实施处罚为辅或者不予行政处罚,关键突出执法的社会效果。

据悉,市交通行政执法总队推出的 24 小时不间断巡逻制度,"逢停必问"制度,代驾制等一系列人性化的便民举措,

在网上得到全国网友的热评,被称为是"中国交通执法中最值得称道的制度,让人感受最温馨的制度。"

(五)风采

重庆市交通行政执法总队成立后,其巨大的"体制优势"立刻凸显出来,尤其是在实行"统一管理,综合执法"的高速公路执法方面,表现得更为明显。2007 年、2008 年连续两年,重庆市先后遭遇百年一遇的洪涝灾害和数十年不遇的雨雪冰冻天气,给高速公路正常营运造成极大影响。灾害面前,重庆市高速公路执法支队的执法队员们没有退缩,勇敢地站在抗灾保通的第一线,同高速公路运营管理单位密切配合,充分发挥"体制优势",最终赢得了抗灾保通战争的胜利,展现了公路执法队伍的风采。这里,我们从中撷取了几组镜头……

1. 面对百年一遇的洪魔

2007 年 7 月 17 日凌晨,一场持续不断的罕见暴雨席卷山城 15 区县! 从 17 日凌晨零点到下午 14 点,市气象台连续发布 7 道强对流天气紧急警报,并于早上 7:50 发布了重庆市历史上首个暴雨红色预警信号。气象观测昨日降雨量达到 266.6 毫米,创造重庆市有气象记录 115 年以来的最高纪录!

瓢泼大雨给重庆市社会经济造成不可估量的损失,市民的交通出行受此影响带来极大不便。主城九区因大雨造成多处交通堵塞,部分路段更是陷入瘫痪状态,高速公路也因部分路段积水、塌方

和泥石流被迫实施交通管制。

17日早上7时，李望斌支队长、明萌政委来到各条高速公路主要路段了解受灾情况，鼓励队员们齐心协力做好抗灾抢险工作，并亲自上路指挥交通，为一线执法队员作出了表率。同时李望斌支队长作出指示，要求各大队对自然灾害性气候高度重视，迅速启动应急预案，在勤务安排上制订应对措施；大队领导和队员充实到一线，积极做好抗灾抢险的具体工作；交通管制时按照客运优先、主线优先、抢险救灾车辆优先的原则，出动巡逻车对小车、客车实行编队带队放行，尽力保证通行；同时积极和高速公路公司联系，对问题路段尽快进行控制和整治，提高高速公路抗灾能力，以保证高速公路的畅通和安全。

大队领导身先士卒
执法队员前仆后继

内环高速公路属于暴雨重灾区之一，为了尽快排除险情、恢复交通，使出行市民免受耽搁之苦，三大队从领导到队员全部出动增援路面，大队长何智亲自赶赴江南收费站、东环立交现场、真武山隧道、渝遂路隧道几个受灾路段轮流跑指挥交通，从凌晨5点一直坚守至晚上10点；副大队长谢征徒步走2公里赶到西环积水现场，指挥交通进行疏导，之后又跳下齐腰深的水坑清理排水口……几位领导为全体队员作出了表率，深受鼓舞的三大队执法人员也不甘落后，用自己的实际行动谱写了一曲青春之歌。

镜头一：队员王宏在西环立交执行勤务时发现一辆救护车在积水中熄火，得知车上载有危重病人，他立即跳到齐腰深的水中，帮助医护人员将病人转移到另一辆能够通过的社会车辆上，并指挥其安全驶离。

镜头二：王翔、龚昌兵两位队员带病坚守岗位，他俩分别在五童收费站、童家院子立交疏导交通。4个小时的交通管制时间内，王翔共向2千多台社会车辆进行了解释，并将收费站外混乱的交通秩序疏导规范，结束交通管制时，他发现自己的嗓音已经嘶哑。龚昌兵同志在东环立交控制交通时顾不上自己的感冒，顶着瓢泼大雨来回奔跑，用反光标志隔离开路面积水区域，当发现四台轿车在积水中熄火后，他立即冲上前去，用尽全身力气终于帮助对方把车推出积水停到安全的地方。

镜头三：何世伟、秦中华和马希三名队员在真武山隧道内和营运公司一道勘察险情，及时将隧道内冲坏的井盖进行恢复，将熄火无法行动的车辆推到安全的地方。由于水流过急，何世伟的皮鞋被冲脱不知所终，他顾不上去找鞋，赤脚站在水中指挥交通。

镜头四：上午7点钟，谢青、冉强发现渝遂路大学城隧道出口发生泥石流，两位队员立即采取管制措施，为了把影响减到最低，他们想尽了一切办法，最后硬是用锥标清理出一个车道，筋疲力尽的两人又站到两端，指挥堵塞的车辆通过。

带病坚持工作不下火线
中队领导昏倒现场

暴雨第一天,渝宜高速公路通行中断。为及时带领队员排查险情、疏导交通,并做好受堵群众的安抚解释工作,正在生病的第二大队六中队副中队长邹罡拖着病体,带病坚持工作长达40小时仍不下火线,终因体力不支昏倒在交通指挥岗位上,才被队员背回中队。邹罡同志发挥党员干部模范带头作用、一心扑在工作上的工作作风得到了大队领导的充分肯定和队员的钦佩。

舍弃小家顾全大局
两队员事迹感动市民

17日,持续不断的暴雨造成洪水泛滥,璧山成为一座被洪水围困的孤城。而正在成渝高速公路上抢险排堵的一大队队员刘立勇和陈江的家就在璧山城内,正处于洪水重灾区。刘立勇的父亲和奶奶居住在底楼,洪水来临时,家里的家具电器全部没来得及转移被洪水淹没,幸亏家人转移及时,生命安全得以保全;陈江的妻子和小孩在二楼眼睁睁看着洪水将一楼浸泡淹没,娘俩吓得抱在一起哭泣……而两位执法人员为了高速公路的安全畅通,毅然战斗在第一线尽责履职,硬是没有回家看望一眼。两位执法队员舍弃自己的小家,却是为了保全更多的"大家"!

风雨中 高速执法情暖人心

17日下午17时,暴雨仍在肆虐。一辆雅阁小轿车在渝武高速公路上发生了交通事故,驾驶员陈先生忧困交加。接警的四大队执法队员帅渝军、陈楠快速赶到现场,一方面快速规范勘察现场,顶着风雨将车辆推到了安全地带,另一方面询问陈先生的身体状况,帮他清点车上物品,同时请他进巡逻车抵御风雨,热情递水递物为他张罗。在风雨中本来显得无助的驾驶员终于情绪安定下来。很快,这起简易交通事故得到了妥善处理,执法队员热情、高效、优质的服务令陈先生感动不已。"你们的工作作风给我留下了深刻的印象,谢谢你们!"陈先生在交通事故结案时发出了这样的感叹之言。

2. 面对肆虐的雨雪冰冻天气

2007年的岁末,一股寒流席卷了祖国的大江南北,渝西南、黔东北拉起了凝冻橙色警报,而作为经济纽带的高速公路也因为大雪和冰冻紧急封闭,面对这突如其来的灾害,高速公路执法队员责无旁贷地站出来,疏导拥塞的车流、安慰焦虑的驾驶员、为被困群众提供力所能及的帮助,在刺骨的寒风中,他们头顶的国徽是那么的明亮,"重庆高速"这几个银闪的大字在冬夜里格外耀眼。执法队员们用实际行动捍卫了这一方坦途的平安,他们践行了自己的誓言,他们书写了动人的篇章。

迎风矗立 雨雪冬夜铸忠魂

14日晚19时,六大队接贵州高速公路管理部门通报,称贵州境内部分路段结冰,要求协助进行交通管制。接报后,执法人员迅速出动,按照预案在东溪收费站实施引导下道。晚8点，东溪地区气温骤降至零度以下，天空中飘起夹杂着雪花的冻雨。为保证管制期间的交通安全，六大队六名队员坚守岗位，不仅坚持在路面进行指挥，还抽出人员在收费站外开展指路、解释工作。至15日早上9点换班人员赶到，夜班队员已在雨雪中矗立了近10小时（附图10），指挥疏导了近500台各类车辆。由于长时间暴露在低温中，全部同志都出现了感冒症状。在管制过程中渝黔高速公路秩序正常，未发生交通事故。

附图10 执法队员雪夜执勤

雨雪无情 执政为民暖人心

由于贵州境内高速公路结冰，导致渝黔高速公路重庆至贵州方向交通完全中断，大量车辆被迫在安稳、东溪收费站下道，在不到1小时的时间内就将安稳、东溪收费站堵死。大量长途客车、货车的驾乘人员滞留在收费站外，在接近零摄氏度的雨雪天气中进退不能，陷入困境。

接到情况后，六大队马上派人做好现场维护、解释工作，并设置便民热水器，还在东溪执法站为滞留人员提供避寒房间、发放感冒药品等。通过各部门密切配合，长达20小时交通管制中，现场滞留的近千群众情绪稳定，纷纷对六大队的工作表示敬意和赞扬。

冰雪来袭 措施得当保平安

14日，渝宜高速公路梁平至万州段下起大雪，特别是亭子垭隧道至安龙水库大桥这一段，由于海拔高，随时面临结冰的危险。五大队果断采取雪天管制预案，在各收费亭和路面可变情报板上提醒过往车辆谨慎驾驶，并联系东渝公司紧急调运数吨工业盐备用。凌晨4时许，安龙水库大桥路段（渝宜205公里）开始结冰，执法人员及时采取管制措施，禁止车辆通行，同时，通知东渝公司撒盐除冰，至早上8时左右，路面积冰基本清除，恢复了交通。

坚守岗位 徒步巡逻百公里

18日下午19时，渝黔高速公路再次因路面结冰关闭，直到20日下午13时35分左右，交通管制才结束。在长达45小时的时间里，近万车辆被困渝黔高速公路重庆段内，大量驾乘人员在接近零摄氏度的雨雪天气中无法通行。六大队火速启动《恶劣天气交通管制应急预案》，积极采取措施进行处置，一方面及时将情况通报沿线政府，共同确保受困人员饮水、食宿等的后勤事宜；二是采取"弹性管制、分段下道"方式，依据路面滞留车辆的多少分别在重庆境内的东溪、雷神店、綦江三大收费站指挥车辆下道，减轻正线堵车压力；三是做好堵车现场秩序维护，除了安排巡逻车沿线进行巡逻外，还派出执法人员24小时不间断的在车辆滞留严重的路段进行徒步巡逻，挨车询问驾乘人员的身体情况，并做好解释工作，稳定被困人员情绪，发现身体不适的群众，由巡逻车送至医院救治。四是在人员滞留情况最为严重的东溪收费站预留长途客车"绿色通道"，指挥客车下道前往东溪长途汽车接待站解决乘客食宿问题。在这次交通管制中，六大队共出动执法人员86人，徒步巡逻近百公里。

众志成城
力保渝宜结冰路段畅通

1月26日晚上21:00时许，渝宜高速孙家段安龙水库大桥桥面、孙家立交桥桥面等多处开始结冰。至27日7:30时左右，梁平、万州境内又出现强降雪天气，上午10:00时左右，高速公路路面普现积雪，亭子垭、马王槽等部分路段地面温度降至零下五摄氏度，梁平至孙家路段部分路面积雪达6厘米左右。

为确保通行安全，第五大队立即召集所有备勤人员共30余人第一时间赶赴现场，对梁平至万州、梁平至重庆方向采取交通管制措施，并及时开展疏导救援工作，将滞留在路面的车辆、旅客就近疏散下道。东渝公司养护部门陆续上路用盐水冲洗路面积雪。

由于198公里至219公里路段所有车道积雪厚达6厘米，其他所有桥梁路段均有厚度不等的积雪，至下午15:00时许，先行恢复了梁平至重庆间的交通。

在开放交通的一个半小时时间里，万梁两高速公路上的结冰路段相继发生了9起交通事故（包括公司的工程车），幸未造成人员伤亡。由于救援设施不能进入现场，后方被放行的车辆堵塞在高速公路的主线，执法队员发动群众推车，但是路面太滑，队员多次被摔倒受伤。直至28日凌晨6时被滞留在马王槽隧道至分水的几十台车辆才被疏通，这些车辆因为路面结冰发生事故导致在主线被堵塞长达10小时，执法队员顽强地同自然灾害作斗争，疏通被堵的车辆近3000台。

在处置自然灾害的时间里，为了对滞留群众给予帮助，五大队成立了三个应急分队，携带热水、方便面、棉衣、药物徒步巡查被困车辆，及时了解驾乘人状况，用最大的关怀来安慰鼓励被困人员。大队、中队领导、共产党员始终奋战在第一线，绝大多数同志连续工作达24小时以上，自己却没能顾得上吃上一口热饭、喝上一口热水。由于所有的信息和指令均需要电话获取，大部分队员都出现了口腔溃疡和嘴唇发裂，但从领导到队员，没有一个人退缩，交通疏通后，现场群众用掌声回报了队员们的辛劳。